21世纪高等学校物流管理专业规划教材

仓储与配送管理

胡道成　主　编

马云霞
王小平　副主编

合肥工业大学出版社

图书在版编目(CIP)数据

仓储与配送管理/胡道成主编．—合肥:合肥工业大学出版社,2010.10

ISBN 978-7-5650-0284-7

Ⅰ.①仓…　Ⅱ.①胡…　Ⅲ.①仓库管理②物流—配送中心—企业管理
Ⅳ.①F253

中国版本图书馆 CIP 数据核字(2010)第 176250 号

仓储与配送管理

胡道成　主编　　　　责任编辑　郑　洁

出　版	合肥工业大学出版社	版　次	2010 年 10 月第 1 版
地　址	合肥市屯溪路 193 号	印　次	2010 年 10 月第 1 次印刷
邮　编	230009	开　本	710 毫米×1010 毫米　1/16
电　话	总编室:0551-2903038	印　张	17
	发行部:0551-2903198	字　数	342 千字
网　址	www.hfutpress.com.cn	印　刷	安徽江淮印务有限责任公司
E-mail	press@hfutpress.com.cn	发　行	全国新华书店

ISBN 978-7-5650-0284-7　　　　定价:28.00 元

编 委 会

主　编：胡道成

副主编：马云霞　王小平

编委会成员：（按姓氏笔画排序）

马云霞　马国华　王小平　毛　磊

刘正民　刘　莉　吴万敏　吴琳娜

汪　欣　陈美云　庞　洋　赵淑芳

胡　伟　胡道成　倪良新　徐家骅

高捷闻

前　言

21 世纪将是物流产业大发展时期，物流产业在我国已被列为十大振兴产业。但目前，在物流领域，我国与发达国家在物流观念、技术、管理等方面都存在一定的差距，制约了国民经济和社会发展。

仓储和配送是物流系统中两个重要的部分。一方面，仓储和配送占据了物流费用的很大部分，控制物流成本必须控制仓储和配送成本；另一方面，仓储和配送是现代物流系统的重要组成，是物流现代化的关键环节和重要方面。仓储和配送既涉及现代物流网络的整体规划、物流运作方案的整体设计与实施，也包含设备与设施的选择、现场运作环节的指挥和调度，仓储与配送现代技术方法的开发与应用等诸多领域。

为了适应我国经济社会发展对物流专业人才的需求，满足高职院校物流管理及相关专业的教学需要，同时也为了使有关企业的物流管理人员及时了解与掌握现代物流仓储、配送运作的基本知识与方法，编者借鉴了国外仓储、配送管理的先进经验和方法，并结合我国仓储、配送管理的现状，编写了本教材。

本教材主要侧重于现代物流过程中仓储与配送环节的操作与管理活动，旨在向广大读者较为全面、系统地介绍现代物流过程中仓储与配送的各个作业环节管理的基本理论及相关业务知识。本教材的特点体现在：

(1)充分汲取各高职高专院校在探索培养高等技术应用型人才方面取得的成功经验和教学成果，从岗位分析入手，确定课程内容。

(2)遵循实学、实用、实践的教学指导思想，注重理论与实践环节的紧密结合，突出作业流程及其功能的可操作性描述。

(3)教材从现代物流系统理念出发，依据现代仓储与配送方法以及技术手段的发展，立足实际业务，突出教材的实用性与可操作性，能够更好地适应高职高专层次的教学需要。

(4)注重引用国家以及有关行业的最新标准，规范仓储操作流程，同时结合现代物流业大力发展物流增值服务的趋势，增加了商品养护、流通加工与分拣、配送优化等内容。

本教材是多所高职院校合作的结晶，由胡道成任主编，马云霞、王小平任副主编，庞洋、高捷闻、吴琳娜参与编写。具体编写分工如下：第一、二章由淮南职业技术学院胡道成编写，第三、四章由安徽工业经济职业学院王小平编写，第五章由淮南职业技术学院庞洋编写，第六章由安徽审计职业学院吴琳娜编写，第八、九章由安徽职业技术学院马云霞编写，第七、十章由安徽审计职业学院高捷闻编写。

本教材可作为技术应用型高职高专物流管理及相关专业的教学用书，也可作为企业培训教材和物流行业人员的自学用书。

本教材在编写过程中引用了许多同行的成果，在此向他们表示感谢。由于时间仓促，书中难免存在不足之处，恳望广大读者批评指正。

编　者

2010 年 7 月

目　录

第一章

仓储与仓储管理概述

【学习目标】 通过本章学习，掌握仓储和仓储管理的概念，掌握仓储的性质与功能、仓储的主要类型；掌握仓储管理的内容与原则，熟悉仓储管理的要求。

仓储是现代物流系统的重要组成部分，随着物流产业的发展，仓储也由传统的被动储存模式转变为现代的主动服务市场和客户的模式。传统仓储是为了存，现代仓储（物流仓储）是为了不存或减少储存。仓储管理无论在传统的物品流通领域还是在现代物流活动过程中都占据着非常重要的位置。

第一节 仓储的含义与类型

一、仓储的概念

（一）传统的定义

“仓”也称为仓库（warehouse），为存放、保管、储存物品的建筑物和场地的总称；“储”表示将储存对象收存以备使用，具有收存、保护、管理、储藏物品，交付使用的意思，也称为储存（storing）。“仓储”则为利用仓库存放、储存未即时使用的物品的行为。简言之，仓储就是在特定的场所储存物品的行为。

（二）现代物流管理的观点

从物流管理的角度看，可以将仓储定义为：仓储业者根据市场和客户的需求，以获取经济利益为目的，应用现代技术手段对物品进行储存、保管、管理、供给等作业活动。对仓储概念的理解要抓住以下要点：

（1）仓储活动的主体是仓储业者。它可以是仓储企业，可以是生产企业的仓储部门，也可以是第三方物流企业。

（2）仓储活动的客体（对象）是储存和保管的物品。它可以是生产资料，也可以是生活资料，但必须是实物动产。

（3）仓储的根本目的是满足市场和客户的需求并获取经济利益。这是一个创造价值的过程，满足市场和客户的需求创造社会价值与获取经济利益创造企业价值，两者具有同一性。

（4）现代仓储是应用现代技术手段对物品进行储存、保管、管理、供给等作业活动。如现代物流工程技术、计算机与信息技术的应用等。

（5）仓储有广义和狭义两方面的理解。狭义的仓储仅指通过仓库等场所实现对物品的储存和保管，是一种静态仓储（可喻之为“蓄水池”）；广义的仓储是指除了储存保管外，还包括在库期间的装卸搬运、分拣组合、包装刷唛、流通加工等各种增值服务功能，是一种动态仓储（可喻之为“河流”）。如图 1－1 所示。

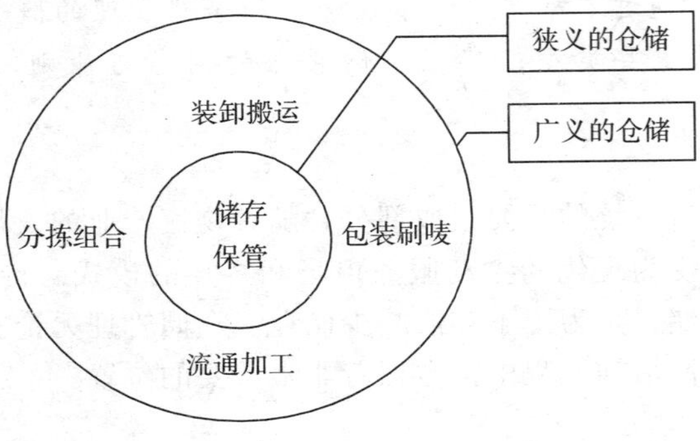

图 1－1 狭义的仓储和广义的仓储

（三）仓储的性质

仓储的性质主要体现在两个方面：

1. 仓储的生产性

（1）仓储是社会再生产过程中不可缺少的一环。商品从脱离生产到进入消费，一般情况下都要经过运输和储运。所以说商品的储存和运输一样，都是社会再生产过程的中间环节。

（2）商品仓储活动具有生产三要素。商品仓储活动同其他物质生产活动一样，具有生产三要素：劳动力——仓库作业人员；劳动资料——各种仓储设施设备；劳动对象——储存保管的物品。商品仓储活动是仓库作业人员借助于仓储设施，对商品进行收发保管的过程。

（3）商品仓储活动中的某些环节，实际上已经构成生产过程的一个组成部分。例如，卷板在储存中的碾平及切割、原木的加工、零部件的配套、机械设备的组装等，都是为投入使用做准备，其生产性更为明显。

2. 仓储的服务性

仓储业属于第三产业中的服务业，所以服务性是仓储的根本属性。仓储的服务性主要表现在：

（1）仓储服务于生产、销售和消费。它根据市场和客户需要开展相关业务活动，是联系生产、流通和消费的桥梁，从宏观上说，仓储服务于整个社会再生产过程。

（2）仓储提供的是一种服务，其活动的结果虽无实物形态，却有实际内容，即仓储服务是无形性的产品。

（3）具有服务性产品的一般特征：即服务产品的不可储存性、服务的提供和消费的同时性等。

服务是贯穿在仓储中的一条主线，仓储管理就是要围绕着服务定位，就如何提供服务、改善服务、提高服务质量开展的管理。仓储业应围绕着服务目标进行组织和经营，在满足社会不断增长的需要的同时，实现经济效益和社会效益的双丰收。

（四）仓储的功能

从整个物流过程看，仓储是保证这个过程正常运转的基础环节之一。仓储的功能主要体现在三个方面。

1. 调节功能

仓储在物流中相当于“蓄水池”。一方面，通过储存保管消除生产和消费的时间差，提高产品时间效用，保证供求协调；另一方面还可以实现对运输的调节，通过仓储中的拼装、分类交叉作业可以实现运输方式，运输线路、运输规模、运输方法及运输时间的协调和优化。如图 1－2 和图 1－3 所示：

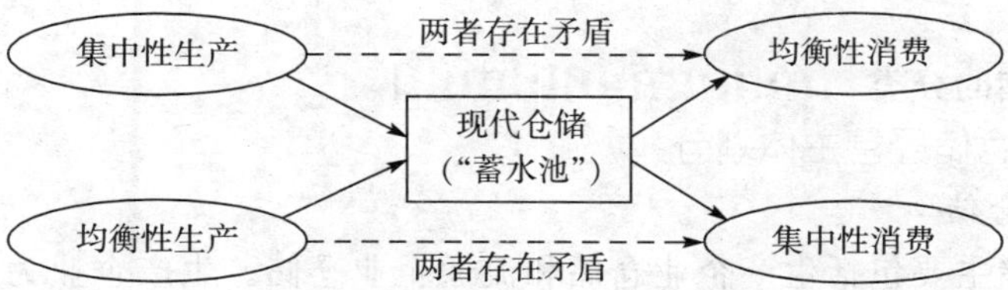

图 1－2　仓储对生产和消费的调节

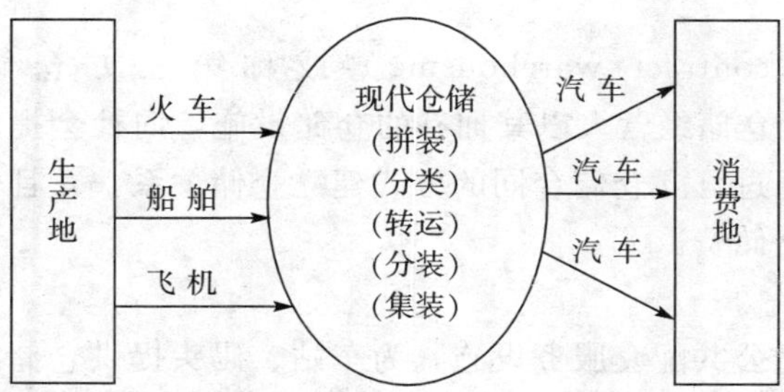

图 1－3　仓储对运输的调节

2. 保值功能

保值是指通过仓储确保商品进入消费环节时不降低其使用价值。生产出的产品在消费之前必须保持其使用价值，否则将会被废弃。这就需要仓储承担对商品进行保护、管理的责任，从而防止因损坏而丧失价值。如水泥受潮易结块，钢材的锈蚀等会使商品使用价值降低，因此在保管过程中就要选择合适的储存场所，采取合适的养护措施。

3. 增值功能

增值是指仓储提供的流通加工和增值服务。保管物在保管期间，保管人根据存货人或客户的要求对保管物的外观、形状、成分构成、尺度等进行加工，使仓储物发生所期望的变化，这就是流通加工。它是生产过程在流通过程的延续。形式有：为保护产品进行的加工、方便生产进行的加工、便于消费进行的加工、提高产品利用率的加工等。仓储增值服务主要是指为生产者提供的寄存服务、寄售服务，提供的集中、分类和转运服务，提供的信用保证服务等。

4. 信息功能

仓储的变化是了解市场需求极为重要的途径。仓储量减少，周转量加大，表明社会需求旺盛；反之则为需求不足。厂家存货增加，表明其产品需求减少或者竞争力降低，或者生产规模不合适。仓储环节所获得的市场信息虽然比销售信息滞后，但更为准确和集中，且信息成本较低。现代物流管理特别重视仓储信息的收集和反馈。

二、仓储的分类

（一）按仓储经营主体划分

1. 自营仓储

自营仓储主要包括生产企业仓储和流通企业仓储。生产企业为保障原材料供应、半成品及成品的保管需要而建立仓储，其储存的对象较为单一，以满足生产为原则。流通企业自营仓储则为流通企业所经营的商品进行仓储，其目的是支持销售。

2. 合同仓储

合同仓储（contract warehousing）或称第三方仓储（third－party warehousing），是仓储经营人以其拥有的仓储设施，向社会提供仓储服务。仓储经营人与存货人通过订立仓储合同的方式建立仓储关系，并且依据合同约定提供仓储服务并收取仓储费。

3. 公共仓储

公共仓储依托公共配套服务设施，为车站、码头提供仓储配套服务，其主要目的是为了保证车站、码头等的货物作业和运输。但对于存货人而言，公共仓储同样具有合同仓储的性质，只是不单独签订仓储合同，而是将仓储关系列在作业合同、运输合同之中。

4. 战略储备仓储

战略储备仓储是国家根据国防安全、社会稳定的需要，对战略物资进行储备。战略储备仓储特别重视储备品的安全性，储备时间较长。所储备的物资主要有粮食、油料、有色金属等。

（二）按照仓储功能分类

1. 生产仓储

生产仓储主要用来保管生产企业的原材料、燃料、在制品和待售成品。包括原材料仓储、在制品仓储和成品仓储。

2. 流通仓储

流通仓储专门储存和保管流通企业的待售商品，包括批发仓库和零售仓库。

3. 中转仓储

中转仓储是衔接不同运输方式的仓储，主要设置在生产地和消费地之间的交通枢纽地，如港口、车站等。

4. 保税仓储

保税仓储是指使用海关核准的保税仓库存放保税货物的仓储。保税仓储所储存的对象是暂时进境并还需要复运出境的货物，或者是海关批准暂缓纳税的进口货物。

5. 加工型仓储

加工型仓储是商品保管和加工相结合的仓储。主要职能是根据市场需要，对商品进行拣选、分类、整理、包装等流通加工活动。

（三）按照仓储的保管条件分类

1. 普通物品仓储

普通物品仓储是指不需要特殊条件的物品仓储。其设备和库房建造都比较简单，使用范围较广。这类仓储有一般性的保管场所和设施，常温保管，自然通风。

2. 专用仓储

专用仓储是专门用来储存某一类（种）物品的仓储。一般由于物品本身的特殊性质，如对温湿度的特殊要求、对同储物品产生不良影响等，因此，要专库储存。例如，机电产品、食用糖、烟草仓库等。

3. 特殊物品仓储

特殊物品仓储是在保管中有特殊要求的物品仓储，如危险品、石油、冷藏物品等。这类仓储必须配备有防火、防爆、防虫等专门设备，其建筑构造、安全设施都与一般仓库不同。

（四）按照仓储物的处理方式分类

1. 保管式仓储

保管式仓储是以保管物原样保持不变的方式所进行的仓储。存货人将特定的物品交由保管人进行保管，到期保管人原物交还存货人。保管物除了所发生的自然损耗和自然减量外，数量、质量、件数不发生变化。保管式仓储有独立保管仓储和混藏式仓储两种形式。

2. 消费式仓储

消费式仓储是指存货人在将一定种类、数量、品质的物品交付仓储保管人储存保管的同时，与保管人相互约定，将储存物的所有权也转移给保管人，在合同期满时，保管人以相同种类、相同品质、相同数量的替代品返还的一种仓储方式。

第二节 仓储管理的含义与内容

一、仓储管理的含义

仓储管理是指仓储经营者根据市场及存货人的需要，采用一定的经济技术手段与方法对一切库存物品进行经营管理的活动。

（1）仓储管理涉及仓储经营人和存货人双方的利益。这就需要仓储管理工作者从效率、数量、质量、安全、效益等方面综合考虑和权衡，找到兼顾双方利益的途径。

（2）仓储经营者要树立市场观念，树立服务理念。

（3）仓储管理属于经济管理科学，同时也涉及应用技术科学。经济技术手段与方法对实现仓储经营管理目标起决定性的影响。

（4）仓储管理与仓库管理有区别。仓储管理比仓库管理要复杂得多，仓库管理主要是入库、在库和出库的管理，体现为具体业务层面的管理；而仓储管理既包括具体业务层面的管理，还包括仓储经营和战略层面的管理。

二、仓储管理的基本内容

仓储管理的对象是仓库及库存物资，具体包括如下几个方面（图 1－4）：

（一）仓储设施与设备管理

（1）仓库；

（2）现代仓储设备。

（二）仓储作业管理

（1）入库作业；

（2）存储作业；

（3）出库作业。

（四）仓储经营管理

（1）经营管理概述；

（2）成本分析；

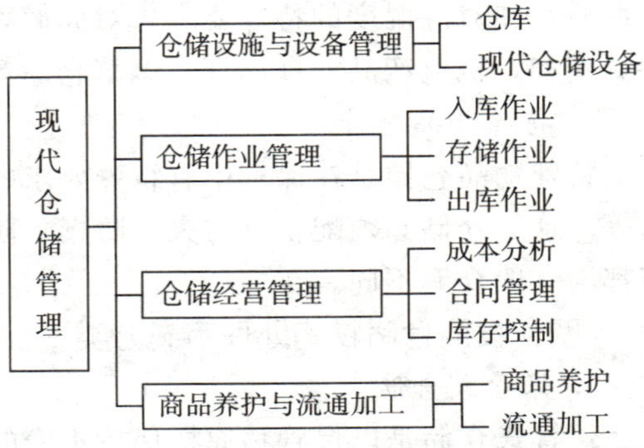

图 1－4 现代仓储管理基本内容体系

(3) 合同管理；

(4) 库存控制。

(五) 商品养护与流通加工

(1) 商品养护；

(2) 流通加工。

三、仓储管理的原则

保证质量、注重效率、确保安全、讲求经济是仓储管理的基本原则。

(一) 保证质量

仓储管理的一切活动，都必须以保证在库物品的质量为中心。没有质量的数量是无效的，甚至是有害的，因为这些物品依然占用资金，产生管理费用，占用仓库空间。因此，为了完成仓储管理的基本任务，仓储活动中的各项作业必须有质量标准，并严格按标准进行作业。

(二) 注重效率

仓储成本是物流成本的重要组成部分，因而仓储效率的提高关系到整个物流系统的效率和成本。在仓储管理过程中要充分发挥仓储设施和设备的作用，提高仓库设施和设备的利用率；要充分调动仓库生产人员的积极性，提高劳动生产率；要加速在库物品周转速度，缩短物品在库时间，提高库存周转率。

(三) 确保安全

仓储活动中的不安全因素有很多。有的来自库存物，如有些物品具有毒性、腐蚀性、辐射性、易燃易爆性等；有的来自装卸搬运作业过程，如每一种机械的使用都有其操作规程，违反规程就要出事故；有的来自人为破坏。因此特别要加强安全教育，提高认识，制定安全制度，贯彻执行“安全第一，预防为主”的安全生产方针。

(四) 讲求经济

仓储活动中所耗费的物化劳动和活劳动的补偿是由社会必要劳动时间决定的。为实现一定的经济效益目标，必须力争以最少的人财物消耗，及时准确地完成最多的储存任务。因此，对仓储生产过程进行计划、控制和评价是仓储管理的主要内容。

四、不同企业对仓储管理的要求

(一) 物流企业对仓储管理的要求

物流企业对仓储管理的要求主要体现在：

(1) 合理调度仓储运作，对客户需求能作出快速的动态反应；

(2) 仓库配备先进的物流软件和硬件设施，包括立体货架、自动分拣系统、条形码管理系统、流通加工设备等；

(3) 仓储管理方式应能够满足不同客户的需要；

(4) 在搞好仓储基本业务管理的基础上，还要进行分拣、配货、包装等，为客户提供个性化服务；

(5) 为客户提供增值服务，包括搞好库存控制和提高流通加工能力等。

(二) 流通企业对仓储管理的要求

流通企业对仓储管理的要求主要体现在：

(1) 搞好物品的接运；

(2) 搞好物品数量和外观质量验收；

(3) 分区分类和专仓专储；

(4) 进行储存期标识和质量维护；

(5) 高效的包装加工作业；

(6) 准确发货和及时发运。

(三) 生产企业对仓储管理的要求

仓储作为企业生产和营销的保障，主要体现在对物料、备品备件和成品的仓储管理。生产企业对仓储管理的要求主要体现在：

(1) 对供货商的供货严格把关；

(2) 物品储存标识符合批次管理和可追溯性要求；

(3) 建立库位编码系统，实现物品储存可视化；

(4) 合理储存保管，符合先进先出的要求；

(5) 限额供料和配送到现场。

此外，对工具、备品备件仓库，还要求生产企业能够根据需求规律，搞好库存管理，建立安全库存和控制库存量。

第三节 我国仓储业的现状与发展

一、我国仓储业的发展现状

改革开放以来，从整体上看，我国的物流业得到迅速发展，但经济发展规模、发展速度与西方发达国家相比，仍有不小的差距。同时，我国物流业的发展在各个环节上又很不平衡，特别是仓储业明显滞后，而仓储又是物流的关键环节之一，近年来仓储基础设施有了一定的改善，但存在的问题仍比较多。具体包括：

(一) 部门仓储的特征明显

市场经济体制建立前，我国的生产资料流通完全纳入了计划分配轨道，各部门为了储存保管好分配来的物资，就需要建立仓库。于是，层层设库的现象层出不穷，逐渐形成了以部门为主的管理体制。结果导致如工业仓库、农业仓库、铁路仓库、交通仓库、商业仓库、物资仓库、外贸仓库、军工仓库等的部门分割、地区分割、自备仓库自己用、相互封闭、重复建设的局面。部门仓储的建立为保证本部门的物资供应和完成本部门的生产建设任务，起到积极作用。但是由于各部门都是从本部门的利益出发，很少顾及其他部门或国家的利益，再加上相互之间信息不能共享，因此出现了目前存在的重复设库、仓储资源不能共享、资源不能得到有效利用的局面。

（二）仓储管理水平较低

与发达国家相比，我国的仓库数目虽多，但仓库管理水平不高。究其原因，一是在思想上对仓库管理重视不够，往往把主要精力放在如何争取货源上，对于如何管理好库存物资，关注不够；二是一些城市近年来出现大量的私营仓库，不景气的工厂也将闲置厂房做仓库低价出租，吸引客户，扰乱了市场价格，背离了价值规律，造成了仓库管理水平低、储存条件差、服务质量低的局面，致使储存物资损坏变质、失窃严重，从而使国家和企业遭受不应有的损失。

（三）仓储技术发展不平衡

各地区之间仓储技术发展是不平衡的。目前我国在仓储技术方面还处于先进与落后并存的状态。有的已发展为现代化仓库，拥有非常先进的仓储设备，如各种先进的装卸搬运设备、机械化高层货架仓库、自动化智能化仓库等，但大多数仓库还处在以人工作业为主的原始管理状态，缺乏应有的机械和设备。随着我国经济的高速发展，这种技术的差距将逐渐缩小。

（四）仓储管理法规不健全

众所周知，市场经济是法制的经济，完善的法律制度和严格的依法管理是经济发展的重要保证。处在市场经济中的仓储业也需要有健全的法律制度，依法管理。新中国成立后，我国建立了不少仓储方面的规章制度，但随着生产的发展和科学水平的提高，有些规章制度已经不适应社会的需要，迫切需要进行修改和新建。目前，我国还没有一套完善的仓储法规，对于仓储经营中的一些经济行为也没有足够的法律支持。同时，仓储管理人员法制观念淡薄，通过法律手段保护自己的利益还做得远远不够。

二、我国仓储业的发展方向

借鉴一些发达国家仓储业及物流业的发展经验，结合我国的实际情况，当前我国的仓储业应朝着以下方向发展。

（一）仓储社会化

我国仓储由于历史的原因，长期以来形成了以部门或地区为核心的小而全、大而全的条块分割、地区分割的局面，它们各自为政，自成系统。这种小生产方式的仓储业远远不能适应现代生产流通的需要。

市场经济的发展要求仓储业逐步向社会开放，打破部门的界限，相互展开竞争，优胜劣汰。

（二）仓储标准化

为了保证全社会物流的统一性及各物流环节的有机联系并与国际接轨，必须实现物流的标准化。因为整体物流的标准化是实现无缝链接的重要手段。这就要求物流各环节都实现标准化，仓储是物流的重要环节之一，因而仓储标准化首当其冲。当然仓储标准化不仅是为了实现仓储环节与其他环节的无缝配合，同时也是仓储内部提高作业效率、充分利用仓储设施和设备的有效手段，是开展信息化、机械化、自动化的前提条件。

（三）仓储机械化、自动化

随着科学技术的发展，机械化作业已是社会发展的基本要求。机械设备具有承重能力强、效率高、工作时间久、损坏低等众多优点。通过机械化可以减少使用人力作业，加大作业集成度，减少人身伤害和货物伤害，提高作业效率。同时，货物在运输过程中，包装的大型化、托盘化发展，也使得仓储业实现机械化作业迫在眉睫。仓储自动化是由计算机管理和控制仓库作业的全过程，它可以实现仓库的无人作业。对于危险品仓库、冷库、暖库、粮库等特殊仓库，采用仓储自动化是很有必要的。

（四）仓储信息化

物流中心和配送中心的规模不断扩大，形成了仓库存量巨大、存货品种繁多的局面，需要提高仓库利用率、保持高效率的货物周转、实施精确的存货控制，没有计算机的信息管理和处理是不可想象的。仓储信息化管理就是通过计算机和相关信息输入输出设备，对货物识别、理货、入库、存放、出库、账目处理、结算处理、货位管理、存量控制、单证等进行操作管理。

（五）管理科学化

随着社会生产技术的不断提高，管理方法也不断朝着科学化的方向迈进。在仓储管理中，结合仓储业务的特点，应用先进的科学技术，使用科学的管理方法，也是势在必行的。如经济批量法、ABC 分类法、物料需求计划、零库存管理等科学的管理方法相继在仓储企业中得到运用，并带来了相应的效益。

习题一

（1）什么是仓储？仓储的性质体现在哪些方面？

（2）仓储具有哪些功能？

（3）仓储的主要类型有哪些？

（4）简述仓储管理的含义与基本内容。

（5）仓储管理的基本原则是什么？不同企业对仓储管理有何要求？

（6）简述我国仓储业的现状与发展趋势。

案例导读　　西南仓储公司的转变

西南仓储公司是一家地处四川省成都市的国有商业储运公司，随着市场经济的深入发展，原有的业务资源逐渐减少，在企业的生存和发展过程中，也经历了由专业储运公司到非专业储运公司再到专业储运公司的发展历程。

在业务资源和客户资源不足的情况下，这个以仓储为主营业务的企业的仓储服务是有什么就储存什么。以前是以五金交电为主，后来也储存过钢材、水泥和建筑涂料等生产资料。这种经营方式解决了企业仓库的出租问题。

那么，这家企业是如何发展区域物流的呢？

1. 专业化

当仓储资源又重新得到充分利用的时候，这家企业并没有得到更多利益，经过市场调查和分析研究，这家企业最后确定立足自己的老本行，发展以家用电器为主的仓储业务。

一方面，在家用电器仓储上，加大投入和加强管理，加强与国内外知名家用电器厂商的联系，向这些客户和潜在客户介绍企业确定的面向家用电器企业的专业化发展方向，吸引家电企业。另一方面，与原有的非家用电器企业客户协商，建议其转库，同时将自己的非家用电器客户主动地介绍给其他同行。

2. 延伸服务

在家用电器的运输和使用过程中，不断出现损坏的家用电器，以往，每家生产商都是自己进行维修，办公场所和人力方面的成本很高，经过与客户协商，在得到大多数生产商认可的情况下，这家企业在库内开始了家用电器的维修业务，既解决了生产商售后服务的实际问题，也节省了维修品往返运输的成本和时间，并分流了企业内部的富余人员，一举两得。

3. 多样化

除了为客户提供仓储服务之外，这家企业还为一个最大的客户提供办公服务，向这个客户的市场销售部门提供办公场所，为客户提供了前店后厂的工作环境，大大提高了客户的满意度。

4. 区域性物流配送

通过几年的发展，企业的经营管理水平不断提高，企业内部的资源得到了充分的挖掘，同样，企业的仓储资源和其他资源也已经处于饱和状态，资源饱和了，收入的增加从何而来？在国内发展现代物流的形势下，这家企业认识到只有走出库区，走向社会，发展物流，才能提高企业的经济效益，提高企业的实力。发展物流从何处做起？经过调查和分析，这家企业决定从学习入手，向比自己先进的企业学习，逐步进入现代物流领域。经过多方努力，他们找到一家第三方物流企业，在这个第三方物流企业的指导下，通过与几家当地的运输企业合作（外包运输），开始了区域内的家用电器物流配送，为一家跨国公司提供物流服务，现在这家企业家用电器的物流配送已经覆盖了四川（成都市）、贵州和云南等地区。

案例思考

（1）通过案例分析说明现代物流与传统物流的区别?

（2）为什么当西南仓储公司的仓储资源又重新得到充分利用的时候，这家企业并没有得到更多利益?

（3）通过分析西南仓储公司向现代物流的转变过程，你认为其转变成功的关键是什么?

（4）通过本案例，你认为我国目前的传统物流企业怎样才能实现向现代物流的转变?

第二章

仓储设施与设备

【学习目标】　通过学习本章，掌握仓库的分类、功能，以及各类仓库的特征和应用领域，理解仓库选址的方法、仓库总体布局的原则和仓库面积的确定方法。熟悉新型货架的结构和特点；了解托盘的类型，了解装卸搬运设备的类型，掌握常用设备的性能、特点和使用要求。

第一节　仓库

仓库（warehouse）是保管、存储物品的建筑物和场所的总称。从现代物流系统的角度看，仓库也是从事包装、分拣、流通加工等物流作业活动的物流节点设施。

一、仓库的功能和分类

（一）仓库的功能

在现代物流系统中，一般来讲，仓库具有以下四大功能。

1. 储存和保管功能

这是传统仓库的功能。仓库具有一定的空间，用于储存物品，仓库内还配有相应的设备，根据物品的特性，保持所储存物品的完好性。如储存精密仪器的仓库，需防潮、防尘、恒温等，应配置空调等控制设备。

2. 配送和加工功能

现代仓库的功能已由保管型向流通型转变，即向流通、加工和销售方向转变。这就使仓库不仅有仓储、保管货物的设施，而且还增加了分袋、捆装、流通加工等设备。这样既扩大了仓库的经营范围，提高了物资的综合利用率，又方便了消费者，提高了服务质量。

3. 调节货物运输能力的功能

各种运输工具的运输能力差别较大，其中，船舶的运输能力最大，海运船舶一般都在万吨以上，其次是火车，一列火车的运量可达几千吨。汽车的运输能力相对较小，一般在10吨以下，不同的运输方式在进行转换时，运输能力的调节是通过仓库来进行的。

4. 信息传递功能

信息传递功能总是伴随着以上三个功能而发生的。货物入仓和出仓都需要经过仔细的检查和核对，并做完整地记录，这样就会产生入库和出库信息。此外，还有仓容利用水平、进出货频率、仓库的运输情况、顾客需求状况以及仓库人员配置等信息，既是决定仓库管理能否取得成功的关键，又是影响整个物流系统效率和效果的关键。

（二）仓库的分类

按照不同的分类标准，仓库可分为不同的类型，具体的分类情况如下：

1. 根据营运形态分类

（1）公用仓库。它属于公用服务的配套设施，是为社会物流服务的仓库。如铁路车站、港口码头、公路货场等。

（2）营业仓库。仓库业主根据有关法律取得营业资格，专门为了经营储运业务而修建的仓库。它是面向社会服务的，或以一个部门的物流业务为主，兼营其他部门的物流业务。如物资、外贸等系统的储运公司的仓库等。

（3）自用仓库。各生产或流通企业，为了本企业物流业务的需要而修建的附属仓库。这类仓库只储存本企业的原材料、燃料、产品或商品，一般的工厂、企业、商店等的仓库及军队的后勤仓库，多属于这一类。

2. 根据保管要求分类

（1）普通仓库。常温下的一般仓库，用于存放一般性的货物，对于仓库没有特殊要求。如一般的金属材料仓库、机电产品仓库等，仓库设施较为简单，但储藏的物资种类繁杂，其作业过程和保管方法的要求均不同。

（2）保温仓库。用于储藏对湿度、温度等有特殊要求的仓库。包括恒温、恒湿及冷藏仓库。其中恒温、恒湿仓库是能够调节温度、湿度的仓库（大致在10℃～20℃之间），主要用于储存粮食、水果等；冷藏仓库是具有冷却设备并隔热的仓库（一般10℃以下），主要用于储存肉类等冷藏及冷冻食品。这类仓库在建筑上要有隔热、防寒、密封等功能，并配备专门的设备如空调、制冷机等。

（3）特种仓库。指用来储存单一、特殊的货物的仓库。如用来保管危险品、高压气体的危险品仓库，是以油罐形式来储藏；用来保管散粒谷物、粉体的储藏仓库，是以筒仓形式来储藏；用来进行露天堆码、保管的可用室外仓库。

（4）水上仓库。指漂浮在水面的储藏货物的趸船、囤船、浮驳及其他水上建筑，或者指在划定水面保管物资的特定水域、沉浸在水下保管物资的水域。近年来由于国际运输油轮的超大型化，许多港口因水深限制，大型船舶不能直接进港卸油，往往在深水区设立大型水面油库通过超大型油轮作为仓库来转驳运油。

3. 根据建筑情况分类

（1）按建筑程度不同分类。有室内仓库、露天堆场、货棚、集装箱仓库等。

(2) 按建筑构造不同分类。有平房仓库、多层仓库、高层仓库、地下仓库等。

(3) 按库内形态不同分类。有一般平地仓库、货架仓库、自动化立体仓库、斜坡道仓库等。

(4) 按建筑材料不同分类。有钢筋混凝土建筑仓库、混凝土预制板建筑仓库、钢架金属建筑仓库、木架砂浆建筑仓库、其他仓库等。

4. 根据功能分类

(1) 贮藏仓库。主要对货物进行保管，以解决生产和消费的不均衡。如季节生产的小麦储存起来以供全年及以后销售。常年生产的化肥，要想在春、秋季节集中供应，只有通过仓储来解决。

(2) 流通仓库。这种仓库除具有储存保管功能外，还具有流通加工、装配、简单加工、包装、理货及配送功能。其所具有的周转快、附加值高、时间性强、存货种类众多、存货量少等特点，可减少在联结生产和消费的流通过程中因商品停滞而花费的费用。

(3) 储备仓库。主要是保证国家应急需要的战略物资。

(4) 专用仓库。保管钢管、粮食等某类特定货物的仓库，具有存货品种单一、存货量大的特点。

(5) 保税仓库。经海关批准，在海关监管下，专供存放未办理关税手续而入境或过境货物的场所。根据有关规定保税期一般最长为两年，在这期间可将商品存放在保税仓库中，经营者可寻找最佳时机销售商品，一旦实现销售，再办理关税等通关手续。若两年内未能销售完毕，则可运往其他国家，保税仓库所在国不收取关税。

二、仓库布局

(一) 仓库平面布置

仓库平面布置指对仓库的各个部分（存货区、入库检验区、理货区、流通加工区、配送备货区、通道以及辅助作业区）在规定范围内进行全面合理的安排。仓库平面布置是否合理，将对仓储作业的效率、储存质量、储存成本和仓库盈利目标的实现产生很大影响。

1. 影响仓库平面布置的因素

(1) 仓库的专业化程度。仓库的专业化程度主要与库存物品的种类有关，库存物品种类越多，仓库的专业化程度越低，仓库平面布置的难度越大；反之难度越小（图 2-1）。普通平房仓库主要用于存储物品种类少、数量大而且品种较单一的物品，布置简单容易；而货架仓库用于存储多品种、小批量的物品，布置较复杂。因为储存物品种类越多，各种物品的理化性质有所不同，所要求的储存保管保养方法及装卸搬运方法也将有所不同，因此，在进行平面布置时，必须考虑不同的作业要求。

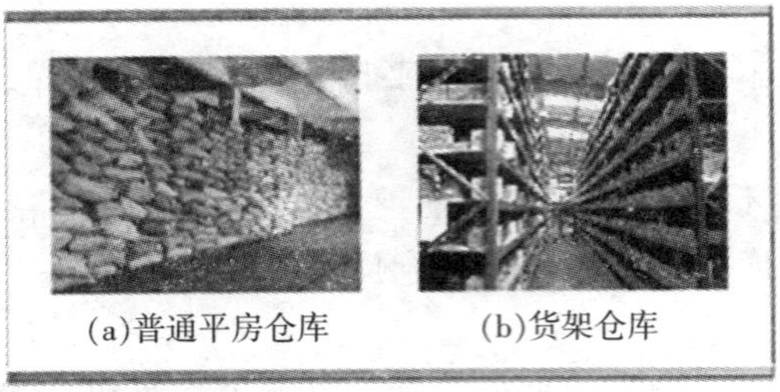
(a)普通平房仓库　　(b)货架仓库

图 2-1　普通平房库房与货架库房

(2) 仓库的规模和功能。仓储的规模越大、功能越多，需要的设施设备就越多，设施设备之间的配套衔接成为平面布置中的重要问题，增加了布置的难度；反之则简单。

2. 仓库平面布置的要求

(1) 仓库平面布置要适应仓储作业过程的要求，有利于仓储作业的顺利进行。

① 仓库平面布置的物品流向，应该是单一的（图 2-2）。即仓库内物品的装卸、验收、存放地点之间的安排，要适应仓储生产的需要，按一个方向流动。

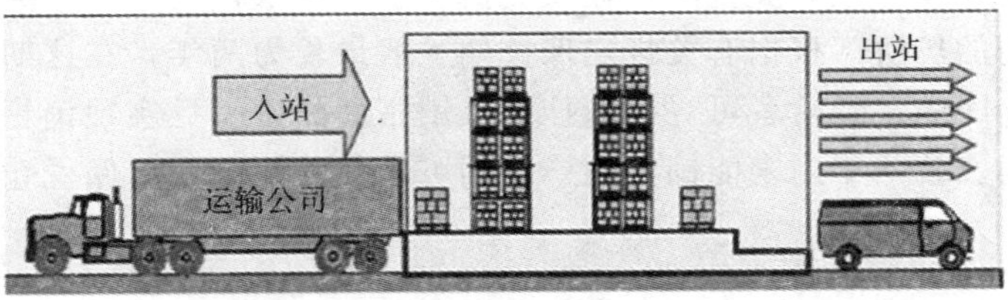

图 2-2　单一流向仓库

② 最短的搬运距离。根据作业方式、仓储物品品种、地理条件等，合理安排库方专用线与主干道的相对位置，尽量减少迂回运输。

③ 最少的装卸环节。减少在库物品的搬运次数，物品的卸车、验收、堆码等作业最好一次完成。

④ 最大限度的可利用空间（图 2-3）。仓库平面布置是主体设计，应有利于物品的合理储存和充分利用库容。

(2) 仓库平面布置要有利于提高仓储经济效益。要因地制宜，充分考虑地形、地质条件，利用现有资源和外部协作条件，根据设计规划和库存物品的性质更好地选择和配置设施设备，以便最大限度发挥其效能。

(3) 仓库平面布置要有利于保证安全和职工的健康。建设仓库时要严格执行《建筑设计防火规范》的规定，留有一定的防护火间距，并有防火防盗安全设施，

图 2-3 高层货架可充分利用仓库的立体空间

作业环境的安全卫生标准要符合国家的有关规定，有利于职工的身体健康。

3. 单层仓库平面布置原则

(1) 重、大件物品，周转量大和出入库频繁的物品，宜靠近出入口布置，以缩短搬运距离，提高出入库效率。

(2) 易燃的物品，应尽量靠外面布置，以便管理。

(3) 要考虑充分利用面积和空间，使布置紧凑。

(4) 有吊车的仓库，汽车入库的运输通道最好布置在仓库的横向方向，以减少辅助面积，提高面积利用率。

(5) 仓库内部主要运输通道的宽度，一般采用双行道。

(6) 仓库出入口附近，一般应留有收发作业用的面积。

(7) 仓库内设置管理室及生活间时，应该用墙或库房隔开，其位置应靠近道路一侧的入口处。

4. 多层仓库平面布置原则

多层仓库平面布置除必须符合单层仓库布置原则要求外，还必须满足下列要求（图 2-4）：

图 2-4 多层仓库

(1) 多层仓库最大占地面积、防火隔间面积、层数，根据储存物品类别和建筑耐火等级遵照现行建筑设计防火规范来确定。

(2) 一座多层库房占地面积小于 300m^2 时，可设置一个疏散楼梯，面积小于 100m^2 的防火隔间可设置一个门。

(3) 多层仓库建筑高度超过 24m 时，应按高层库房处理。

(4) 多层仓库存放物品时遵守上轻下重原则，周转快的物品分布在低层。

(5) 当设地下室时，地下室净空高度不宜小于 2.2m。

(6) 楼板载荷控制在 2t/m^2 左右为宜。

(二) 货位布置

货位布置的目的，一方面是为了提高仓库平面和空间利用率，另一方面是为了提高物品保管质量，方便进出库作业，从而降低物品的仓储处置成本。

1. 货位布置基本要求

(1) 根据物品特性分区分类储存，将特性相近的物品集中存放。

(2) 将单位体积大、单位重量大的物品存放在货架底层，并且靠近出库区和通道。

(3) 将周转率高的物品存放在进出库装卸搬运最便捷的位置。

(4) 将同一供应商或者同一客户的物品集中存放，以便进行分拣配货作业。

2. 仓库内部布局

仓库内部布局包括平面布局和空间布局。仓库内部布局是对保管场所内的货垛（架）、通道、垛（架）间距、收发货区等进行合理规划，并正确处理它们的相对位置。

(1) 仓库内部平面布局。保管面积是库房使用面积的主体，它是货垛、货架所占面积的总和。货垛、货架的排列形式决定了库内平面布置的形式，仓库货位布置一般有横列式布置、纵列式布置和混合式布置三种类型（图 2-5）。

图 2-5 仓库内部的三种平面布局

① 横列式布置，指货垛或货架与库房的宽向平行排列。

② 纵列式布置，指货垛或货架与库房的宽向垂直排列。

③ 混合式布置，指横列式与纵列式混合布局在同一个库房。

露天货场的货位布置，一般都与物品的主要作业通道成垂直方向排列货垛。应当注意，库房、货场布置要注意留出合适的墙距和垛距。

(2) 仓库内部空间布局。仓库内部空间布局也称为仓库内部竖向布局，指储存物品在仓库立体空间上的布局，其目的在于充分有效地利用仓库空间。空间布局的主要形式有物品堆垛、利用货架和采用架上平台三种形式（图 2-6）。

① 物品堆垛。它是大批量物品的垂直布置形式。它是将物品包装后直接堆码在托盘或地坪上，层层堆码到一定高度。

② 利用货架。物品进行竖向布置的主要手段是利用各种货架。货架的类型和高度决定了竖向布置的形式和高度。有些物品可以用原包装直接存入货架，有些可以装入货箱或码到托盘上再存入货架，这样可以充分利用仓储空间，并有利于迅速发货。

③ 采用架上平台。在仓库净空比较高和货架比较矮的情况下，可以采用架

图 2－6　仓库内部空间布局的主要三种形式

上平台（阁楼式货架）的方式充分利用空间，即在货架的顶部铺设一层承压板构成二层平台，这样可以在平台上直接堆放物品，也可以排布货架。

第二节　仓储机械设备

仓储机械设备是指企业进行仓储作业过程中使用的各种机械设备、器具等的总称。仓储机械设备的配置关系到仓储运营成本与生产效率。

仓储机械设备繁多，一般根据用途分为：存货、取货设备，分拣、配货设备，验货、养护设备，防火、防盗设备，流通加工设备，控制管理等。具体分类见表 2－1：

表 2－1　仓储机械设备的分类

用　途	设备类型
存货、取货	货架、叉车、堆垛机械、起重运输机械等
分拣、配货	分拣机、托盘、搬运车、传输机械等
验货、养护	检验仪器、工具、养护设备等
防火、防盗	消防设备、安保设备
流通加工	流通加工作业机械、设备、工具等
控制管理	计算机及辅助设备

其中仓储管理中常用的是存货、取货设备和分拣、配货设备。

一、存货、取货设备

（一）货架

1. 货架的概念及作用

货架是指用支架、隔板或托架组成的立体储存物品的设施。货架在仓储中占有非常重要的地位，为改善仓储的功能，不仅要求货架数量多，而且要求其具有多功能，实现机械化、自动化要求。

货架的作用主要有以下几方面：

(1) 货架是一种架式结构物，可充分利用仓库空间，提高库容利用率，提升仓库储存能力。

(2) 存入货架中的物品，互不挤压，物品损耗小，可完整保证物品本身的功能，减少物品的损失。

(3) 货架中的物品，存取方便，便于清点及计量，可做到先进先出。

(4) 保证存储物品的质量，可以采取防潮、防尘、防盗、防破坏等措施，以提高物资存储质量。

(5) 很多新型货架的结构及功能有利于实现仓库的机械化及自动化管理。

2. 货架的分类

货架按照不同的标准可分为不同的类型，下面总共有 11 种划分标准，具体类型见表 2-2。

表 2-2 货架的分类

序号	分类标准	类型	具体类型
1	按货架的发展分类	传统式货架	分为层架、层格式货架、抽屉式货架、橱柜式货架、U 形架、悬臂架、栅架、鞍架、气罐钢筒架、轮胎专用货架等
		新型货架	分为旋转式货架、移动式货架、装配式货架、调节式货架、托盘货架、进车式货架、高层货架、阁楼式货架、重力式货架、屏挂式货架等
2	按货架的适用性分类	分为通用货架和专用货架	
3	按货架的制造材料分类	分为钢货架、钢筋混凝土货架、钢与钢筋混凝土混合式货架、木制货架、钢木合制货架等	
4	按货架的封闭程度分类	分为敞开式货架、半封闭式货架、封闭式货架等	
5	按结构特点分类	分为层架、层格架、橱架、抽屉架、悬臂架、三角架、栅型架等	
6	按货架的可动性分类	分为固定式货架、移动式货架、旋转式货架、组合货架、可调式货架、流动储存货架等	
7	按货架结构分类	分为整体结构式（货架直接支撑仓库屋顶和围棚）和分体结构式（货架和建筑物分为两个独立系统）	
8	按货架的载货方式分类	分为悬臂式货架、橱柜式货架、棚板式货架	

（续表）

序号	分类标准	类型	具体类型
9	按货架的构造分类	分为组合可拆卸式货架和固定式货架（又分为单元式、一般式、流动式和贯通式）	
10	按货架高度分类	分为低层货架、中层货架和高层货架	
11	按货架重量分类	分为重型货架（大于 500 千克/货位）、中型货架（150 千克/货位～500 千克/货位）和轻型货架（小于 150 千克/货位）	

3. 常用货架

由表 2-2 可见，仓储使用的货架类型很多，图 2-7 列举了几种常见的货架。

(a)层架

(b)托盘货架

(c)悬臂货架

(d)阁楼式货架

(e)驶入、驶出式货架

(f)重力式货架

(g)移动式货架

(h)高层立体货架

(i)组合式货架

图 2-7　仓储中常用的货架

（1）层架。层架结构简单，适用性强，存取作业方便；但存放货物的数量有限，是人工作业仓库主要的存储设备。

（2）托盘货架。托盘货架结构简单，可调整组合，安装简易，费用经济；出入库不受先后顺序的限制；托盘装载不同货物时可立体存放，库容率较高。

（3）悬臂货架。悬臂架为开放式货架，一般存放长条形材料，不便于机械化作业。轻质材料可用人力存取操作，金属材料可配合跨距较宽的设备存取。

（4）阁楼式货架。阁楼式货架的特点是可充分利用空间，适合多品种少批量存储。阁楼式货架可用于旧库改造。

（5）驶入、驶出式货架。驶入、驶出式货架能发挥保管场所及叉车通道的双重作用，属高密度配置。驶入、驶出式货架的高度可达 10 米，库容利用率可高达 90%以上，适用于大批量少品种配送中心使用，但不适用于太长或太重物品。

（6）重力式货架。重力式货架适用于大量存储的场所，也适用于拣选场所，可普遍用于配送中心、商店的拣选配货操作中，也可用于生产线的零部件供应线上。

（7）移动式货架。移动式货架平时相互依靠，密集排列在一起。存取货物时，通过手动或电力驱动装置使货架沿轨道水平移动，形成作业通道，便于人工或机械存取作业。这样可以大幅度减少通道面积，地面使用率可达 80%，而且可直接存放每一种货物，不受先进先出的限制。

（8）高层立体货架。高层立体货架是立体仓库的主要组成部分。特点是“高、快、灵”。“高”：高层货架仓库一般均在 10 米以上，国外有的高达 30 米；“快”：存取速度快；“灵”：计算机控制，信息反映灵敏。

（9）组合式货架。货格可根据货物的大小而随时调整尺寸，还可根据需要装配和拆掉货架，组合式货架基本构件是带孔型钢的钢立柱，再加以横梁、搁板和其他附件，可组成通用性很强的各种货架。临时性仓库可根据需要装配和拆掉货架，这样就可以采用组合式货架了。

（二）叉车

叉车是仓储装卸搬运机械中应用最广泛的一种，主要用于仓库内货物的装载搬运，既可做短距离运输，又可堆、拆垛和装卸卡车、铁路平板车的机械，在配置其他取物设施以后，还能用于散货和各种规格品种物品的装卸作业。

1. 叉车的特点及用途

叉车与其他搬运机械一样，能够减轻装卸工人繁重的体力劳动。除了能提高装卸效率，缩短车辆停留时间，降低装卸成本以外，它还有以下特点和用途：

（1）机械化程度高。使用各种自动的取物装置或在货叉与货板配合使用的情况下，可以实现装卸工作的完全机械化，不需要工人的辅助体力劳动。

（2）机动灵活性好。叉车外型尺寸小，重量轻，能在作业区域内任意调动，适应物品数量及货流方向的改变，可机动地与其他起重运输机械配合工作，提高机械化使用效率。

（3）可以“一机多用”。在配合和使用各种取货装置如货叉、铲斗、臂架、吊杆、货夹、抓取器等的条件下，可以适应各种品种、形状和大小物品的装卸作业。

（4）能提高仓库容积的利用率。堆码高度一般可达3m，采用高门架叉车可达到6m。

（5）有利于开展托盘成组运输和集装箱运输。

（6）成本低、投资少，能获得较好的经济效益。

2. 叉车的分类

叉车的类型很多，具体分类见表2-3。

表2-3　叉车分类

序号	分类标准	具体类型
1	按耗能方式分类	分为电动托盘堆垛车、电瓶叉车、侧面叉车、固定平台搬运车、集装箱正面吊、三向堆垛叉车燃料叉车、电力叉车、手动叉车
2	按特种行业分类	分为防爆叉车、多向走叉车、越野叉车、集装箱行走吊、军用工业车辆、车载式叉车、无人驾驶工业车辆
3	按工业车辆分类	分为电动托盘搬运车、前移式叉车、低位拣选叉车、高位拣选叉车、电动拖头、集装箱叉车、伸缩臂叉车
4	按行走方式分类	分为电动托盘堆垛车、电瓶叉车、侧面叉车、固定平台搬运车、集装箱正面吊、三向堆垛叉车

几种常见的叉车示例如图2-8所示。

（三）堆垛机

堆垛机是仓库机械设备，是专门用来堆码货垛或提升物品的机械。普通仓库使用的堆垛机（又称上架机）是一种构造简单、用于辅助人工堆垛、可移动的小型物品垂直提升设备。

堆垛机的特点是：构造轻巧，人力推移方便，能在很窄的走道内操作，减轻堆垛工人的劳动强度，且堆码或提升高度较高，仓库的库容利用率较高，作业灵活，所以在中小型仓库内广泛使用。它有无轨堆垛机、巷道式堆垛机等类型，如图2-9所示。

图 2-8 常用叉车示例图

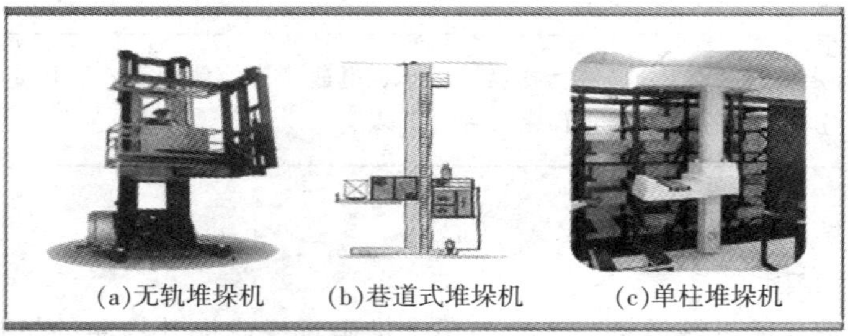

图 2-9 常用堆垛机示例图

（四）起重机

起重机适用于装卸大件笨重物品，还可借助于各种吊索具装卸其他物品，同时，起重机也是唯一以悬吊方式装卸搬运物品的设备（图 2-10）。其吊运能力一般在 3t～30t。

(a)桥式起重机　(b)门式起重机

图 2-10　桥式起重机与门式起重机

二、分拣、配货设备

包括分拣机械、托盘、搬运车、传输机械等。

（一）托盘

托盘是集装、堆放、搬运和运输时用于放置物品的作为一个单元负荷的水平平台装置。在平台上集装一定数量的单件物品，并按要求捆扎加固，组成一个运输单位，便于运输过程中使用机械进行装卸、搬运和堆存。这种台板有供叉车从下部叉入并将台板托起的叉入口。以这种结构为基本结构的台板和在这种基本结构基础上形成的各种形式的集装器具都统称为托盘。托盘化运输对提高物流工作效率是非常重要的。

1. 托盘的特点

（1）搬运或出入库场都可用机械操作，减少物品堆码作业次数，有利于提高运输效率，缩短货运时间，减轻劳动强度。

（2）以托盘为运输单位，货运件数变少，体积重量变大，而且每个托盘所装数量相等，既便于点数、理货交接，又可以减少货损货差事故。

（3）投资比较少，受益比较快。

（4）托盘的回收利用、组织工作难度较大，会浪费一部分运力。托盘本身也占用一定的库容空间。

2. 托盘的种类及规格

（1）托盘的种类。托盘按结构可以分为：平板托盘、箱型托盘、立柱型托盘、折叠式托盘（图 2-11）；按材料可分为：塑料托盘、金属托盘、木制托盘、纸制托盘（图 2-12）。另外，还有单面托盘、双面托盘，两向叉入式托盘、四向叉入式托盘等（图 2-13）。

（2）托盘的规格。我国托盘规格与国际标准化组织规定的通用尺寸一致，主要有三种规格：1000mm×800mm、1200mm×800mm、1200mm×1000mm。

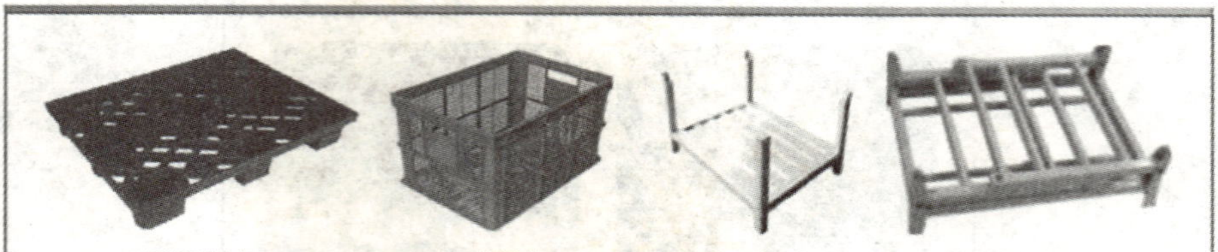

平板托盘　箱型托盘　立柱型托盘　折叠式托盘

图 2-11　按结构分类的托盘

塑料托盘　金属托盘　木制托盘　纸制托盘

图 2-12　按材料分类的托盘

单面托盘　双面托盘　两向叉入式托盘　四向叉入式托盘

图 2-13　其他类型的托盘

（二）分拣设备

所谓分拣是指将一批相同或不同的货物，按照不同的要求（如品种、发运的目的地、要货客户等）分别拣出，进行配送或发运。

(a)滑块式自动分拣系统　(b)人工拣选系统

图 2-14　分拣系统

随着经济和生产的发展，商品交易“小批量、多批次”的趋势渐趋明显，因此流通也趋于小批量、多品种和及时制（JIT），各类配送和货运中心的分拣任务十分艰巨，分拣系统（图 2-14）成为一种重要的物流设施。

（三）输送机

输送机主要用于仓库内部运输，将物品送到先前安排的目的地。一般分为平面输送机和折叠输送机两种，分别适用于平面输送和立体输送。输送机具有操作连续性强、占地面积小和辅助作业（核对、置换、分拣）等特点（图 2－15）。

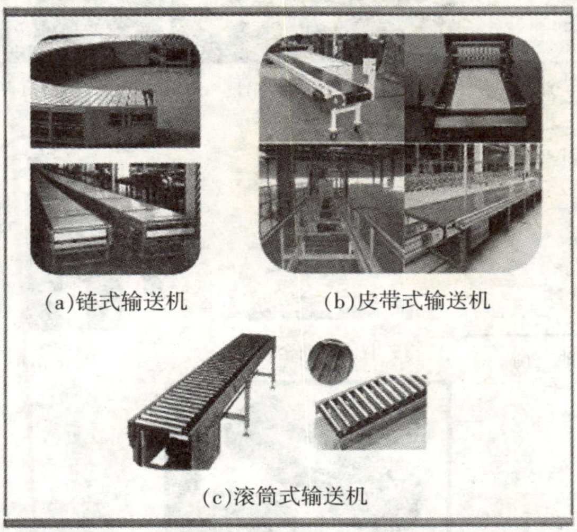

(a)链式输送机　(b)皮带式输送机

(c)滚筒式输送机

图 2－15　输送机

三、其他仓储设备

其他常用的仓储机械设备有计量仪器设备、消防设备和流通加工设备等，如图 2－16 所示。

四、仓储设备的使用管理

（一）设备管理的方式

由于仓储设备的繁杂、功能各异，所以大部分仓储设备都是分散使用的。因此仓储设备的管理方式，通常是在统一管理的基础上，实行分级管理、专人操作、专门管理部门负责的方式。当然，企业因各自情况不同如仓库规模、设备数量、设备集中与分散、固定与流动等的不同，管理方式也会不同。企业应根据自身的情况选择适合的管理方式。

（二）设备的管理方法

对于仓库中的设备必须建立管理、使用、维修、保养制度。这是仓储管理工作中的一个重要环节，尤其是一些大型仓库，机械设备较多，更应加强管理。其中装卸搬运机械管理工作有以下 4 个要点：

（1）制定必要的规章制度、操作规程，并认真贯彻执行。

图 2-16　计量仪器设备、消防设备和流通加工设备

(2) 加强对操作、维修人员的安全教育和技术培训，实行使用、维修相结合的方法，不断提高其技术水平。

(3) 加强技术资料的管理工作，建立设备技术档案。

(4) 及时总结推广先进经验，努力节约原材料、燃料，降低装卸搬运成本。

习题二

(1) 仓库作为仓储的基本设施具有哪些功能?

(2) 仓库的主要类型有哪些?

(3) 如何进行仓库的平面布置?

(4) 货位如何布置?

(5) 仓储的常用机械设备有哪些? 各有何用途?

案例导读 正泰集团的仓储设施

正泰集团（以下简称“正泰”）是目前中国低压电器行业最大的销售企业，主要设计制造各种低压工业电器、部分中高压电器、电气成套设备、汽车电器、通信电器、仪器仪表等，其产品达150多个系列、5000多个品种、20000多种规格。“正泰”商标被国家认定为中国驰名商标。该企业2002年销售额达80亿元，集团综合实力被国家评定为全国民营企业500强第5位。在全国低压工业电器行业中，正泰首先在国内建立了3级分销网络体系，经销商达1000多家。同时，建立了原材料、零部件供应网络体系，协作厂家达1200多家。

一、立体仓库的功能

自动化立体仓库是正泰集团物流系统中的一个重要部分。它在计算机管理系统的高度指挥下，高效、合理地贮存各种型号的低压电器成品，准确、实时、灵活地向各销售部门提供所需产成品，并为物资采购、生产调度、计划制订、产销衔接提供准确信息。同时，它还具有节省用地、减轻劳动强度、提高物流效率、降低储运损耗、减少流动资金积压等功能。

二、立体仓库的工作流程

正泰立体仓库占地面积达1600平方米（入库小车通道不占用库房面积），高度近18米，3个巷道（6排货架）。作业方式为整盘入库，库外拣选。其基本工作流程如下：

1. 入库流程

仓库二、三、四层两端六个入库区各设一台入库终端，每个巷道口各设两个成品入库台。需入库的成品经入库终端操作员键入产品名称、规格型号和数量。控制系统通过人机界面接收入库数据，按照均匀分配、先下后上、下重上轻、就近入库、ABC分类等原则，计算机自动分配一个货位，并提示入库巷道。搬运工可依据提示，将装在标准托盘上的货物由小电瓶车送至该巷道的入库台上。监控机指令堆垛机将货盘存放于指定货位。

库存数据入库处理分两种类型：一种需操作员在产品入库之后，将已入库托盘上的产品名称（或代码）、型号、规格、数量、入库日期、生产单位等信息在入库客户机上通过人机界面输入；另一种即托盘入库。

2. 出库流程

仓库底层两端为成品出库区，中央控制室和终端各设一台出库终端，在每一个巷道口设有LED显示屏幕用于提示本盘货物要送至装配平台的出门号。需出库的成品，经操作人员键入产品名称、规格、型号和数量后，控制系统按照先进先出、就近出库、出库优先等原则，查出满足出库条件且数量相当或略多的货盘，修改相应账目数据，自动地将需出库的各类成品货盘送至各个巷道口的出库台上，用电瓶车将之取出并送至汽车上。同时，出库系统在完成出库作业后，在客户机上形成出库单。

3. 回库空盘处理流程

底层出库后的部分空托盘经人工叠盘后，操作员键入空托盘回库作业命令，搬运工依据提示用电瓶车将其送至底层某个巷道口，堆垛机自动将空托盘送回立体库二、三、四层的原入口处，再由各车间将空托盘拉走，形成一定的周转量。

三、立体仓库的主要设施

1. 托盘

所有货物均采用统一规格的钢制托盘，以提高互换性，降低备用量。此种托盘能满足堆垛机、叉车等设备装卸需要，又可满足在输送机上下平衡运行需要。

2. 高层货架

采用特制的组合式货架横梁结构。该货架结构美观大方，省料实用，易安装施工，属一种优化的设计结构。

3. 巷道式堆垛机

根据本仓库的特点，该堆垛机在高层货架的巷道内按 X、Y、Z 三个坐标方向运行，将位于各巷道口入库台的产品存入指定的货格，或将货格内产品运出送到巷道口出库台。该堆垛机的设计与制造严格按照国家标准进行，并对其结构强度和刚性进行精密地计算，以保证机构运行平稳、灵活、安全。堆垛机配备有安全运行机构，以杜绝偶发事故。其运行速度为 4mm/min～80mm/min（变频调速），升降速度为 3/16mm/min（双速电机），货叉速度为 2mm/min～15mm/min（变频调速），通信方式为红外线，供电方式为滑触导线方式。

四、计算机管理及监控调度系统

该系统不仅对信息流进行管理，同时也对物流进行管理和控制，集信息流与物流于一体。同时，还对立体仓库所有出入库作业进行最佳分配及登录控制，并对数据进行统计分析，以便对物流实现宏观调控，最大限度地降低库存量及资金的占用，加速资金周转。

在日常存取活动尤其是库外分拣作业中，难免会出现产品存取差错，因而必须定期进行盘库。盘库通过对每种产品的实际清点来核实库存产品数据的准确性，并及时修正库存账目，达到账物统一。盘库期间堆垛机将不做其他类型的作业，在操作时，即对某一巷道的堆垛机发出完全盘库指令，堆垛机按顺序将本巷道内的货物逐次运送到巷道外，产品不下堆垛机，待得到回库的命令后，再将本盘货物送回原位并取出下一盘产品，依此类推，直到本巷道所有托盘产品全部盘点完毕，或接收到管理系统下达的盘库暂停的命令而进入正常工作状态。若本巷道未盘库完毕便接收到盘库暂停命令，待接到新的指令后，需继续完成盘库作业。

正泰集团高效的供应链、销售链大大缩短了物资库存周期，提高了资金的周转速度，减少了物流成本和管理费用。自动化立体仓库作为现代化的物流设施，对提高该公司的仓储自动化水平无疑具有重要的作用。

案例思考

(1) 根据本案例分析自动化立体仓库都有哪些设施?

(2) 结合本案例分析自动化立体仓库的功能。

(3) 自动化立体仓库作为现代化的物流设施，对提高仓储自动化水平具有怎样重要的作用?

第三章

仓储经营管理

【学习目标】 通过对本章的学习，理解仓储经营管理以及仓储成本分析的意义，掌握仓储成本的构成、计算，仓储合同的条款订立、变更、解除，理解库存的含义和分类，掌握一般库存控制方法。

第一节 仓储经营概述

仓储经营管理是指在先进的管理理论指导下，运用科学的方法，对仓储经营活动进行的计划、组织、指挥、协调、控制和监督，以降低仓储成本、提高仓储经营效益的活动过程。

一、仓储经营管理的意义

对仓储经营主体而言，仓储经营管理的过程，是改变传统的仓储经营观念，开发全新的仓储经营服务方式的过程，也是进行技术创新、组织创新、管理创新和制度创新的过程。因此开展仓储经营具有重要的意义。

（一）开展仓储经营可以保证社会再生产的顺利进行

作为社会再生产过程中的基本环节，生产和消费在时间以及品种、数量等方面存在着诸多矛盾。通过开展仓储经营，充分发挥仓储经营连接生产与消费的纽带和桥梁作用，可以克服生产者与生产者之间、生产者与消费者之间在地理上的分离，衔接商品生产与消费在时间上的不一致，以及调节商品生产与消费在方式上的差异，从而保证社会再生产的顺利进行。

（二）开展仓储经营可以保持物资原有使用价值及其合理的分配与使用

任何一种物资，在消费之前，由于受到自然、社会、经济、技术、环境等多种因素的影响，都可能发生数量或质量上的变化，如果不采取必要的保护措施，就不可避免地会对物资造成损害。因此，必须开展仓储经营活动，运用科学的管理手段，加强对物资的养护，以保护好处于暂时停滞状态的物资的原有使用价值。同时，在仓储经营过程中，应努力做到流向合理，加强物资流转速度，注意物资的合理分配，不断提高工作效率，以满足市场需求。

（三）开展仓储经营可以加强企业基础工作，提高经营水平

一方面仓储经营需要良好的生产、财务、人事等基础；另一方面有效的仓储经营又能促进仓储企业整体经营水平的提高。仓储经营的基础工作是仓储经营能否取得成效的基石，因此必须加强各项仓储基础工作，如标准化工作、计量工作和经济核算等，要以提高仓储经济效益为目标，健全仓储管理体系，为提高仓储经营水平创造良好条件。

（四）开展仓储经营可以加快资金周转、节约流通费用、降低物流成本，提高经济效益

开展仓储经营活动，能够减少物资在仓储过程中的物质损耗和劳动消耗，加速物资和资金的周转，从而节省费用，降低物流成本，最终达到提高企业社会效益、经济效益的目的。

二、仓储经营管理的内容

仓储经营管理既包括仓储企业对内部仓储业务活动的管理，也包括对整个企业资源经营活动的管理即仓储商务活动的管理。

（一）仓储业务管理

仓储业务管理是指对仓库和仓库中储存的物资进行管理。这种业务管理是仓储经营管理的基础，是各种公共仓储、营业仓储和自营仓储都必须进行的管理活动。这种对仓库和仓库中储存的物资的管理工作，是随着储存物资品种的多样化和仓库设计结构、技术设备的科学化而不断变化发展的。仓储管理的手段既有经济的，也有纯技术的，具体包括以下几个方面：

1. 仓库的选址与建筑决策管理

企业在建立仓库选址时要依据企业生产经营的运行和发展来考虑；应保证所建仓库各种设备的有效利用，不断提高仓库的经济效益；要能保证仓库运营的安全，一方面要保证储存物资不受各种可能的自然灾害破坏或人为破坏，另一方面要保证储存物资对企业及周围环境的安全。

2. 仓库的机械作业的选择与配置

企业根据实际需要以及自身的实力决定是否采用机械化、智能化设备，若要使用，就要对智能化的程度、投资规模、设备选择、安装、调试与运行维护等进行管理。

3. 仓库的日常业务管理

它具体包括如何组织物资入库前的验收，如何存放入库物资，如何对物资进行有效的保养，如何出库等。

4. 仓库的库存控制管理

库存控制管理包括对库存物资的分类、库存量、进货量、进货周期等的确定。

5. 仓库安全管理

仓库安全管理是其他一切管理工作的基础和前提，包括仓库的警卫和保卫管理、仓库的消防管理、仓库的安全作业管理等内容。

6. 其他业务管理

除了以上的业务管理外，仓库业务考核问题、新技术和新方法在仓库管理中的运用问题等都是仓储业务管理所涉及的内容。

（二）仓储商务管理

仓储商务活动是指仓储经营人利用所具有的仓储保管能力为社会提供仓储保管产品服务以获得经济收益所进行的交换行为。仓储商务活动是仓储企业对外的基于仓储经营而进行的经济交换活动，是一种商业性行为，因而仓储商务活动发生在公共仓储和营业仓储之中，企业自营仓储则不发生仓储商务活动。仓储商务管理的内容主要有：仓储商情调查和发现商业机会；市场分析和选择商业机会；商务磋商和签订商业合同；合同履行的协调；争议处理和风险控制；企业形象塑造；制定竞争战略和发展市场；保持企业可持续发展等。

1. 市场调查和市场宣传

市场调查不仅是企业经营决策的依据，也是仓储企业经营过程中长期的日常工作。商务部门需要不断进行市场调查，搜寻商机，以便建立商业关系。商务市场调查主要针对市场的供求关系、消费者对产品需求的变化，以及将来的发展进行准确调查和科学预测，以便企业进行经营决策、产品设计，以及商务宣传。

市场宣传是企业建立企业形象的一种手段，也是企业获得商业机会的手段之一。商务部门应充分合理利用企业有限的资源，采取针对性的有效措施，对潜在性客户和竞争性客户进行有效宣传和推广，促进业务关系的建立。市场宣传可以采用广告宣传、企业联系、宣传推广、人员促销等方法。

2. 积极营销和妥善选择商机

营销是从市场需求出发，包括构思、设计、定价、促销和分销的规划及实施过程。其核心是交换，实现双方互利的交换。仓储企业按照市场对产品的需求，设计仓储方案并向社会推广，实现交易就是仓储营销管理的目的。积极营销就是要细致地开展市场、产品分析，准确地选择目标市场和产品定位，合理地确定营销组合，严格管理营销的活动过程。

仓储推销可以采用人员推销和非人员推销的方式。人员推销是选择合适的员工采取上门推销、柜台推销、会议推销等方式进行面对面的推销；非人员推销则是采用广告、营业推广、公共宣传等方式使产品被社会接受。

在获得商机之后，仓储企业应根据企业的经营目标和客户的资质信用选择合适的对象开展交易。

3. 商务谈判

商务谈判是企业商务活动的必要环节，但由于买卖双方市场情况的不同，在商务活动过程中，企业之间受交易条件的影响并不是均衡的。一般来说，在买方市场环境中，买方会有更多的主动权。因此，对于处于卖方位置的仓储企业，更应该充分重视交易过程中的谈判环节，通过商务谈判来确定相关服务细节与价格标准，充分挖掘自身卖点，并清楚洞察对方的目标，这不但关系利润的争取，有时还会影响至交易的成败。

4. 订立仓储合同

合同是市场经济主体之间发生民事关系的手段。通过订立合同，两个独立的经济主体发生了债权债务关系。需要仓储服务的存货人与经营仓储的保管人通过订立仓储合同发生了货物保管和被保管的经济关系，并通过仓储合同调整双方关于仓储的权利和义务。仓储合同经过双方要约和承诺的过程，当双方意见一致时合同成立。

由于物质仓储往往需要较长的时间，还可能需要对仓储物进行加工处理、分拆等作业，流通管理时，为了保证保管人严格按照存货人的要求保管，避免因时间久远遗忘而出现争议，因而需要订立较为完备的仓储合同，要求合同条款细致、内容充分。仓储保管需要较为完整的合同订立程序、明确的合同成立的表示，以及完整的合同形式。

5. 客户关系管理

客户关系管理也是仓储商务管理的重要内容。良好的客户关系管理可以有效地维系企业与客户之间的关系，减少客户流失，并节约重复交易费用。对于仓储企业来说，进行客户关系管理可以借助于信息系统，对客户资源进行收集、整理与挖掘，了解客户主要诉求以及需求规律，以期更好地为客户提供服务。另外，还要对客户的建议与抱怨充分重视并及时处理。

三、仓储经营方法

随着各企业购、销、存经营活动连续不断地进行，商品的仓储数量和仓储结构也在不断变化，为了保证商品的仓储趋向合理化，必须采用一些科学的方法，对商品的仓储经营进行有效的动态控制。如何确定科学的、先进的、有效的仓储经营方法并使仓储资源得以充分利用，是仓储企业搞好经营管理的关键。

（一）保管仓储

1. 保管仓储的概念

保管仓储是指存货人将储存物交付给仓储经营人储存，并支付仓储费的一种仓储经营方法。在保管仓储经营中，仓储经营人一方面需要尽可能多地吸引存货人，获得大量的仓储委托，求得仓储保管费收入的最大化；另一方面还需在仓储保管中尽量降低保管成本，以获取经营成果。仓储保管费取决于仓储物的数量、仓储时间以及仓储费率。其计算公式为：

$$C=Q\times T\times K$$

式中：C——仓储保管费；

Q——存货数量；

T——存货时间；

K——仓储费率。

仓储总收入可按下式计算：

$$\text{仓储总收入}=\text{总库容量}\times\text{仓容利用率}\times\text{平均费率}$$

2. 保管仓储的特点

（1）保管仓储的目的在于保持保管物原状。存货人交付保管物于保管人，其主要目的在于保管。也就是说，他主要是将自己的货物存入仓储企业，仓储企业必须对仓储物实施必要的保管而达到最终维持保管物原状的目的，一定要确保原物形状。仓储企业与存货企业是一种为其提供劳务的关系，所以在仓储过程中，仓储物的所有权不发生转移，仓储企业没有处分仓储物的权利。

（2）仓储物一般都是数量大、体积大、质量高的大宗货物、物资。例如：粮食、工业制品、水产品等。

（3）保管仓储活动是有偿的，保管人为存货人提供仓储服务，存货人必须支付仓储费。仓储费是保管人提供仓储服务的价值表现形式，也是仓储企业营利的来源。

（4）仓储保管经营的整个仓储过程均由保管人进行操作，仓储经营企业需要有一定的投入，包括仓库设备、生产工具、物料及各种消耗和劳动力的投入。

3. 保管仓储的经营管理

为了使仓储物品保持完好，需要加强仓储的管理工作。

（1）加强仓储技术的科学研究，根据商品的性能和特点提供适宜的保管环境和保管条件，保证仓储物品的数量正确、质量无损。

（2）不断提高仓储员工的业务水平，培养出一支训练有素的员工队伍，在养护、保管工作中发挥其应有的作用。

（3）建立和健全仓储管理制度，加强市场调查和预测，搞好客户关系，组织好商品的收、发、保管保养工作，掌握库存动态，保证仓储经营活动的正常运行。

（二）混藏仓储

1. 混藏仓储的概念

混藏仓储是指存货人将一定品质、数量的储存物交付给仓储经营人储存，在储存保管期限届满时，仓储经营人只需以相同种类、相同品质、相同数量的替代物返还的一种仓储经营方法。

2. 混藏仓储的特点

（1）混藏仓储的对象是种类物。混藏仓储的目的并不完全在于原物的储存保管，有时存货人仅仅需要实现物品价值的储存保管即可，待仓储期届满时，仓储保管人可以用相同种类、相同品质、相同数量的替代物返还，并不需要返还原物。因此，它减轻了仓储保管人的义务负担，扩大了仓储物的范围，使种类物成为仓储合同中的标的物，保管人可以将所有同种类、同品质的保管物混合仓储保管。

（2）混藏仓储的仓储物并不随交付而转移所有权。仓储保管人只需为存货人提供仓储服务，而仓储物的转移只是物的占有权转移，与所有权的转移无关，保管人没有存货的所有权。例如：农民将小麦交付给仓储企业保管，约定仓储企业可以混藏小麦，仓储企业将所有收存的小麦混合储存于相同品种的小麦仓库，形成一种保管物为混合物（所有权的混合）的状况，小麦的所有权并未交给仓储企业，各寄存人对该混合保管物按交付保管时的份额，各自享有所有权。在农民需要时，仓储企业从小麦仓库取出相应数量的存货交还该农民。

（3）混藏仓储是一种特殊的仓储方式。混藏仓储与消费仓储、保管仓储有着一定的联系，也有一定的区别。保管仓储的对象是特定物，而混藏仓储和消费仓储的对象是种类物。

3. 混藏仓储的经营管理

（1）混藏仓储在物流活动中发挥着重要的作用，在提倡物尽其用、发展高效物流的今天，混藏仓储配合以先进先出的运作方式，使得仓储物资的流通加快，有利于减少耗损和降低过期变质等风险。

（2）混藏仓储在保管仓储的基础上，通过混藏的方式，可以减少仓储设备投入，提高仓储空间利用率，从而降低仓储成本。但这种仓储方式有一定的适用范围，它主要适用于建筑施工、粮食加工等行业，针对品质无差别、可以准确计量的物品。

（3）混藏仓储经营者的收入依然来自于仓储保管费，存量越多、存期越长收益越大。尽管混藏式仓储是成本较低的仓储方式，然而一旦仓储物品种增加，就会导致仓储成本增加。因此在混藏仓储经营中，应尽可能开展少品种、大批量的混藏经营。

（三）消费仓储

1. 消费仓储的概念

消费仓储是指存货人不仅将一定数量、品质的储存物交付仓储经营人储存，而且双方约定，将储存物的所有权也转移给仓储经营人，在合同期届满时，仓储经营人以相同种类、相同品质、相同数量替代物返还的一种仓储经营方法。

2. 消费仓储的特点

（1）消费仓储的仓储对象是种类物，仓储期间其所有权将转移给仓储保管人。在消费仓储中，存货人将仓储物存放于仓储保管人处，仓储保管人以所有者的身份自由处置仓储物。仓储保管人在接收仓储物时便取得了仓储物的所有权，这是消费仓储最为显著的特征。

(2) 消费仓储以物的价值储存保管为目的，仓储保管人仅以种类、品质、数量相同的替代物进行返还。消费仓储不仅转移仓储物的所有权，而且要求仓储保管人拥有使用、处置仓储物的权利。即将仓储物的所有权转移于仓储保管人，仓储保管人无需返还原物，仅以相同种类、品质、数量的物品返还，只需保存仓储物的价值即可。

3. 消费仓储的经营管理

(1) 消费仓储经营者的收益主要来自于消费仓储物的收入，当该消费收入大于取得返还仓储物的成本时，仓储经营者便获得了经营利润；反之，当消费收益小于取得返还仓储物的成本时，仓储经营者就不会对仓储物进行消费，而将返还原物。在消费仓储中，仓储费收入是次要收入，有时甚至采取无收费仓储，不收取仓储费。

(2) 消费仓储是仓储经营者利用仓储物停滞在仓库期间的价值进行经营管理，追求经营仓储物的收益。消费仓储的开展使得仓储物的价值得以充分利用，提高了社会资源的利用率。消费仓储的仓储对象范围较广，但对仓储经营者的经营水平要求很高。

(四) 仓库租赁经营

1. 仓库租赁经营的概念

仓库租赁经营是通过出租仓库、场地，出租仓库设备，由存货人自行保管货物的仓库经营方式。进行仓库租赁经营时，最主要的一项工作是签订一个仓库租赁合同，在合同条款的约束下进行租赁经营，取得经营收入。仓库出租经营既可以采用整体性出租方式，也可以采用部分出租、货位出租等分散出租方式。目前，采用较多的是部分出租和货位出租等分散出租方式。

2. 仓库租赁经营特点

(1) 承租人具有特殊商品的保管能力和服务水平。采取出租仓库经营方式的前提条件为：出租的收益所得高于自身经营收益所得。一般以下式计算为依据：

$$租金收入>仓储保管费-保管成本-服务成本$$

(2) 以合同的方式确定租赁双方的权利和义务。出租人的权利是对出租的仓库及设备拥有所有权，并按合同收取租金。同时必须承认承租人对租用仓库及仓库设备的使用权，并保证仓库及仓库设备的完好性能。承租人对租用的仓库及仓库设备享有使用权（不是所有权），并有保护设备及按约定支付租金的义务。

(3) 分散出租方式将增加管理工作量。若采用部分出租、货位出租等分散出租方式，出租人需要承担更多的仓库管理工作，如环境管理、保安管理等。采用整体性的出租方式，虽然减少了管理工作量，但同时也放弃了所有自主经营的权利，不利于仓储业务的开拓和对经营活动的控制。

3. 箱柜委托租赁保管业务

目前，箱柜委托租赁保管业务在许多国家发展较快。在日本，从事箱柜委托租赁保管业务的企业数量和仓库营业面积正在迅速上升。

箱柜委托租赁保管业务指仓库经营者以一般城市居民和企业为服务对象，向他们出租体积较小的箱柜来保管非交易物品的一种仓储业务。如以一般居民家庭的贵重物品，如金银首饰、高级衣料、高级皮毛制品、古董、艺术品等为对象，提供保管服务；将企业以法律或规章制度等规定必须保存一定时间的文书资料、磁带记录资料等物品为对象，提供保管服务。箱柜委托租赁保管业务强调安全性和保密性，它为居住面积较小的城市居民和办公面积较窄的企业提供了一种便利的保管服务。

箱柜委托租赁保管业务是一种城市型的仓库保管业务。许多从事箱柜委托租赁保管业务的仓库经营者专门向企业提供这种业务，他们根据保管物品、文书资料和磁带记录资料的特点建立专门的仓库。这种仓库一般有三个特点：

（1）注重保管物品的保密性，因为保管的企业资料中许多涉及企业的商业秘密，所以仓库有责任保护企业秘密，防止被保管的企业资料流失到社会上去。

（2）注重保管物品的安全性，防止保管物品损坏变质。因为企业的这些资料如账目发票、交易合同、会议记录、产品设计资料、个人档案等需要保管比较长的时间，在长时间的保管过程中必须防止发生保管物品损坏变质的情况。

（3）注重快速服务反应。当企业需要调用或查询保管资料时，仓库经营者能迅速、准确地调出所要资料及时地送达到企业。箱柜委托租赁保管业务作为一种城市型的保管业务具有较大的发展潜力。

（五）仓储多种经营

物流服务是保证企业能有效地提供优质服务的基础，面对日益激烈的竞争和消费者价值取向的多重化，仓储经营者已发现加强仓储多种经营、改进服务方式是创造持久竞争优势的有效手段。

1. 仓储增值服务

随着物流业的快速发展，仓储企业充分利用其联系面广、仓储手段先进等有利条件，向多功能的物流服务中心方向发展，开展加工、配送、包装、贴标签等多项增值服务，增加仓储利润。仓储可提供的增值服务主要有：

（1）托盘化。即将产品转化为一个独立托盘的作业过程。

（2）包装。产品的包装环节由仓储企业或仓储部门来完成，将仓储的规划与相关的包装业务结合起来考虑，有利于整体物流效益的提高。

（3）贴标签。在仓储过程中完成在商品或商品包装上贴标签的工序。

（4）产品配套、组装。当某产品需要由一些组件或配件组装配套而成时，就有可能通过仓储企业或仓储部门配套组装的增值服务来提高整个供应链过程的效率。在仓储过程中，这些配件不出仓库就可直接由装配工人完成配装，提高了物流的效率，节约了供应链成本，不但使得仓储企业的竞争力增强、效率提高，同时也使得生产企业的压力减轻。

(5) 简单的加工生产。一些简单的加工生产业务，本来是在生产过程中作为一道单独的工序来完成的。把这些简单加工过程放到仓储环节来进行，可以从整体上简化物流流程，降低加工成本，并使生产企业能够专心于主要的生产经营业务活动。如把对商品的涂油漆过程放到仓储环节来进行，可以简化物流流程，节约物流成本，提高仓储企业的效率。

(6) 退货和调换服务。当客户的产品销售之后，产品出现质量问题或纠纷、需要实施退货或货物调换业务时，可由仓储企业来帮助办理有关事项。

(7) 订货决策支持。由于仓储企业或仓储部门掌握每种货物的消耗情况和库存变化情况，这就有可能对每种货物的需求情况做出统计分析，从而为客户提供订货及库存控制的决策支持，甚至帮助客户做出相关的决策。

2. 运输中介

运输中介即运输服务中间商，他们通常不拥有运输设备，但为其他厂商提供间接服务。他们的职能类似营销渠道中的批发商。他们从各种托运人手中汇集一定数量的货源，然后购买运输。中间商主要有货运代理人、经纪人。

(1) 货运代理人。货运代理人以营利为目的，将来自各个顾客手中的小批量装运整合成大批量装载，然后利用专业承运人进行运输。到达目的地，货运代理人把大批量装载拆成原来的装运量。货运代理人的主要优势在于大批量的装运可以获得较低的费率，速度也较快。

货运代理人具有以下优势：

① 使专业承运人的规模经济效益提高，小批量货物可以集中到发运地，便于整合运输；②缩短专业承运人发出货物的时间，减少货物在专业承运人处的储存时间，提高作业效率；③使托运人的发货时间缩短，货运代理人收集的大批量货物可以让专业承运人快速发货而不必等待集货发运；④货运代理人收集的大量货物可以集中一次发运到目的地，不用中途重新装运，减少了工作量，减少了货物二次装运的破损率；⑤货运代理人具有熟练的运输专业技能，充分掌握运输市场的信息，且与众多的实际承运人有着密切的关系，熟悉简单而有效的业务流程。

(2) 经纪人。经纪人实际上是运输代办，他以收取服务费为目的。

货运中间商对整个物流活动来说相当于润滑油，他使托运人和承运人有机结合，方便了小型托运人的托运活动，因为小型托运人往往无法得到承运人较好的服务。货运中间商同时也可简化承运人的作业行为，使无数的小托运人不再涌到承运人处办理托运。货运中间商会根据托运人的要求，合理地安排运输方式，节约费用，避免物流浪费。

第二节 仓储成本分析

一、仓储成本分析的意义

仓储成本是指仓储企业在开展仓储业务活动中各种要素投入的总和。

仓储成本是物流成本的重要组成部分，对物流成本的高低有直接影响。仓储成本分析对于物流企业来说，意义重大。

（一）仓储成本分析为企业制订仓储经营管理计划提供依据

仓储经营管理计划是仓储企业为适应经营环境变化，通过决策程序和方案选择，对仓储经营活动的内容、方法和步骤明确化、具体化的设想和安排。仓储企业在制订经营管理计划时，必须考虑自身的经营能力，仓储成本正是衡量仓储经营能力的重要指标，因此通过仓储成本的分析，能帮助企业对不同经营方案进行比较，选择成本最低、收益最大的方案制订经营计划，开展经营。

（二）仓储成本分析为仓储产品定价提供依据

仓储企业的根本目的依然是追求利润最大化。仓储企业在为社会提供仓储产品（服务）时，需要有明确的产品价格，即仓储费。从长远看，只有保证仓储费高于仓储成本，才能保证仓储企业的生存与发展。因此仓储成本是仓储费制定的主要依据。

（三）仓储成本分析有利于加速仓储企业的现代化建设

仓储成本分析有利于推动仓储技术革新，充分挖掘仓库的潜力，为仓储设施和设备改造提供依据。仓储企业提高仓储能力和仓储效率必然要进行技术革新，改造设施和设备，但是设施和设备的投入必须获得相应的产出回报，这必须在准确的成本核算和预测的基础上才能提供保证。

（四）仓储成本分析为仓储企业的劳动管理提供依据

劳动力成本本身就是仓储成本的重要组成部分，但是劳动力成本与其他成本之间可能存在着替代关系或互补关系，要以能够获得总成本最低或者总收入增加为原则确定劳动力的使用量。同时，成本因素也是劳动考核、岗位设置的依据和决定劳动报酬的参考依据。

总之，通过仓储成本分析，有利于提高仓储企业的经济效益，减少仓储生产经营中的各种浪费，同时也可以将企业的经济利益与员工的经济利益紧密地联系起来，提高企业经营者的自觉性，从而提高仓储企业经营管理水平和经济效益。

二、仓储成本的构成

仓储成本是仓储企业在储存物品过程即装卸搬运、存储保管、流通加工、收发物品等各项环节和建造、购置仓库等设施和设备所消耗的人力、物力、财力及风险成本的总和，主要包括以下几种形式。

(1) 固定资产折旧：主要包括库房、堆场等基础设施建设的折旧以及仓储设施和设备的折旧等。

(2) 工资和福利费：仓储企业内各类人员的工资、奖金和各种补贴，以及由企业缴纳的住房公积金、医疗保险、退休基金等。

(3) 能源费、耗损材料费：包括动力、电力、燃料、流通加工耗材等，仓库用水，装卸搬运使用的工具、索具，绑扎、衬垫、苫盖材料的消耗等。

(4) 大型设备的维修费：每年从经营收入中提取大型设备修理基金，提取额度一般为设备投资额的3%～5%，专项用于设备维修。

(5) 管理费用：指仓储企业为组织和管理仓储生产经营所发生的费用，包括行政办公费用、公司经费、工会经费、职工教育费、咨询费、审计费、排污费、绿化费、土地使用费、业务招待费、坏账损失、存货盘亏、毁损和报废以及其他管理费用。

(6) 财务费用：指仓储企业为筹集资金而发生的各项费用，包括仓储企业经营期间发生的利息支出、汇总净损失、调剂外汇手续费、金融机构手续费以及筹资发生的其他财务费用。

(7) 销售费用：包括企业宣传、业务广告、仓储促销、交易费等经营活动的费用支出。

(8) 保险费：仓储企业对于意外事故或者自然灾害造成仓储物品损害所要承担的赔偿责任进行保险所支付的费用。

(9) 税费：指由仓储企业承担的税费。

三、降低仓储成本的措施

仓储成本管理是仓储企业管理的基础，对提升企业整体管理水平，提高经济效益有重大影响，但是由于仓储成本与物流成本的其他构成要素，如运输成本、配送成本，以及服务质量和水平之间存在“二律背反”的现象，因此，降低仓储成本要在保证物流总成本最低以及不降低企业的总体服务质量和目标水平的前提下进行，常见的措施有：

(一) 采用“先进先出”方式，减少仓储物的保管风险

“先进先出”是储存管理的准则之一，它能保证每个被储物的储存期不至于过长，降低仓储物的保管风险。有效的先进先出方式主要有：

1. 贯通式（重力式）货架系统

利用货架每层形成的贯通通道，从一端存入物品，从另一端取出物品，物品在通道中自行按先后顺序排队，不会出现越位等现象。贯通式（重力式）货架系统能非常有效地保证货物先进先出。

2. “双仓法”储存

给每种被储物都准备两个仓位或货位，轮换进行存取，再配以必须在一个货位中出清后才可以补充的规定，也可以实现“先进先出”。

3. 计算机存取系统

采用计算机管理，存货时在计算机里输入时间记录，编入一个简单地按时间顺序输出的程序，取货时计算机就能按时间给予指示，以保证“先进先出”。这种计算机存取系统还能将“先进先出”和“快进快出”结合起来，即在保证“先进先出”的前提下，将周转快的物资随机存放在便于存储之处，以加快周转，减少劳动消耗。

（二）加大储存密度，提高仓容利用率

这样做的主要目的是减少储存设施的投资，提高单位存储面积的利用率，以降低成本、减少土地占用。具体有以下三种方法：

1. 采取高垛的方法，增加储存的高度

具体方法有采用高层货架仓库、集装箱等，与一般堆存方法相比，它大大提升了储存高度。

2. 缩小库内通道宽度以增加储存有效面积

具体方法有采用窄巷道式通道，配以轨道式装卸车辆，以降低车辆运行宽度要求，采用侧叉车、推拉式叉车，以缩小叉车转弯所需的宽度。

3. 减少库内通道数量以增加有效储存面积

具体方法有采用密集型货架，采用不依靠通道可进车的可卸式货架，采用各种贯通式货架，采用不依靠通道的桥式起重机装卸技术等。

（三）采用有效的储存定位系统，提高仓储作业效率

储存定位的含义是被储存物位置的确定。如果定位系统有效，能大大节约寻找、存放、取出的时间，节约不少物化劳动及活劳动，而且能防止差错，便于清点及实行订货点管理。储存定位系统可采取先进的计算机管理，也可采取一般人工管理。行之有效的管理手段主要有：

1. “四号定位”方法

“四号定位”是用一组四位数字来确定存取位置的固定货位方法，是我国手工仓储管理中采用的科学方法。这四个号码是：库号、架号、层号、位号。这就使每一个货位都有一个组号，在物资入库时，按规划要求，对物资编号，记录在账卡上，提货时按四位数字的指示，很容易将货物拣选出来。这种定位方式可对仓库存货区事先做出规划，并能很快地存取货物，有利于提高效率，

减少差错。

2. 计算机定位系统

计算机定位系统是利用计算机储存容量大、检索迅速的优势，在入库时，将存放货位输入计算机。出库时向计算机发出指令，并按计算机的指示人工或自动寻址，找到存放货。拣选取货的方式，一般采取自由货位方式，计算机指示入库货物存放在就近易于存取之处，或根据入库货物的存放时间和特点，指示合适的货位，取货时也可就近就便。这种方式可以充分利用每一个货位，而不需要专位待货，有利于提高仓库的储存能力，当吞吐量相同时，可比一般仓库减少建筑面积。

（四）采用有效的监测清点方式，提高仓储作业的准确程度

对储存物资数量和质量的监测有利于掌握仓储的基本情况，也有利于科学控制库存。在实际工作中稍有差错，就会使账物不符，所以，必须及时且准确地掌握实际储存情况，经常与账卡核对，确保仓储物资的完好无损，这是人工管理或计算机管理必不可少的内容。此外，经常的监测也是掌握被存物资数量状况的重要工作。监测清点的有效方式主要有：

1. “五五化”堆码

“五五化”堆码是我国手工管理中采用的一种科学方法。储存物堆垛时，以“五”为基本计数单位，堆成总量为“五”的倍数的垛形，如梅花五等。堆码后，有经验者可过目成数，大大加快了人工点数的速度，而且很少出现差错。

2. 光电识别系统

在货位上设置光电识别装置，通过该装置对被存物的条形码或其他识别装置（如芯片等）扫描，并将准确数目自动显示出来。这种方式不需人工清点就能准确掌握库存的实有数量。

3. 电子计算机监控系统

用电子计算机指示存取，可以避免人工存取容易出现差错的弊端，如果在储存物上采用条形码技术，使识别计数和计算机联结，每次存、取一件物品时，识别装置自动将条形码识别并将其输入计算机，计算机会自动做出存取记录。这样只需向计算机查询，就可了解所存物品的准确情况，无需再建立一套对仓储物实有数的监测系统，减少查货、清点工作。

（五）加速周转，提高单位仓容产出

储存现代化的重要课题是将静态储存变为动态储存，加快周转速度会带来一系列的好处：如资金周转快，资本效益高，货损货差小、仓库吞吐能力增加、成本下降等。具体做法诸如采用单元集装存储、建立快速分拣系统等，都有利于实现“快进快出”，“大进大出”。

（六）采取多种经营，盘活资产

仓储设施和设备的巨大投入，只有在充分利用的情况下才能获得收益，如果

不能投入使用或者只是低效率使用，只会造成成本的加大。仓储企业应及时决策，采取出租、借用、出售等多种经营方式盘活这些资产，提高资产设备的利用率。

（七）加强劳动力管理

工资是仓储成本的重要组成部分，劳动力的合理使用，是控制人员工资的基本原则。我国是具有劳动力优势的国家，工资较为低廉，较多使用劳动力是合理的选择。对劳动力进行有效管理，避免人浮于事，出工不出力或者效率低下也是成本管理的重要方面。

（八）降低经营管理成本

经营管理成本是企业经营管理活动的费用和成本支出，包括管理费、业务费、交易成本等。加强该类成本管理，减少不必要支出，也能实现成本的降低。当然，经营管理成本费用的支出时常不能产生直接的收益和回报，但也不能完全取消，因此加强对其管理是很有必要的。

第三节　仓储合同

一、仓储合同的定义和种类

（一）仓储合同的定义

《中华人民共和国合同法》（以下简称《合同法》）第381条指出，“仓储合同是仓储保管人储存存货人交付的仓储物，存货人支付仓储费的合同”。从《合同法》的界定可以看出，仓储合同是由仓储保管人提供场所，存放存货人的货物、物品，仓储人员只收取仓储费和劳务费的合同。其中，存货人交付储存物，支付合同规定的储存费是仓储合同成立的必要条件。

（二）仓储合同的特征

（1）保管人必须是具有仓库营业资质的人。

即具有仓储设施、仓储设备，专事仓储保管业务的人。这是仓储合同主体的重要特征。

（2）仓储合同的对象仅为动产，不动产不可能成为仓储合同的对象。

（3）仓储合同为诺成合同。仓储合同自成立时起生效。

（4）仓储合同为不要式合同，可以是书面形式，也可以是口头形式。

（5）仓储合同为双务、有偿合同。

保管人承担储存、保管的义务，存货人承担支付仓储费的义务。

（三）仓储合同的种类

仓储合同也可以依据不同的标准，做出不同分类。不同种类的仓储合同具有不同的种类特征，也具有不同的法律效力。

（1）按照仓储合同发生的原因分为一般仓储合同与指令性仓储合同。

① 一般仓储合同，是指存货人与保管人之间，根据存货人提出的存储计划和保管人的仓储能力，基于双方的意思表示一致而达成的由保管人保管存货人的货物，存货人给付保管人一定数额保管费用的协议。一般仓储合同，完全是出于存货人与保管人的意思表示一致，由双方自愿协商签订的。

② 指令性仓储合同，是指存货人与保管人基于国家指令性计划，遵循平等、自愿、等价有偿、诚信的原则而协商达成的仓储合同。保持必要的物资储备是任何国家都不能忽略的战略基础，在任何条件下，国家都应保存一定的储备物资。国家依据必要的物资存储计划而授权有关部门与保管人进行协商，遵循市场经济条件下价值规律的客观要求，达成等价有偿的仓储协议，从而完成指令性计划物资的储备。

（2）按照仓储合同标的物的性质分为工业仓储合同、农业仓储合同、商业仓储合同与其他仓储合同。

① 工业仓储合同，是指从事工业生产的法人或其他组织在组织工业生产的过程中因储存保管原材料、机器、工具、燃料等而订立的合同。

② 农业仓储合同，是指保管人为农业领域内的公民、法人及其他组织提供农产品保管服务的合同。农业仓储合同中当事人特别是保管人，不仅受《合同法》及相关实施细则的约束，而且还应遵守有关仓储营业管理办法，如《国家粮油仓库管理办法（修订）》等。

③ 商业仓储合同，是指保管人与从事商业活动的存货人之间所订立的为存货人保管商业流通物的合同。由于仓储物性质的多样性和特殊性，仓储还可以有其他种类，如化学危险品仓储、特殊物资仓储等。

（3）按照不同仓储经营方式中，仓储标的物是否为特定物或特定化了的种类物以及仓储是否移转所有权，仓储合同可以分为一般仓储合同、消费仓储合同、混藏仓储合同与仓库租赁合同。

① 一般仓储合同以特定物或特定化的种类物为标的物，合同期限届满时，保管人将原物返还于存货人。

② 混藏仓储合同是指存货人将一定品质、数量的种类物交付保管人储藏，而在储存保管期限届满时，保管人只需以相同种类、相同品质、相同数量的替代物返还的仓储合同。

③ 消费仓储合同是指存货人不仅将一定品质、数量的种类物交付仓储保管人储存保管，而且与保管人相互约定，将储存物的所有权也移转于保管人处，在合同期届满时，保管人以相同种类、相同品质、相同数量的替代品返还的仓储合同。

④ 仓库租赁合同，仓库所有人将所拥有的仓库以出租的方式开展仓储经营、

由存货人自行保管商品时签订的合同。仓储人只提供基本的仓储条件，进行一般的仓储管理，如环境管理、安全管理等，并不直接对所存放的商品进行管理。仓库租赁合同严格意义上来说不是仓储合同，只是财产租赁合同，但是由于仓库出租方具有部分仓储保管的责任，所以具有仓储合同的一些特性。

（4）按仓储具体目的的不同，分为生产仓储合同、流通仓储合同与国家储备合同。

物资存储可以发生于生产过程中，也可以发生于流通过程中，既有生产资料的物资保管，又有生活资料的物资保管。凡是发生在生产过程中的仓储保管行为，因其目的在于确保工业、农业生产的不间断进行，故而该仓储合同属于生产仓储合同。凡是发生在流通过程中的仓储保管行为，因其目的在于进入流通消费领域，所以该仓储合同应属于流通仓储合同。国家因其所承担的巨大社会责任而储备物质，以预防自然灾害、社会动荡等意外事故的发生以及满足经济生活中的特殊需要，由此订立的仓储合同，应当属于国家储备合同。

二、仓储合同的标的和标的物

仓储合同的标的是仓储保管行为，是仓储合同关系中存货人与保管人的民事权利义务共同指向的对象，包括仓储空间、仓储时间和保管要求，仓储人要为此支付仓储费。

仓储合同的标的物是仓储物，是仓储合同标的的载体和表现。作为仓储合同标的物的物品，一般没有太大限制，无论是生产资料还是生活资料，无论是特定物质还是种类物，抑或可分物与不可分物，都可以成为仓储合同的标的物。但是，就不动产而言，它不能成为仓储物，因为仓储保管合同的目的在于对物的安全储存，保管人要在存储期限届至时完好地返还存货人所储存的货物，仓储物若为不动产则无从谈起存储，所以，仓储合同的标的物只能是动产，而不能是不动产。至于一些易燃、易爆、易腐烂、有毒的危险品，以及一些易渗漏、超限的特殊货物，只需存货人与保管人在订立仓储合同时约定一些必要的特别仓储事项即可。另外，货币、知识产权、数据、文化等无形资产和精神产品也不能作为仓储合同的标的物。

三、仓储合同的订立

（一）仓储合同订立的原则

仓储合同的订立，是存货人与保管人之间依意思表示而实施的能够引起权利与义务关系发生的民事法律行为。

1. 平等原则

平等原则是指作为仓储合同的当事人双方，在法律地位上一律平等。无论谁为存货人，也不论保管人是谁，双方均享有独立的法律人格，独立地表达自己的意思，双方是在平等基础上实现利益互换。

2. 公平及等价有偿原则

即要求仓储合同的双方当事人依价值规律来进行利益选择，禁止无偿划拨、调拨仓储物，也禁止强迫保管人或存货人接受不平等利益交换。合同双方都要承担相应的合同义务，享受相应的合同利益。

3. 自愿及协商一致的原则

自愿意味着存货人与保管人完全地依照自己的知识、判断去追求自己最大的利益。协商一致是在自愿基础上寻求意思表示一致，寻求利益的结合点。存货人与保管人协商一致的约定，具有法律约束力。仓储合同的订立只有在协商一致的基础上，才能最充分地体现出双方的利益，从而保证双方依约定履行。

（二）仓储合同中的要约与承诺

根据《合同法》的规定，只要存货人与保管人之间依法就仓储合同的有关内容经过要约与承诺的方式达成意思表示一致，仓储合同即告成立。

1. 仓储合同中的要约

所谓要约，就是一方当事人向另一方发出以订立合同为目的而提出的合同条件。要约是特定的合同当事人所为的意思表示，它以具体的、足以使合同成立的主要条件为内容，向受要约人发出，且表明一经对方承诺即受约束。在仓储合同中，一般来说，要约的内容至少应当包括：标的物数量、质量、仓储费用。

2. 预约仓储合同

当一方当事人向另一方发出愿意订立仓储合同的要约，但没有明确合同的主要事项，这种要约就构成了双方订立预约合同的要件。保管人的承诺表明双方成立了预约合同。预约合同并不是仓储合同，仅仅是双方达成的将要订立仓储合同的协议。生效的预约合同也是有效的合同，双方承担将要订立仓储合同的义务，否则要承担违反预约合同的责任。

3. 承诺

承诺是受要约人完全同意要约内容的意思表示。承诺必须是在要约的有效期限内作为，并与要约的内容完全一致。除受要约人之外的任何第三人所作的承诺不是法律上的承诺，而仅仅是一项要约，就像迟到的承诺只是要约一样。受要约人对要约内容的任何扩充、限制或者其他变更，都只能构成一项新要约，而非有效的承诺。

在仓储合同中，承诺具法律意义之处在于：保管人一经承诺，仓储合同即告成立且同时生效。

四、仓储合同的条款

仓储合同为非要式合同，没有严格的条款规定，当事人根据需要商定合同事项，由双方协议采用合同的形式。仓储合同的条款有：当事人条款、仓储物条款、仓储条款、价款、当事人的权利和义务、违约责任和争议处理条款。具体有：

（一）存货人、保管人的名称、地址

合同当事人是履行合同的主体，需要承担合同责任，需要采用完整的企业注册名称和登记地址，或者主办单位地址。主体为个人的必须明示个人的姓名和户籍地或常驻地（临时户籍地）。有必要时可在合同中增加通知人，但通知人不是合同当事人，仅仅履行通知当事人的义务。

（二）仓储物的品种、数量、质量、包装、件数和标记

仓储物必须是动产，需存放到仓储地保管并进行交接，因而需要明确地将仓储物特定化或者特定种类化。仓储物的品种需采用完整的商品名称或种类名称表达；数量采用公用的计量方法确定并达到最高的精度，用最小的独立封装单元确定件数，如箱装货物以封口的外包装为单位，或者以最小的组成单位确定，如成捆的管材，用具体管材根数表达；商品的质量指外包装可见质量或者商品本身的质量，衡量标准可以采用国家标准或者行业标准、或者约定的标准来表达，必要时可采用通过商品检验的质量报告为准的方式；标记应采用标注在外包装上的标记或者拴挂的标签标记。

（三）交接时间、地点和验收方法

交接时间显然确定了仓储物入库时间，保管人需在此时准备好货位以便交接。交接地点表明了运送货物入库的责任承担人，但还需要明确卸车搬运的承担人。合同中还需要明确交接理货方法、验收的内容、标准、时间和方式。验收内容与质量标准具有较强的相关性，往往就是针对质量标准进行验收。约定了验收标准的，保管人仅对验收事项负责。如约定仅对仓储物的外包装进行验收，返还仓储物时对于外包装的损坏保管人承担责任，而对内容不承担责任，除非可证明为因保管不当造成损害。

（四）仓储物的损耗标准

仓储物在经过长期存放和多次作业后，由于挥发、散失、扬尘、氧化、计量方法不同等原因造成耗损减量，保管人很难承担责任，因而可采用协议免责的方法处理，也就是在合同中订立合理耗损条款，双方约定不追究对方责任的数量减少标准，包括重量或者件数的减量。商品损耗标准可以采用国家标准或者行业标准，也可以由双方合理约定。有约定标准的则适用约定的标准。

（五）储存场所

双方约定仓储物存放的仓库地理位置、存放的仓库或货场。根据仓储物的特性，储存场所可以约定得较为笼统或者极为具体明确。对于特殊商品，必要时要明确保管条件和保管方法。储存场所不仅表达了保管人的保管条件和存货人的保管要求，还确定了运输便利程度和出入库的运输成本。

（六）储存期间

双方约定仓储物的储存期间，可以采用期限表示，如储存 3 个月，自货物入库起算；或者以日期的方式表示，如 9 月 10 日至 12 月 10 日；或者不约定具体的存放期间，但约定到期方式的确定方法，如提前一个月通知等。储存期间是保管人计收仓储费的基础、承担责任的期间，也是保管人库容使用计划安排的依据，存货人不遵守储存期间条款，保管人有权要求存货人承担违约责任。

（七）仓储费

确定仓储费的费率、仓储费的计算方法、支付方法和时间的条款。仓储费有预付、定期支付、结算等支付方式。合同法规定当事人没有约定支付时间的，采用交付仓储物时支付的方式。当事人未约定仓储费的，保管人仍可对提供劳务向存货人要求支付报酬。

（八）仓储物的保险约定

仓储物必须进行保险。若存货人已对仓储物进行了保险，必须告知保管人所投保的保险人、保险金额、保险期间。未保险的可以委托保管人进行投保，但仍然由存货人承担保险费。

（九）违约责任

合同约定存货人的违约责任包括：未交付货物、未在约定时间交付仓储物的违约责任；保管人不能接收仓储物、或者不能在约定的时间接收仓储物的违约责任。具体有：存货人未在约定时间提取仓储物所引发的超期费用；仓储物在仓储期间造成保管人损失或者其他损害的赔偿；违约金的标准；补救措施等出现违约时的处理方法。违约金是违约责任的主要承担方式，必须在合同中明确，包括各种违约项目及违约金数额标准或者计算方法、支付方式等。

（十）合同变更解除的条件

合同的订立和履行是合同双方期望发生的结果。但因为客观原因或者双方利益的需要而发生重大变化，原合同的继续履行可能对双方都不利，可以采用合同变更或解除的方法防止不利局面发生。当事人在订立合同时就应确定发生不利履行合同的具体条件以及变更或者解除合同的处理方法，就是合同的变更解除条款。

（十一）争议处理

有关合同争议的诉讼或者仲裁的约定，包括仲裁地点、仲裁机构，或者合同中选择的诉讼地点。

（十二）合同签署

合同签署是合同当事人对合同协商一致的表示，是合同成立的表征。作为诺成合同，合同签署也就意味着合同开始生效。签署合同由企业法人代表或代表人签名，注明签署时间，法人或者组织还需要盖合同专用章。个人签订合同时只需签署个人完整姓名。

仓储合同样本

合同编号：

存货人（甲方）：　　　　　　地址：　　　　　　联系电话：

保管人（乙方）：　　　　　　地址：　　　　　　联系电话：

合同签订地：

存货人和保管人根据《中华人民共和国合同法》，经双方协商一致，签订本合同。双方同意本着友好合作的原则共同信守。

第一条　储存货物的名称、品种规格、包装、数量、质量等（可采用如下表格表示）。

编号	包装	货物名称	品种规格	数量	质量	备注

第二条　货物包装：存货方负责货物的包装，包装标准按国家或行业标准规定执行。没有以上标准的，在保证运输和储存安全的前提下，由合同当事人议定如下：包装不符合国家或合同规定，造成货物损坏、变质的，由存货方负责。

第三条　货物保管地：____________。

保管方法：根据______规定进行保管，或者根据双方协商方式进行保管。

第四条　保管期限：从______年______月______日至______年______月______日。

第五条　验收项目和验收方法：

1. 存货方应当向保管方提供必要的货物验收资料，如未提供必要的货物验收资料或提供的资料不齐全、不及时，所造成的验收差错及贻误索赔期或者发生货物品种、数量、质量不符合合同规定时，保管方不承担赔偿责任。

2. 保管方应按照合同规定的包装外观、货物品种、数量和质量，对入库物进行验收，如果发现入库货物与合同规定不符，应及时通知存货方。保管方未按规定的项目、方法和期限验收，或者验收不准确而造成的实际经济损失，由保管方负责。

3. 验收期限：国内货物不超过______天，国外到货不超过______天。超过验收期限所造成的损失由保管方负责。货物验收期限，是指从货物和验收资料全部送达保管方之日起，至验收报告送出之日止。日期均以运输或邮电部门的戳记或直接送达的签收日期为准。

第六条 入库和出库的手续：按照有关入库、出库的规定办理，如无规定，按双方协议办理。

入库和出库时，双方代表或经办人都应在场，检验后的记录要由双方代表或经办人签字。该记录就视为合同的有效组成部分，当事人双方各保存一份。

第七条 损耗标准和损耗处理：按照有关损耗标准和损耗处理的规定办理，如无规定，按双方协议办理。

第八条 保管费率为______元/吨（天），不足12小时按半天计算；总保管费为______元。费用在货物交存保管的______天内交付给保管人/保管到期前交付。结算办法：由双方协商确定。

第九条 违约责任：

（一）保管方的责任：

1. 由于保管方的责任，造成退仓或不能入库时，应按合同规定赔偿存货方运费和支付违约金__________元。

2. 对危险物品和易腐货物，不按规程操作或未妥善保管造成毁损的，负责赔偿损失。

3. 货物在储存期间，由于保管不善而发生货物灭失、短少、变质、污染、损坏的，负责赔偿损失。如属包装不符合合同规定或超过有效储存期而造成货物损坏、变质的，不负赔偿责任。

4. 由保管方负责发运的货物，不能按期发货，赔偿存货逾期交货的损失；错发到货地点，除按合同规定无偿运到规定的到货地点外，还需赔偿存货方因此而造成的实际损失。

（二）存货方的责任：

1. 易燃、易爆、有毒等危险物品和易腐物品，必须在合同中注明，并提供必要的资料，否则造成货物毁损或人身伤亡，由存货方承担赔偿责任直至由司法机关追究刑事责任。

2. 存货方不能按期存货，应偿付保管方的损失。向保管方支付违约金______元。

3. 超议定储存量储存或逾期不提时，除交纳保管费外，还应偿付违约金______元/吨（天）。

（三）违约金和赔偿方法：

1. 违反货物入库和货物出库的规定时，当事人必须向对方交付违约金。违约金的数额，为违约所涉及的那一部分货物的______个月保管费（或租金）或______倍的劳务费。

2. 因违约使对方遭受经济损失时，如违约金不足抵偿实际损失，还应以赔偿金的形式补偿其差额部分。

3. 前述违约行为，给对方造成损失的，一律赔偿实际损失。

4. 赔偿货物的损失，一律按照进货价或国家批准调整后的价格计算；有残值的应扣除其残值部分，或残件归赔偿方，不负责赔偿实物。

第十条　由于不能预见并且对其发生和后果不能防止或避免的不可抗力事故，致使直接影响合同的履行或约定的条件履行时，遇有不可抗力事故的一方，应立即将事故情况电报通知对方，并应在______天内，提供事故详情及合同不能履行或者部分不能履行或需要延期履行的理由的有效证明文件，此项证明文件应由事故发生地区的公证机构出具。按照事故对履行合同影响的程序，由双方协商决定是否解除合同，或者部分免除履行合同的责任，或者延期履行合同。

第十一条　本合同所发生的争议，双方应本着友好协商的方式协商解决，不能协商解决的双方同意在仲裁委员会仲裁。

第十二条　其他：____。

保管方：（盖章）	存货方：（盖章）
法定代表人：	法定代表人：
地址：	地址：
银行账户：	银行账户：

五、仓储合同的生效与无效

仓储合同为诺成性合同，在合同成立时生效。仓储合同生效的条件为合同成立，具体表现为：双方签署合同书；合同确认送达对方；受要约方的承诺送达对方；公共保管人签发格式合同；存货人将仓储物交付保管人，由保管人接收。

无论仓储物是否交付存储，仓储合同自成立时生效。在仓储合同生效后，发生的存货人未交付仓储物、保管人不能接收仓储物都是仓储合同的未履行，由责任人承担违约责任。

无效仓储合同是指仓储合同虽然已经订立，但是因为违反了法律、行政法规或者公共利益，而被确认为无效。仓储合同无效由人民法院或者仲裁机构、工商行政机关认定，可以认定合同整体无效或者部分无效，可以采取变更或撤销的方式处理。合同无效可以在合同订立之前、履行之前，履行之中或者履行之后认定。

无效的仓储合同有：

（1）一方以欺诈、胁迫手段订立，损害国家利益的仓储合同；

（2）恶意串通，损害国家、集体或者第三人利益的仓储合同；

（3）以合法形式掩盖非法目的的仓储合同；

（4）损害社会公共利益的仓储合同。

对于无效仓储合同，可以采取以下办法进行处理：

1. 返还财产或折价补偿

返还财产是指仓储合同被依法确认无效后，保管人应当将依无效仓储合同而占有的存货人的财产返还给存货一方。仓储合同以保管人提供储存和保管服务为标的，保管行为不具备可返还性，因此，保管人只能要求存货人给予适当的折价补偿。

2. 赔偿损失

仓储合同被确认无效后，有过错的一方应当赔偿对方因合同无效所遭受的损失，存货人与保管人都有过错的，各自承担相应的责任。

3. 追缴财产

如果存货人与保管人恶意串通，为了牟取非法利益而订立明知违反法律、行政法规或者社会公共利益的仓储合同，那么，对于双方因为该无效仓储合同而取得的财产，都应当予以追缴。

六、仓储合同的变更与解除

（一）可变更和可撤销的仓储合同

可变更或者可撤销的仓储合同，是指仓储合同有效订立后，如果合同存有重大误解或合同的履行显失公平，则仓储合同的一方当事人可以请求法院或者仲裁机构予以变更，仓储合同依然有效；当事人请求撤销的，仓储合同即为无效合同，而且是自始无效。仓储合同有以下几种情形可申请变更或撤销：

1. 仓储合同的订立是由于当事人一方或者双方对合同的内容有重大误解

所谓重大误解，是指合同当事人因自己的过错而对合同内容等发生误解，导致合同订立，并且误解直接影响到当事人所应享受的权利和承担的义务。在仓储合同中，行为人对行为的性质、双方当事人、仓储物的品种、质量、规格和数量等产生错误认识，使得行为的后果与自己的意思相悖，如果履行将显失公平，可以认定为重大误解。

2. 仓储合同订立时显失公平

所谓显失公平，是指当事人的权利义务极不平等时，合同的履行将给当事人一方造成重大损失。在仓储合同中，如果存货人或者保管人利用自己的优势地位或对方的经验不足而故意地造成仓储合同当事人在给付对待之间利益不平衡，则构成仓储合同的显失公平。

3. 以欺诈手段订立的仓储合同

以欺诈手段订立的仓储合同，是指仓储合同的一方当事人故意隐瞒真实情况或者故意告知对方当事人虚假情况，并且明知这种故意行为会使对方陷入错误认识，而希望或者放任此种结果的发生。在构成条件上，仓储合同的一方当事人存在着欺诈的主观恶意，并且以故意陈述虚假情况或故意隐瞒真实情况的方式实施欺诈行为，致使受欺诈的一方当事人陷入错误认识，从而做出基于错误认识的表示，订立合同。

4. 因胁迫而订立的仓储合同

因胁迫而订立的仓储合同，是指当事人一方以将要发生的损害或者直接施加损害相威胁，使另一方当事人产生恐惧并因此订立仓储合同。“将要发生的损害”，是使受胁迫一方相信能够发生，并足以使受胁迫一方感到恐惧、害怕的损害；“直接施加损害相威胁”，是指胁迫一方通过实施某种不法行为，使受胁迫一方陷于恐惧，被迫与其订立仓储合同。如威胁揭露他人隐私、损坏他人名誉或者威胁使用暴力等。

5. 一方当事人乘人之危而订立的仓储合同

所谓乘人之危订立的仓储合同，是指存货人或者保管人利用对方当事人的危难处境或者紧迫需要，诱使、强迫他人接受某种明显不公平的条件而订立的仓储合同。

（二）仓储合同的变更

仓储合同的变更是指对已经合法成立的仓储合同的内容在原来合同的基础上进行修改或者补充。仓储合同的变更并不改变原合同关系，是在原合同关系基础上的有关内容的修订。

1. 仓储合同变更程序

仓储合同的变更程序类似于合同订立程序，即先由一方发出要约，提出变更请求，另一方做出承诺，双方意思表示一致时，变更成立。但是，受变更要约的一方必须在规定的期限内答复，这是与普通要约的不同之处。

2. 仓储合同变更的法律效力

仓储合同变更后，被变更的内容即失去效力，存货人与保管人应按变更后的合同来履行义务，变更对于已按原合同所作的履行无溯及力，效力只及于未履行的部分。任何一方当事人不得因仓储合同的变更而要求另一方返还在此之前所作的履行。仓储合同变更后，因变更而造成对方损失的，责任方应当承担损害赔偿责任。

（三）仓储合同的解除

仓储合同的解除是指仓储合同订立后，在合同尚未履行或者尚未全部履行时，一方当事人提前终止合同，从而使原合同设定的双方当事人的权利义务归于消灭。它是仓储合同终止的一种情形。

1. 仓储合同解除的方式

（1）存货人与保管人协议解除合同。存货人与保管人协议解除合同，是指双方通过协商或者行使约定的解除权而导致仓储合同的解除。因此，仓储合同的解除又可以分为事后协议解除和约定解除两种。

事后协议解除，是指存货人与保管人在仓储合同成立后、尚未履行或尚未完全履行之前，双方通过相互协商而同意解除合同。约定解除，是指存货人与保管人在订立仓储合同的时候，就在合同中约定一定的合同解除条件，而在该条件成立时，享有解除权的一方当事人可以通过行使解除权而使仓储合同关系归于消灭。

（2）仓储合同依法律的规定而解除。这是一方当事人依照《合同法》规定的有权解除合同的法律规定而解除合同的行为。《合同法》规定：①因不可抗力致使合同的目的不能实现，任何一方可通知对方解除合同；②一方当事人将预期违约，另一方当事人可行使合同解除权；③仓储合同的一方当事人迟延履行主要义务，经催告后在合理期限内仍未履行，另一方当事人享有合同解除权；④仓储合同的一方当事人迟延履行义务或者有其他违约行为，致使合同的目的不能实现，在此情形下，另一方当事人可以行使解除权。

2. 仓储合同解除的程序

仓储合同中享有解除权的一方当事人在主张解除合同时，必须以通知的形式告知对方当事人。只要享有解除权的当事人将解除合同的意思表示通知对方当事人，就可以发生仓储合同即时解除的效力，无需对方当事人答复，更无需其同意，对方有异议的，可以请求法院或者仲裁机构确认解除合同的效力，即确认行使解除权的当事人是否享有合同解除权。

3. 仓储合同解除的法律后果

（1）终止履行。仓储合同解除的法律效力就是使仓储合同关系消灭，使一切基于该仓储合同而发生的权利义务关系终止。因此，当仓储合同解除后，其尚未履行的部分当然地要终止履行。

（2）采取补救措施。仓储合同是提供储存与保管服务的合同，因此，合同的性质决定了保管人不可能在合同解除时要求存货人恢复原状，而只能要求对方采取折价补偿等方式来补救，如采取偿付额外支出的仓储费、保养费、运杂费等方式。不过，对于仓储物来说，由于其一般仅转移占有权于保管人，存货人基于物上请求权可以要求保管人恢复原状，返还原物。

（3）赔偿损失。仓储合同解除后，存货人或者保管人应当承担因为合同解除而给对方造成的损失，该项损失不能因为仓储合同的解除而免除。

第四节 库存控制

一、库存的含义、类型及成本

（一）库存的含义

库存是指企业在生产经营过程中为销售或者耗用而储备的物品。一般来讲，库存是处于储存状态的物品，但广义的库存还包括处于制造加工状态和运输途中的物品。所以企业的原材料、燃料、低值易耗品、在产品、半成品、产成品等都属于库存范畴。

（二）库存的类型

库存是一项代价很高的投资，无论是对生产企业还是物流企业，正确认识和制订一个有效的库存管理计划是很有必要的。由于生成的原因不同，可以将库存分为以下六种类型：周转库存、在途库存、安全库存（或缓冲库存）、投资库存、季节性库存、闲置库存。

周转库存——补货过程中产生的库存，周转库存用来满足确定条件下的需求，其生成的前提是企业能够正确地预测需求和补货时间。

在途库存——从一个地方到另一个地方处于运输路线中的物品。在没有到达目的地之前，可以将在途库存看做是周转库存的一部分。

安全库存（或缓冲库存）——由于生产需求存在着不确定性，企业需要持有周期库存以外的安全库存或缓冲库存。持有这个观点的人普遍认为企业的平均库存水平应等于订货批量的一半加上安全库存。

投资库存——持有投资库存不是为了满足目前的需求，而是出于其他原因，如由于价格上涨、物料短缺或是为了预防罢工等囤积的库存。

季节性库存——季节性库存是投资库存的一种形式，指的是生产季节开始之前累积的库存，目的在于保证稳定的劳动力和稳定的生产运转。

闲置库存——指在某些具体的时间内不存在需求的库存。

（三）库存成本

要进行库存控制，首先需要了解库存成本的构成以及库存成本的特点。

库存成本主要分为订货成本、保管成本、缺货成本、进货成本与购买成本。订货成本是指从发出订单到收到存货整个过程中所付出的成本。如订单处理成本（包括办公成本和文书成本）、运输费、保险费以及装卸费等。保管成本指在保管过程中为保管物品而发生的全部费用。缺货成本是指因存货不足而造成的损失。进货成本与购买成本是指在进货途中为进货所花费的全部支出。

那些与订货批量无关的成本称为固定成本，那些与订货批量有关的成本称为变动成本。因此，进货成本与购买成本是固定成本，而订货成本、保管成本、缺货成本是可变成本。

二、库存管理的合理化

库存管理是对企业生产经营全过程的各种物品和资源进行管理和控制，使其储备保持在经济合理的水平上。

狭义的库存管理主要包括库存业务管理、库存成本管理、库存品种数量管理和库存量控制管理。广义的库存管理是指为了达到公司的财务运营目标，特别是现金流运作目标，通过优化整个供应链管理流程，合理设置 ERP 控制策略，并辅之以相应的信息处理手段、工具，从而在保证及时交货的前提下，尽可能降低库存水平，降低库存积压与报废、贬值的风险。

库存是一把双刃剑，有积极的一面，也有消极的一面。从积极的角度来看，库存可以发挥改善服务质量、节省订货费用、节省作业交换费用、提高人员和设备利用率等作用。但过多的库存又会为企业带来不利的影响，如占用大量资金、发生库存成本、掩盖生产中存在的问题等。

所以，需对企业库存进行管理，使其发挥积极作用，最大限度地抑制其消极作用。库存的合理化就是在满足客户需求的前提下，以最经济的方法和手段，使库存费用、订货费用、缺货损失之和保持在最小的状态。既要处理好订货次数和订货数量之间的效益背反问题，又要处理好客户的需求问题。

三、库存控制中的 ABC 分类技术

（一）概述

ABC 分类法是根据事物在技术或经济方面的主要特征，进行分类排队，分清重点和一般，从而有区别地确定管理方式的一种分析方法。由于它把被分析的对象分成 A、B、C 三类，所以又称为 ABC 分析法。

ABC 分类法是由意大利经济学家维尔弗雷多·帕累托首创的。1879 年，帕累托在研究个人收入的分布状态时，发现少数人的收入占全部人收入的大部分，而多数人的收入却只占一小部分，他将这一关系用图表示出来，就是著名的帕累托图。该分析方法的核心思想是在决定一个事物的众多因素中分清主次，识别出少数的但对事物起决定作用的关键因素以及多数的但对事物影响较少的次要因素。后来，帕累托分析方法被不断应用于管理的各个方面。1951 年，管理学家戴克将其应用于库存管理，命名为 ABC 分析法。1951 年至 1956 年，约瑟夫·朱兰将 ABC 分析法引入质量管理，用于对质量问题的分析，被称为排列图。1963 年，彼得·德鲁克将这一方法推广到全部社会现象，使 ABC 分析法成为企业提高效益的普遍应用的管理方法。

ABC 分类管理将库存物品按品种和占用资金的多少，分为特别重要的库存（A 类）、一般重要的库存（B 类）和不重要的库存（C 类）三个等级，然后针对不同等级分别进行管理与控制。

A 类库存——虽然只占所有品目（品种数目）的 10%，却占出库金额的 70%，是周转率很高的库存品目。

B 类库存——占所有库存品目的 20%，却占出库金额的 20%，是周转率普通的库存品目。

C 类库存——虽然占所有库存品目的 70%，出库金额却不足 10%，是周转率很低的库存品目。

（二）ABC 分类法的步骤

分类可按下述步骤进行：

1. 收集数据

即确定构成某一管理问题的因素，收集相应的特征数据。以库存控制涉及的各种物资为例，如拟对库存物品的销售额进行分析，则应收集年销售量、物品单价等数据。

2. 处理数据

即对收集的数据进行加工，并按要求进行计算，包括计算特征数值、特征数值占总计特征数值的百分数、累计百分数；因素数目及其占总因素数目的百分数、累计百分数。

3. 制 ABC 分析表

ABC 分析表栏目构成如下：第一栏为物品编号；第二栏为品种所占百分比；第三栏为品目数累计百分数；第四栏为物品单价；第五栏为平均库存；第六栏是第四栏单价乘以第五栏平均库存，为各种物品平均资金占用额；第七栏为平均资金占用额累计；第八栏为平均资金占用额累计百分数；第九栏为分类结果。

4. 根据 ABC 分析表确定分类

将品目数累计为 5%～15%而平均资金占用额累计百分数为 60%～80%的物品确定为 A 类；将品目数累计为 20%～30%而平均资金占用额累计百分数也为 20%～30%的物品，确定为 B 类；其余为 C 类。

5. 绘 ABC 分析图

例： 某连锁专业店日常销售如下 20 种物品，各物品库存占用资金量，见表3-1。

表 3-1 某连锁专业店日常销售 20 种物品库存占用资金情况

（单位：万元）

物品名称	1	2	3	4	5	6	7	8	9	10
占用金额	96	44	18	12	6	4	3	2.9	2.5	2.2
物品名称	11	12	13	14	15	16	17	18	19	20
占用金额	2	1.8	1.5	1.2	1	0.6	0.5	0.4	0.3	0.1

对该店销售的 20 种物品进行 ABC 分类管理，并确定不同的库存管理方法。

方法如下：

首先计算出各物品品目占物品品目总和的比重和各物品占用资金在库存资金总量中所占比重，其次用较小制（自高值向低值）对各物品品目及所占资金的比重进行累计，再次把累计结果标注在由品目数累计—资金占用累计坐标中。

将资金占用量为 70%、品目数为 10%的物品列为 A 类；资金占用量为 90%～100%、品目数为 30%～100%的物品列为 C 类；其余为 B 类，见表 3-2。

表 3-2 ABC 分类表

品目名称	占用资金额（万元）	所占比重%		比重累计%		分类
		品目	金额	品目	金额	
1	96	5	48	5	48	A
2	44	5	22	10	70	
3	18	5	9	15	79	B
4	12	5	6	20	85	
5	6	5	3	25	88	
6	4	5	2	30	90	
7	3	5	1.5	35	91.5	C
8	2.9	5	1.45	40	92.95	
9	2.5	5	1.25	45	94.2	
10	2.2	5	1.1	50	95.3	
11	2	5	1	55	96.3	
12	1.8	5	0.9	60	97.2	
13	1.5	5	0.75	65	97.95	
14	1.2	5	0.6	70	98.55	
15	1	5	0.5	75	99.05	
16	0.6	5	0.3	80	99.35	
17	0.5	5	0.25	85	99.6	
18	0.4	5	0.5	90	99.8	
19	0.3	5	0.15	95	99.95	
20	0.1	5	0.05	100	100	
合计	200	100	100	——		

分类结果见表 3-3。

表 3-3 分类结果表

类别（品目）	A（1、2）	B（3、4、5、6）	C（其余）
品目所占比重%	10	20	70
金额所占比重%	70	20	10

将表 3-3 转化为图的形式（图 3-1），可以发现各品目数量与占用资金额的

关系。

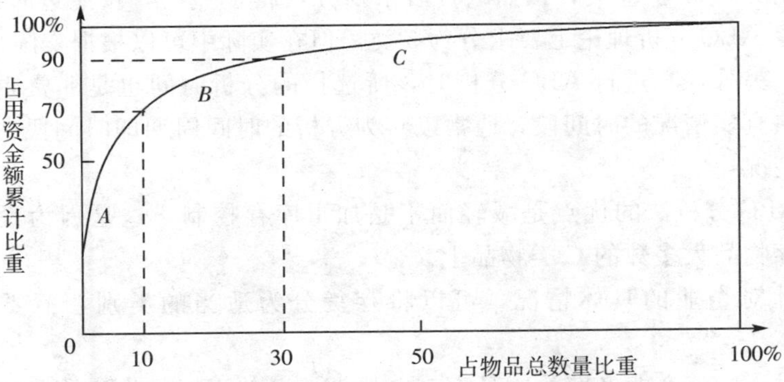

图 3-1 品目数累计比重

（三）ABC 分类物品的控制策略及注意事项

不同类别的物品，其安全库存、订货方法、保管及盘点方法可以采用不同的策略，以减少不必要的成本和工作量。一般来说，具体的库存控制策略见表3-4。

表 3-4 不同类别库存的控制策略

存货类别	库存控制策略
A 类	不设安全库存或设少量安全库存，严格管理，严密控制库存，连续检查盘点
B 类	设一定比例安全库存，一般控制，定期检查盘点
C 类	设较多安全库存，批量进货，隔较长时间检查一次

但在具体操作过程中还应考虑物品的性质，如虽然是所占资金较少的物品，但如果是企业的关键物件，缺货会带来很大损失，对于这类物品应采用 A 类物品的库存控制方法。所以 ABC 分类的结果并不唯一，分类的目标是把重要的物品与不重要的物品分离开来。尽管年使用量和价值是确定一个存货分类系统时最常用的两个评价指标，但是其他指标也同样可以用来对存货进行分类。

（1）缺货后果。如果某些存货的供应中断将给其他运作带来严重干扰甚至延误的话，它们应该获得较高的优先级别。

（2）供应的不确定性。某些存货尽管价值较低，但是供应缺乏规律性或非常不确定，也应该得到更多的重视。

（3）过期或变质的风险。如果存货很容易因过期或变质而失去价值，那么运作时就必须给予更多的关注和监控。

一些更复杂的存货分类系统则同时使用这些指标，并分别按照各个指标给存货进行 A 类、B 类、C 类的划分。例如，一个零件可能被划分为 A/B/A 类，即按照价值划分，属于 A 类，按照缺货后果划分，属于 B 类，按照过时风险划分，属于 A 类。ABC 分析理论上要求分为 3 类，但在实际中可以根据实际情况分为 5 类或 6 类。另外，在进行 ABC 分析时，所选择的分析时间也是非常重要的，应选择能反映真实情况的时间段，通常以年为分析的时间周期即时间段。有几点需要说明的情况：

（1）ABC 分析法的优点是减轻而不是加重库存控制。这是因为没有把重点放在占库存物品大多数的 C 类物品上。

（2）针对企业的具体情况，可以将存货分为适当的类别，不要求局限于 3 类。

（3）对于物流企业经营的物品而言，分类情况并不揭示物品的获利能力。

（4）分类情况不反映物品的需求程度。

因而在进行分类时，要对诸如采购困难、可能发生的偷窃、预测困难、物品的变质或陈旧、仓容需求量的大小以及物品在生产和经营上的需求情况等因素加以认真考虑，做出适当分类。

四、定量订货法与定期订货法

传统的库存管理以单个企业为管理对象，确定库存的最佳订货点、订货量、订货方式，在基本满足需要的前提下使库存总成本最小。

（一）定量订货法

定量订货法是指当库存量下降到预定的最低库存量（订货点 Q_K）时，按规定进行订货补充的一种库存控制方法。当库存量下降到订货点时，即按预先确定的订货量发出订单，经过订货期、交货周期，库存量继续下降，到达安全库存量时，收到订货，库存水平回升。采用定量订货方式必须预先确定订货点和订货量（图 3－2）。

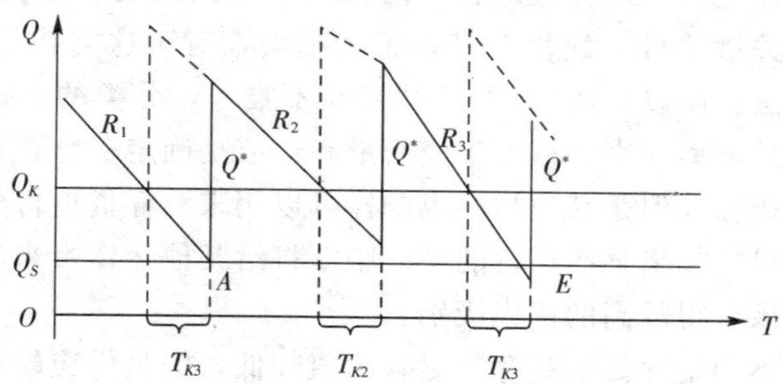

图 3－2 定量订货法原理

其中：

Q——批量或订货量；

S——安全库存；

R——用货速度；

T_K——订货提前期：从发出订单到货到的时间间隔。

1. 订货点的确定

通常订货点的确定主要取决于需求率和订货交货周期这两个因素。在需求固定、均匀和订货交货期不变的情况下，订货点由以下公式确定：

$$订货点=平均交货期全年需求量/365+安全库存量 \tag{1}$$

确定订货点主要取决于需求率和订货、到货间隔时间这两个要素。在需求固定、均匀，订货、到货间隔时间不变的情况下，不需要设安全库存，这时订货点由以下公式确定：

$$订货点=平均交货期全年需求量/365 \tag{2}$$

但在实际工作中，常常会遇到各种波动的情况，如需求发生变化，交货期因某种原因而延长等，这时就必须要设置安全库存量，这时订货点则应用公式（1）来确定。

2. 基本经济订货批量 EOQ（以下简写为 Q^*）的确定

订货批量 Q 通常依据经济订货批量 Q^*（即总库存成本最小时的每次订货数量）来确定。通常，年总库存成本的计算公式为：

$$年总库存成本=购进成本+订货成本+保管成本$$

即

$$TC=DP+\frac{DC}{Q}+\frac{QH}{2}$$

其中：

TC——年总成本；

D——年需求总量；

P——单位物品的购入成本；

C——每次订货成本；

H——单位物品年储存成本（$H=PF$，F 为年仓储保管费用率）；

Q——批量或订货量；

$Q/2$——年平均库存量。

经济订购批量 Q^* 的确定公式：

$$Q^*=\sqrt{\frac{2CD}{H}}=\sqrt{\frac{2CD}{PF}}$$

例：某公司根据计划每年需要采购零件 30000 个。甲零件的单位购买价格是

20 元，每次订购的成本是 240 元，每个零件每年的仓储保管成本为 10 元。要求计算，甲零件的经济订购批量、最低年总库存成本、每年的订货次数及平均订货间隔周期。

解： $Q^{*}=\sqrt{\frac{2CD}{H}}=\sqrt{\frac{2\times240\times30000}{10}}=1200$ 个

每年的总库存成本

$$TC=DP+\frac{DC}{Q}+\frac{QH}{2}=30000\times20+\frac{240\times30000}{1200}+\frac{1200\times10}{2}=72000 \text{ 元}$$

每年的订货次数 $N=\frac{Q}{D}=\frac{30000}{1200}=25$ 次

平均订货间隔周期 $T=\frac{360}{25}\approx14$ 天

（二）定期订货法

所谓定期订货法即定期订购控制法是指根据预先确定的订货间隔期按期订购物品，以补充库存的一种库存控制方法。也就是说，每隔一个订货周期，就要检查库存，发出订货，每次订货量的大小都使得订货后的名义库存量达到最高库存量（图 3－3）。

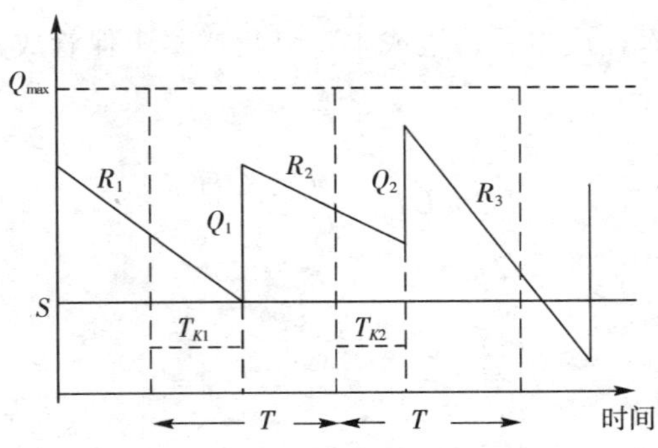

图 3－3 定期订货法原理

1. 订货批量和订货点不固定

其中：

Q_i——订货批量或订货量；

T——周转期；

T_{Ki}——订货提前期；

R_i——用货速度；

S——安全库存。

2. 订货周期的确定

定期订货法中，订货周期决定了订货时机，它是定期订货法的订货点。订货周期，就是订货间隔周期。它与定量订货法的订货间隔期不同，定量订货法的订货间隔期之间可能不等，定期订货法的订货间隔期都相等。订货间隔期的长短，直接决定了最高库存量的大小，也就决定了仓库的库存水平的高低，因而决定了库存费用的大小。所以订货周期不能太大，太大了，就会使库存水平过高，也不能太小，太小了，订货批次太多，增加了订货费用。

在一般情况下，可以用经济订货周期作为定期订货法的订货周期。实际上，订货周期也可以根据具体情况进行调整。例如：根据自然日历习惯，以月、季、年来调整；也可以根据企业的生产周期或供应周期等来确定。

3. 最高库存量的确定

定期订货法的最高库存量应该以满足订货间隔期和订货提前期的需求量为依据。也就是说，最高库存量等于订货间隔期和订货提前期的总需求量。

4. 订货量的确定

定期订货法没有固定不变的订货批量，每个周期订货量的大小，等于该周期的最高库存量与实际库存量的差值。这里所谓“实际库存量”，是指检查库存时仓库所实际具有的能够用于销售供应的全部物品的数量。

订货量＝最高库存量－现有库存量－订货未到量＋顾客延迟购买量

（三）定量订货法与定期订货法的区别

1. 提出订购请求的时点标准不同

定量订购库存控制法提出订购请求的时点标准是，当库存量下降到预定的订货点时，即提出订购请求；而定期订购库存控制法提出订购请求的时点标准则是，按预先规定的订货间隔周期提出订购请求。

2. 请求订购的商品批量不同

定量订购库存控制法每次订购商品的批量相同，都是事先确定的经济批量；而定期订购库存控制法每到规定的请求订购期，订购的商品批量都不相同，可根据库存的实际情况计算后确定。

3. 库存商品管理控制的程度不同

定量订购库存控制法要求仓库作业人员对库存商品进行严格控制，精心管理，经常检查、详细记录、认真盘点；而定期订购库存控制法，对库存商品只要求进行一般的管理，简单的记录，不需要经常检查和盘点。

4. 适用的商品范围不同

定量订购库存控制法适用于品种数量少、平均占用资金大、需重点管理的A类商品；而定期订购库存控制法适用于品种数量大、平均占用资金少、只需一般管理的B类和C类商品。

习题三

(1) 仓储经营管理对仓储企业有何意义?

(2) 仓储经营管理包括哪些内容?

(3) 常见的仓储经营方法有哪些? 各有什么特点?

(4) 仓储成本管理对仓储企业有何意义? 可以采取哪些措施降低仓储成本?

(5) 一份完整的仓储合同应包括哪些内容?

(6) 仓储合同如何变更与解除? 会产生什么后果?

(7) 某产品年需求量为 1000 单位,日平均需求量为 (1000/365) 单位,订货成本为 5 元/次。年保管费用为 1.25 元/单位,订货提前期为 5 天,单价为 12.5 元,求订货批量、总成本和订货点。

(8) 永昌机械制造公司根据计划每年需采购甲零件 30000 个,甲零件的单位购买价格是 20 元,每次订购的成本是 240 元,每个零件的仓储保管成本为 10 元,订货提前期为 5 天,求甲零件的 Q^*、最低年底库存总成本和每年的订货次数。

案例导读　安科公司 ABC 分析法的应用

安科公司是一家专门经营进口医疗用品的公司,2001 年该公司经营的产品有 26 个品种,共有 69 个客户购买其产品,年营业额为 5800 万元人民币。对于安科公司这样的贸易公司而言,因其进口产品交货期较长、库存占用资金大,库存管理显得尤为重要。

安科公司按销售额的大小,将其经营的 26 种产品排序,划分为 A、B、C 类。排序在前 3 位的产品占到总销售额的 97%,因此,把它们归为 A 类;第 4、第 5、第 6、第 7 种产品每种产品的销售额在 0.1%~0.5%之间,把它们归为 B 类;其余的 21 种产品 (共占销售额的 1%),归为 C 类。

对于 A 类的 3 种产品,安科公司实行了连续性检查策略,即每天检查库存情况,随时掌握准确的库存信息,并对其进行严格控制,在满足客户需要的前提下维持尽可能低的安全库存量。通过与国外供应商的协商,并且对运输时间进行了认真的分析,算出了该类产品的订货提前期为两个月,即如果预计在 6 月份销售该产品,就应该在 4 月 1 日下订单给供应商,才能保证产品在 6 月 1 日出库。

由于该公司的产品每个月的销售量都不稳定,因此,每次订货的数量都不同,要按照实际的预测数量进行订货。为了预防预测的不准确及工厂交货时间的不准时,还要保持一定的安全库存,安全库存是下一个月预测销售数量的 1/3。

该公司对该类产品实行连续检查的库存管理，即每天对库存进行检查，一旦手中实际的存货数量加上在途的产品数量等于以后两个月的销售预测数量加上安全库存时，就下订单订货，订货数量为第 3 个月的预测数量。因其实际的销售量可能大于或小于预测值，所以，每次订货的间隔时间也不相同。这样进行管理后，这 3 种 A 类产品库存的状况就基本达到了预期的效果。由此可见，对于销售额高的 A 类产品应采用连续检查的库存管理方法。

对于 B 类产品的库存管理，该公司采用周期性检查策略。每个月检查库存并订货一次，目标是每月检查时应有以后两个月的销售数量在库里（将一个月的用量视为安全库存），另外在途还有一个月的预测量。每月订货时，再根据当时剩余的实际库存数量，决定需订货的数量，这样就会使 B 类产品的库存周转率低于 A 类产品。

对于 C 类产品，该公司则采用了定量订货的方法。根据历史销售数据，得到产品的半年销售量即该种产品的最高库存量，并将其两个月的销售量作为最低库存。一旦库存达到最低库存时，就订货，将其补充到最低库存量。这种方法比前两种更省时间，但是库存周转率更低。

该公司实行了产品库存的 ABC 分类管理以后，虽然 A 类产品占用了最多的时间和精力，但得到了满意的库存周转率。而 B 类和 C 类产品，虽然库存的周转率较低，但相对于其较少的资金占用和很少的人力支出来说，这种管理也是一种好方法。

在对产品进行 ABC 分类以后，该公司又对其客户按照购买量进行了分类。发现在 69 个客户中，前 5 位的客户购买量占全部购买量的 75%，因而将这 5 个客户定为 A 类客户；到第 25 位客户时，其购买量已达到 95%。因此，把第 6 至第 25 位的客户归为 B 类，其他的第 26 至第 69 位客户归为 C 类。对于 A 类客户，实行供应商管理库存方法，与他们一直保持密切的联系，随时掌握他们的库存状况；对于 B 类客户，基本上可以参考历史购买纪录，以需求预测作为订货的依据；而对于 C 类客户，有的是新客户，有的一年也只购买一次，因此，可在每次订货数量上多加一些，或者用安全库存进行调节。这样做，一方面可以提高库存周转率，另一方面，也可以提高对客户的服务水平，尤其是 A 类客户对此非常满意。

通过安科公司的实例，可以看到将产品及客户分为 ABC 类以后，再结合其他库存管理方法，如连续检查法、定期检查法等，就会收到很好的库存管理效果。

案例思考

（1）安科公司的库存管理现状是什么？

（2）安科公司是如何进行 ABC 分类管理的？

（3）你对安科公司进一步加强库存管理还有何建议？

第四章

仓储作业管理

【学习目标】 通过对本章的学习，掌握仓储作业管理的作业流程，熟练掌握仓储入库作业、存储作业和出库作业的基本作业环节、作业要求、操作方法。能够对入库商品进行简单编码、对库区及储位进行划分，熟练运用盘点技术与方法。

第一节 仓储入库作业

一、进货作业流程与组织

（一）进货作业流程

所谓进货作业是指从商品接运开始，包括卸货、开箱理货，检查商品数量、质量，之后将有关进货信息进行处理等作业。

1. 进货的计划分析

制订进货计划的基础及依据是采购计划、进货因素及配合存储作业。

进货因素包括：进货对象及供应商的数量；商品种类及数量；进货车种及车辆台数；每车卸货和进货的时间；进货所需人员数；商品的形状和特征等。

配合存储作业是做好进货作业与存储作业之间的衔接，包括入库物品的储位指派、存储物品的形式（托盘、箱等）及存货量的计算等。根据预计到货的商品特性、体积、数量和到货时间等信息，确定好商品存储位置，合理安排人力及设备器材的准备工作。

进货计划的制订必须依据订单所反映的信息，掌握商品到达的时间、品类、数量及具体的到货方式，尽可能准确地预测到货时间，以尽早作出卸货、储位、人力、物力等方面的计划和安排。

2. 商品接运与卸货

到达仓库的商品有一部分是由供应商直接运到仓库交货的，其他商品则要经过铁路、公路、航运和空运等运输工具转运。凡经过交通运输部门转运的商品，均需经过仓库接运后，才能进行入库验收。商品接运是商品进货作业的第一道作业环节，也是商品仓库直接与外部发生的经济联系。主要任务是及时而准确地向交通运输部门提取入库商品，要求手续清楚，责任分明，避免将一些在运输中或运输前就已经损坏的商品带入仓库，为仓库验收工作创造有利条件。

接运方式大致有以下四种：车站、码头提货；专用线接车；仓库自行接货；库内接货。

根据到达商品的数量、理化性质及包装单位，合理安排好人力及装卸搬运设备，并安排好卸货站台空间。

3. 分类及标示

为保证仓库的物流作业准确而迅速地进行，在进货作业中必须对商品进行清楚有效的分类及编号。可以按商品的性质、存储地点、仓库分区情况对商品进行分类编号。

4. 查核进货信息

到货商品通常具备下列单据或相关信息：采购订单、采购进货通知单，供应商开具的出仓单、发票及发货明细表等。有些商品还随货附有商品质量书、材质证明书、合格证、装箱单等。对由承运企业转运的商品，接运时还需审核运单，核对商品与单据反映的信息是否相符。若有差错，应填写记录，由送货人员或承运人签字证明，以便明确责任。

5. 商品验收

商品验收是按验收业务流程，核对凭证等一系列规定的程序和手续，对入库商品进行数量和质量检验的经济技术活动的总称。即对到库商品进行理货、分类后，根据有关单据和进货信息等凭证清点到货数量，确保入库商品数量准确，同时，通过目测或检验仪器对商品质量和包装情况进行检查，并填写验收单据等验收记录。对查出的问题及时进行处理，以保证入库商品在数量及质量方面的准确性，避免给企业造成损失。

6. 进货信息处理

按照进货作业流程，商品验收完毕后，即可通过搬运码放过程进入指定储位存储，开始存储作业。在此过程中，必须做好进货过程中相关信息的处理，进货作业信息是指示后续作业的依据，因此，掌握并处理好进货信息非常重要。首先需将所有进货入库单据进行归纳整理，详细记录验收情况，登记入库商品的存储位置。然后依据验收记录和到货信息，对库存商品保管账务进行处理，商品验收入库，库存账面数量与库存实物数量同时增加。

（二）进货作业组织

为安全有效地卸货，按期准确地组织商品入库，在规划进货作业时必须遵循以下作业原则：

（1）在组织和安排进货作业时，要考虑现有的人力资源，以及人力资源的合理利用。对于供应商能够直接送货入库的，应要求对方自行卸货，以减少仓库作业人员，并保证卸货作业能正常进行。

(2) 充分考虑进货作业和存储作业等其他作业的有效衔接。仓库出货、存储一般有托盘、箱、小包及单件四种包装方式。进货也有这四种包装方式，因此在进货作业时，必须通过拆箱、重新包装等方式将进货包装单位转换成适合存储包装的单位。

(3) 为节省空间，力求在一个工作站进行多品种卸货作业，将各项作业集中在同一工作场所进行。即将卸货、分类、标记、验货等作业环节集中在一个场所完成，这样既可以减少空间的占用，也可以节省商品装卸搬运次数，降低作业成本，提高作业效率。

(4) 把从码头月台到储区的活动尽量设计为直线流动，并使距离最小。

(5) 尽量使用可流通的容器，节省更换容器的时间，同时也有利于配合装卸搬运设备的使用。

(6) 根据到货车辆的分布特征，合理调度、平衡停泊码头的到货车辆，保证在高峰时段能维持正常速度的流动。

(7) 详细记录进货资料，以便满足后续存取及信息查询的需要。

二、商品的编码与分类

(一) 商品编码

商品编码是将商品按其分类内容进行有序编排，并用简明的文字、符号或数字来代替商品的“名称”、“类别”。通过对商品编码可以有效应用计算机管理并可实现整个仓储作业的标准化管理。

1. 商品的代码结构

商品代码通常应用阿拉伯数字、字母或便于记忆和处理的符号形成一个或一组字符串，其基本结构包括：

(1) 代码长度：一个代码中所包含的有效字符的个数。

(2) 代码顺序：代码字符排列的逻辑顺序。

(3) 代码基数：编制代码时所选用的代码字符的个数。如阿拉伯数字代码的字符为0～9，基数为10。

2. 商品编码原则

(1) 唯一性。虽然被编码的商品可以有很多不同的名称，也可以按不同的方式对其进行描述，但在一个分类编码标准体系中，每个编码对象只有一个代码，即一个代码只代表一个商品。

(2) 简易性。代码结构应尽量简单、便于记忆，可减少代码处理中的差错，提高信息处理效率。

(3) 扩充弹性。为将来可能增加的商品留有扩充编号的余地。

(4) 充足性。所采用的文字、记号或数字应足够用来编号。

(5) 安全性。编码应具有安全特性，防止公司机密外泄。

(6) 一贯性。每一种商品都用一种代码来表示，而且必须统一，具有连贯性。

(7) 计算机的易处理性。便于计算机处理是商品编码的重要原则，只有通过计算机进行处理，才能真正提高商品信息传递与处理的正确性，提高商品仓储作业流程的效率。

3. 商品编码方法

(1) 数字编码法。以阿拉伯数字为编码工具，按商品特性等方式进行编码的一种方法。如：1—毛巾、2—肥皂、3—洗涤剂、4—清洁剂……再利用编号末尾数字，对同种商品进行分类，如 1.1 为白毛巾、1.2 为蓝毛巾、1.3 为花毛巾等。也可将数字分段分组，如 1—10 为毛巾、11—20 为肥皂等。

(2) 字母编码法。以英文字母为编码工具，按商品各种特性进行编码的方法，见表 4-1。

表 4-1 字母编码法

商品价格	商品种类	商品颜色
A 高价材料 B 中价材料 C 低价材料	A 五金 B 交电 C 化工 D 塑料 E 电子	A 红色 B 橙色 C 黄色 D 绿色 E 青色 F 蓝色

(3) 实际意义编码法。按照商品名称、重量、尺寸、分区、储位、保存期限等实际情况来编码。

例如：FO4810A2—15。

FO 表示食品类；

4810 表示包装尺寸为 4×8×10；

A2 表示 A 区第二排货架；

15 表示有效期 15 天。

(4) 暗示编码法。用数字和文字组合来编码，编码与商品之间要能产生联想，看到编码就能联想到相应的商品，也暗示了商品内容，此法易记忆（表 4-2）。

表 4-2 暗示编码法

品名	尺寸	颜色与类型	供应商
BY	26	WM	10

注：BY 表示自行车（bicycle）；26 表示车轮半径为 26 厘米；WM 表示白色（white）、男式（men）；10 表示供应商代号。

（二）商品分类

商品分类是指将多品种商品按其性质或其他条件分别归入不同类别，进行系统排列，以提高仓储作业效率。

1. 商品分类原则

（1）分类形式应满足企业本身需要，选择适用并且统一的分类标准，标准一旦确定，不可随意变更；

（2）有系统地展开，逐渐细分，层次分明；

（3）分类应具有排他性；

（4）分类应具有完全性，应覆盖所有商品；

（5）分类应具有伸缩性，以适应商品的增减。

2. 商品分类方法

（1）按商品特性分类。特性不同的商品所需要的保管条件差异很大，如有些商品易挥发，有些商品易吸附，有些商品需要温湿度控制。因此，为适应商品保管的需要，可以选择按商品特性进行分类。

（2）按商品使用目的、方法和程序进行分类。如需要进行流通加工的商品，可以按加工的方法不同进行分类。

（3）为使账务处理方便，可按会计科目进行分类。

（4）按交易行业进行分类。

（5）按商品形状如商品的内容、形状、尺寸、颜色和重量等分类。

（6）按照运输要求分类，如按运输方式划分。在发运量大的仓库中，也可以按收货地或到货站分类。

三、商品验收入库

（一）商品验收作用

所有到库商品，必须在入库前进行验收，只有验收合格后才算正式入库。这种必要性体现在两个方面：一方面是各种到库商品来源复杂，渠道繁多，从结束其生产过程到进入仓库前，经过一系列储运环节，受到储运质量和其他各种外界因素的影响，质量和数量都可能发生某种程度的变化；另一方面，各类商品尽管在出厂前进行了检验，但有时也会出现错检或漏检的情况，使一些不合格商品按合格商品交货。

商品验收的作用，主要表现在以下两个方面：

1. 商品验收有利于维护企业的自身利益

商品验收过程中，若发现商品数量不足，或发现规格不符、质量不合格时，检验人员要做详细的验收记录，由企业业务主管部门向供货企业提出退货、换货要求，或向承运单位提出索赔要求。如果商品入库没有进行严格的验收检查，在保管过程或发货过程中发现商品存在问题，就会出现责任不清的情况，给企业造成不必要的经济损失。因此，在验收时必须严格检验，分清责任，使符合采购合同、符合企业需要的商品入库，维护企业的经济利益。

2. 验收是做好商品保管保养的基础

商品的验收工作是做好商品保管保养和使用的基础。到库商品经过了一系列的储运环节，商品外包装会出现损坏、散失的情况，没有外包装的商品更容易发生变化。这些情况的出现都将影响到商品的保管及保养。只有在商品入库时进行验收检查，判明商品的实际状况，才能针对商品的实际情况，采取相应的措施对商品进行保管及保养。

总之，商品验收工作是一项技术要求高、组织严密的工作，验收工作的好坏关系到仓储业务能否顺利进行。因此，仓储企业要设置权责清晰的商品验收部门，明确检验人员的责任，使验收工作能够做到及时、准确、严格和经济。

（二）商品验收方式

1. 全验

全验需要耗费大量人力、物力和时间，检验成本高，但可以保证验收质量。在商品批量小、规格复杂、包装不整齐的情况下，可采用此法。验收商品数量和外观质量一般要求全验。

2. 抽验

物资质量和储运管理水平的提高以及数理统计的发展，为抽验方式的应用提供了物质条件和理论基础。对于大批量、同包装、同规格、信誉较高的存货单位的商品可采用抽验的方式检验。若在抽验中发现较多问题时，应扩大抽验范围，直至全验。

（三）商品验收内容

1. 数量检验

数量检验一般包括检斤、计件、检尺求积等形式，是由仓库保管职能机构组织进行的。

（1）检斤。检斤是指对以重量为计量单位的物资，进行数量检验时的称重，以确定其毛重和净重。值得注意的是，按理论换算重量的物资，先要通过检尺，然后按照规定换算方法和标准换算成重量验收，如金属材料中的板材、型材等。所有检斤的物资都应填写磅码单。

（2）计件。计件是指对以件数为单位的商品进行件数的理算。一般情况下，计件物资应逐一点清。固定包装物的小件商品，如果包装完好，则不需要打开包装。国内物资只检查外包装，不拆包检验。进口物资按合同和惯例检验。

（3）检尺求积。检尺求积是指对以体积为计量单位的商品先检尺、后求积所做的数量检验，如木材等货物，应根据实际检验结果填写磅码单。

2. 质量检验

质量检验包括外观质量检验和内在质量检验。

（1）外观质量检验：

① 包装检验。通过人的感觉器官，检验物资的外包装或装饰有无被撬开、开封、污染、破损、水渍等情况，检查外包装的牢固程度。

② 物资外观检验。对无包装的商品，直接查看其表面，检查是否有撞击、变形、生锈、破碎等损害。

③ 物资的重量尺寸检验。由仓库的技术管理职能机构，对入仓物资的单件重量、货物尺寸进行测量，确定货物的重量。

④ 标签、标志检验。检查商品标签、标志是否具备，是否完整、清晰，标签、标志与商品内容是否一致。

⑤ 气味、颜色、手感检验。对某些特定物资必须通过物品的气味、颜色、手感来判定其是否新鲜，有无干涸、结块、溶化等现象。

⑥ 开包检验。外观有缺陷的物品，有时可能影响其质量，当检验人员判定物品内容有受损可能时，就应该打开包装检验。开包检验必须有两人以上在场。检验后，根据实际情况及时封装或更换包装，并印贴已验收的标志。

商品的外观检验通过外观来判断质量，简化了仓库的质量验收工作，避免了各部门重复进行复杂的质量检验，节约了成本。凡经过外观质量检验的商品都应填写检验记录单。

（2）内在质量检验。内在质量检验是对物品的内在质量和物理化学性质进行检验。对物品内在质量的检验要求有一定的技术支持和检验手段。目前，大多数仓库不具备这些条件，所以，一般由专业技术检验单位检验，出具检验报告。

（四）商品验收中发现和处理的问题

在物品检验过程中会产生许多问题，仓库管理部门应区别不同情况给予及时处理。同时，验收中发现问题或遇到需要处理的物品，应该单独存放，妥善保管，防止混杂、丢失、损坏。现将几种常见的问题归纳如下：

1. 数量方面的问题

（1）数量短缺在误差规定的范围内的，可按原数入账。

（2）数量短缺超过误差规定的范围的，应做好验收记录，填写磅码单，交主管部门会同货主向供货单位交涉。

（3）实际数多于原发料量的，可由主管部门向供货单位退回多发数或补发货款。

2. 质量方面的问题

（1）凡物品质量不符合规定要求时，应及时向供货单位办理退货、换货。

（2）凡物品规格不符或错发时，应将情况做成验收记录交给主管部门办理退货。

仓库对物资验收中的具体问题，可用书面形式通知货主或发货方，要求查明情况进行处理。书面形式可采用物资溢余、短缺、破损查询单的形式，见表 4-3。

表 4-3　物资溢余、短缺、破损查询单

到货日期　年　月　日　车单编号　字　号

验收日期　年　月　日　材料库编号　字　号

发货单位		合同号		运次		车号		凭证号		质量证明书	
运输方式		发站		运单号		到站		承付日期		发货件数	
目录编号	原始凭证记录				实收数	溢收	短缺	残损	质差	规格不符	备注
	器材名称及规格	单位	数量	总价		数量/金额	数量/金额	数量/金额	数量/金额	数量/金额	
收料部门验收及处理意见：						发料部门复查及处理意见：					
收料单位：		审核人：		经办人：		发料单位：		签复人：		年　月　日	

3. 资料方面的问题

入仓物资必须具备入仓通知单、订货合同副本、供货单位提供的材质证明书、装箱单、磅码单、发货明细表以及承运单位的运单等资料。凡资料未到或资料不齐的，应及时向供货单位索取，该物资则作为待验物品堆放在待验区，待与物资相关的资料到齐后再验收。

入仓前的物品检验是一项技术要求高、组织严密的工作，直接关系到整个仓储业务能否顺利进行，必须做到及时、准确、严格、经济。

第二节　仓储存储作业

一、储位管理技术

(一) 储位管理目标与原则

1. 储位管理目标

(1) 充分有效地利用空间。

(2) 尽可能提高人力资源及设备的利用率。

(3) 有效地保护好商品的质量和数量。

(4) 维护良好的储存环境。

(5) 使所有在储货物处于随存随取状态。

2. 储位管理的基本原则

(1) 储位明确化。在仓库中所储存的商品应有明确的存放位置。

(2) 存放商品合理化。每一商品的存放是遵循一定的规则精细指定的。

(3) 储位上商品存放状况明确化。当商品存放于储位后，仓库管理系统对商品的数量、品种、位置、拣取等变化情况都必须正确记录，使商品的存放情况明确清晰。

(二) 储位管理要素

储位管理的基本要素主要包括储存空间的管理、商品的管理、人员的管理三个方面。

1. 储存空间

不同功能的仓库，对储存空间的重视程度不同，考虑的重点也不一样。对于侧重商品保管功能的仓库，主要考虑保管空间的储位分配，对于侧重流通转运功能的仓库，则主要考虑保管空间的储位如何能够提高拣货和出货的效率。在配制规划储位时，需先确定储位空间，而储位空间的确定又必须综合考虑空间大小、珩柱排列、有效储存高度、通道、搬运机械的回旋半径等基本因素。

2. 商品

处于保管中的商品，由于不同的作业需求使其经常以不同的包装形态出现，包装单位不同其设备和存放方式也不一样。此外对商品保管的影响因素还有：

(1) 供应商。即商品由谁以什么方式供应，有无行业特点。

(2) 商品特性。包括商品的品种、规格、体积、重量、包装、周转速度、季节分布、理化性能等因素。

(3) 商品的进货时间及数量。包括商品采购时间，进货到达时间，商品的产量、进货量、库存量等。

3. 人员管理

仓储人员包括保管、搬运、拣货作业人员等。在储存管理中，由保管人员负责商品管理及盘点作业；拣货人员负责拣货、补货作业；搬运人员负责入库、出库、翻堆作业。为了既提高作业效率，又达到省力的目的，首先，作业流程必须合理、精简高效；其次，储位配置及标示必须简单、清楚；再次，表单需简要、统一且清晰。

4. 相关因素

(1) 设备。储位管理中的设备主要包括储存设备、搬运与运输设备两大类。设备的选用必须综合考虑商品特性、辅助工具、作业方式、设备成本等基本条件，例如自动立体仓库的选用，高层货架、重力式货架的选用等。此外还必须注意其配套设施，例如电子辅助标签、无线传输设备及相关软件的配置等。

（2）辅助物品。辅助物品主要包括包装材料与容器、转运托盘等。打贴标签、重新包装、组合包装等流通加工项目越多，对相应包装材料的需求就会越大。此外，还有对托盘、容器等运载工具的管理。对这些辅助物品的管理可以规划一些特定的储位，按照类似商品保管的要求来管理。

（三）储位规划

在存储作业中，为有效地对商品进行科学管理，必须根据仓库、存储商品的具体情况，实行仓库分区、商品分类和定位保管。仓库分区就是根据库房、货场条件将仓库分为若干区域；分类就是根据商品的不同属性将存储商品划分为若干大类；定位就是在分区、分类的基础上固定每种商品在仓库中具体存放的位置。

1. 仓库分区

仓库分区是根据仓库建筑形式、面积大小、库房、货场和库内道路的分布情况，并结合考虑商品分类情况和各类商品的储存量，将仓库划分为若干区域，确定每类商品储存的区域。库区的划分一般在库房、货场的基础上进行，多层库房分区时也可按照楼层划分货区。

2. 储位确定

在进行储区规划时应充分考虑商品的特性、轻重、形状及周转率情况，根据一定的分配原则确定商品在仓库中具体存放的位置。

（1）根据商品周转率确定储位。计算商品的周转率，将库存商品周转率进行排序，然后将排序结果分段或分列。将周转率大、出入库频繁的商品储存在接近出入口或专用线的位置，以加快作业速度，缩短搬运距离。将周转率小的商品存放在远离出入口处，在同一段或同列内的商品则可以按照定位或分类储存法存放。

（2）根据商品相关性确定储位。有些库存的商品具有很强的相关性，相关性大的商品，通常被同时采购或同时出仓，对于这类商品应尽可能规划在同一储区或相近储区，以缩短搬运路径和拣货时间。

（3）根据商品特性确定储位。为了避免商品在储存过程中相互影响，将性质相同或所要求保管条件相近的商品集中存放，并相应安排在条件适宜的库房或货场。即将同一种商品存放在同一保管位置，将产品性能类似或互补的商品放在相邻位置。将相容性低，特别是互相影响其质量的商品分开存放。这样既提高作业效率，又防止商品在保管期间受到损失。

对有些特殊商品，在进行储区规划时还应特别注意：

① 易燃物品必须存放在具有高度防护作用的独立空间内，且必须安装适当的防火设备；

② 易腐物品需储存在冷冻、冷藏或其他特殊的设备内；

③ 易污损物品需与其他物品隔离；

④ 易窃物品必须隔离封闭管理。

(4) 根据商品体积、重量特性确定储位。在仓库布局时，必须同时考虑商品体积、形状、重量的大小，以确定商品所需堆码的空间。通常，重、大的物品保管在地面上或货架的下层位置。为了保证货架的安全并方便人工搬运，人的腰部以下的高度通常宜储放重物或大型物品。

(5) 根据商品先进先出的原则确定储位。先进先出即指先入库的商品先安排出库，这一原则对于寿命周期短的商品尤其重要，如食品、化学品等。

除上述原则外，为了提高储存空间的利用率，还必须利用合适的积层架、托盘等工具，使商品储放向立体空间发展。储放时尽量使商品面对通道，以方便作业人员识别标号、名称、提高商品的活性化程度。保管商品的位置必须明确标示，保管场所必须清楚，易于识别、联想和记忆。另外，在规划储位时应注意保留一定的机动储位，以便商品大量入库时可以调剂储位的使用，避免打乱正常储位安排。

3. 储位编号

根据一定的规则完成储位规划以后，接下来的任务就是对储位进行编号。

储位编号就是对商品存放场所按照位置的排列，采用统一标记编上顺序号码，并作出明显标志。

(1) 储位编号的作用。科学合理的储位编号在整个仓储管理中具有重要的作用，在商品保管过程中，根据储位编号可以对库存商品进行科学合理的养护，有利于对商品采取相应的保管措施；在商品收发作业过程中，按照储位编号可以迅速、准确、方便地进行查找，不但提高了作业效率，而且减少了差错。

(2) 储位编号的方法。储位编号应按一定的规则和方法进行。首先是确定编号的先后顺序规则，规定好库区、编排方向及顺序排列。其次是采用统一的方法进行编排，要求在编排过程中所用的代号、连接符号必须一致，每种代号的先后顺序必须固定，每一个代号必须代表特定的位置。

① 地址编号法。利用保管区的参考单位，如建筑物的第几栋、区段、排、行、层、格等，按相关顺序编号。较常用的方法是“四号定位法”。

② 区段编号法。就是把保管区分成几个区段，再对每个区段进行编码。这种方法是以区段为单位，每个编码代表一个储区，区域大小根据物流量而定。

③ 品类群编号法。把相关商品集合后分成几个品类群，再对每个品类群进行编码。这种方式适合于品牌差距大的物品，如服饰群、食品群等。

此外，为了方便管理，可以将储位编号和储位规划绘制成平面布置图，这样不但可以全面反映库房和货场的商品储存分布情况，而且可以及时掌握商品储存动态，便于仓库结合实际情况调整安排。

二、储存场所的布置

储存场所的布置就是根据库区场地条件、仓库的业务性质和规模、商品储存要求以及技术设备的性能和使用特点等因素，对储存空间、作业区域、站台及通道布置进行合理安排和配置。

在进行商品储存场所布置时主要考虑两个方面的要素，一是充分提高储存空间的利用率，二是提高物流作业效率。储存区域是仓库的核心和主体部分，提高储存空间的利用效率是仓库管理的重要内容。在规划和布局储存空间时，首先必须根据储存商品的体积大小和储存形态来确定储存空间的大小，然后对空间进行分类，并明确其使用方向，再进行综合分析和评估比较，在此基础上进行布置。

（一）储区空间的划分与定义

进行储存场所布置前，首先必须正确划分储存空间，明确各自作业区域及作业内容。

1. 物流空间

物流空间是指在仓库物流作业中能够满足物流功能需要的空间。包括商品保管、装卸搬运等作业空间。

2. 保管空间

在物流空间中以保管为主的空间。包括物理空间、作业空间、潜在利用空间和无用空间。

（1）物理空间。商品实际占用的空间。

（2）作业空间。保管空间内各种作业能够正常进行所需要的空间。

（3）潜在利用空间。在保管空间中可以争取利用的空间，一般有10%～30%的潜在利用空间可以利用。

（4）无用空间。在保管空间中除了物理空间、作业空间和潜在利用空间之外的无用空间。在满足保管作业需要的前提下，无用空间要尽可能小。

（二）储存场所作业区布置

1. 储存场所作业区布置原则

（1）作业路线最短原则。从整个仓库业务流程来看，合理布置作业区域可以减少设备和人员在各个设施之间的运动距离，节省作业时间。

（2）有效利用时间原则。合理布置的主要目的之一就是避免时间的浪费。合理布置可以使各项作业更加顺畅，减少各个环节上人员和设备的闲置时间，从而缩短整个物流作业时间，提高作业效率。

（3）合理利用仓库面积原则。通过不同布置方案的比较和选择，减少仓库面积的浪费，提高储区利用率。

（4）柔性原则。

2. 储存场所作业区布置考虑的要素

(1) 商品特性。在进行储存场所作业区域布置时，要充分考虑所储存商品的理化性质、外形、重量以及储存单位等特性，据此决定作业所需要的设备及区域的大小。

(2) 机械设备的使用特点。根据储存商品的特点和装卸搬运要求，需要配置相应的机械设备。在配备机械设备时应综合考虑每种设备的使用要求、合理的作业半径以及各种设备之间的协调，以便发挥不同设备的使用特点，提高作业效率。

(3) 仓库作业流程。根据作业内容的不同有储存型仓库和流转型仓库之分，不同类型的仓库其作业流程差异很大，如储存型仓库其进出库基本上为整进、整出，商品基本按原包装入库和出库，业务流程比较简单；流转型仓库是整进零出或零进整出，需要进行大量的分拣备货工作，业务流程复杂，为了以最小的人力、物力耗费在最短的时间内完成各项作业，就必须按照各个作业环节之间的内在联系对作业场地进行合理配置，使作业环节之间密切衔接。

(四) 保管空间的设计

影响具体的设备配置与空间设计的因素包括三个方面：①影响货架摆放、搬运车辆移动和输送分类设备的安置的梁柱距离；②影响货架高度和商品堆放高度的梁下高度；③影响保管使用面积及搬运作业方便性的通道布置。

1. 库内柱间间距设计

影响柱间设计的因素主要有：

(1) 进入仓库区内的货车数量及种类。不同的车型，其体积长度不同，要求的停靠空间不一样。

(2) 保管区储存设备的种类及尺寸。保管区的空间设计应尽可能保证完整地安放设备，因此，必须配合储存设备的规划来决定柱距。

(3) 保管区出入口的影响。受自动输送机及叉车、吊车设备的限制，柱间距必须依据走道宽度及储存设备间距等尺寸来计算。

① 货车停靠站台柱间排列：

$$W_i = W \times N + C_t \times (N-1) + 2C_g$$

式中：W_i——柱间距（内部尺寸）；

W——货车宽度；

N——货车台数；

C_t——货车的间隔；

C_g——侧面余隙尺寸。

例： 货车宽度为 2.5m，平均停靠货车台数为 2 台，货车间隔为 1.5m，侧面余隙尺寸为 0.85m，求柱间尺寸。

解：柱间尺寸为：

$$W_i = W \times N + C_t \times (N-1) + 2C_g$$
$$= 2.5 \times 2 + 1.5 \times 1 + 2 \times 0.85$$
$$= 8.2\text{m}$$

② 托盘堆码或货架正面宽度方向柱间排列：

$$W_i = W_p \times N_p + C_p \times (N_p - 1) + 2C_o$$

式中：W_i——柱间隔（内部尺寸）；

W_p——托盘（货架）宽度；

N_p——托盘数；

C_p——托盘间的间隔；

C_o——侧面余隙尺寸。

例：托盘宽度 W_p 为 1.2m。码放托盘数为 7 板，托盘间间隔 C_p 为 0.1m，侧面余隙尺寸 C_o 为 0.05m，求内部柱间距尺寸。

解：内部柱间尺寸为：

$$W_i = W_p \times N_p + C_p \times (N_p - 1) + 2C_o$$
$$= 1.2 \times 7 + 0.1 \times 6 + 2 \times 0.05$$
$$= 9.1\text{m}$$

③ 托盘货架纵深方向柱间排列：

$$W_c = (W_L + 2L_p + C_r) \times N$$

式中：W_c——柱间隔；

L_p——托盘（货架）深度；

W_L——通道宽度；

C_r——托盘（货架）背面间隔；

N——双排货架列数。

例：托盘深度 L_p 为 1.2m，通道宽度 W_L 为 2.6m，托盘（货架）背面间的间隔 C_r 为 0.05m，平房建筑，柱子间隔为二节距（$N=2$），求内部柱间距尺寸。

解：内部柱间距尺寸为：

$$W_c = (W_L + 2L_p + C_r) \times N$$
$$= (2.6 + 2 \times 1.2 + 0.05) \times 2$$
$$= 10.1\text{m}$$

2. 库内梁下高度的设计

在储存空间中，库内梁下高度太低会影响空间利用率，太高又会增加管理费用和投资成本，而且货物堆码具有一定的高度极限，叉车的最大举升高度及货架高度也都有一定界限。从储存保管的角度来看，影响库内梁下高度的因素主要有四个方面：

(1) 保管货物的形态和堆积高度。不同的货物形态其堆码方式不同，堆码高度极限也不一样，耐叠压的坚硬货物与不耐叠压的货物对库房空间高度的要求不同。

(2) 搬运设备的种类和型号。各类升降叉车、吊车、卡车等搬运设备具有不同的设计规格，例如升降叉车的最大举升高度就直接影响到货物堆码的高度。

(3) 储存保管设备的设计高度。各种货架等储物设施都有其基本架设高度，装设货架时达到基本架设高度，才能符合设备的技术性和经济性。

(4) 梁下余隙的尺寸。为了消防、空调、采光等设施的安装，在库内梁下需要预留空间，而预留空间的大小对库房高度的利用率会产生影响。

3. 库内通道布局

(1) 影响通道位置及宽度的因素。作为储存保管作业区的通道，其设计应能提供货物快速存取、装卸设备进出便利所必需的服务区间。影响通道位置及宽度的主要因素在于：

① 通道类型；

② 搬运设备的类型、尺寸、回转半径；

③ 储存货物的批量、尺寸；

④ 进出作业的简易与便利；

⑤ 行列空间及柱子间隔；

⑥ 防火墙、服务区、设备、电梯、斜道位置；

⑦ 地板负载能量。

(2) 通道的类型：

① 工作通道是仓储作业和出入库房作业的主要通道。其中包括主通道和辅助通道。主通道连接库房的进出口和各作业区，道路最宽。辅助通道连接主通道和各作业区内的通道，一般平行或垂直于主通道。

② 员工进出特殊区的人行道。

③ 电梯通道即出入电梯的通道，距主通道约 3m～4.5m。

④ 其他性质的通道是公共设施，如防火设备或紧急逃生所需要的进出道路。

(3) 通道设计要点：

① 通道设计顺序。先确定主要通道的位置及宽度，再依次规划服务设施通道和其他次要通道。

② 主通道一般沿库房长度方向；交叉通道沿宽度方向；其他为存货或验货

提供物品进出的服务通道以及人员、消防、电梯等次要通道，应尽可能限制。

③ 通道的宽度。一般 6m 宽的库房可以设一条宽约 1.5m～2m 的主通道，通常约占有效地面面积的 20%～25%；一个 180m 宽的大型库房，可以设 3 条宽 3.6m 的通道，约占有效地面面积的 6%，再加上次要通道，共占有效地面面积的 10%～12%，所以，通常面积越大的库房，地面的利用率就越高。

④ 流量经济性。即让库房通道的人和物的移动形成路径。

⑤ 安全条件。必须随时要求通道畅通且具有足够的宽度，以适应各种危险情况。

此外，不同储区的布置其通道空间比例也不一样。就一般配送中心的作业性质而言，采用中枢通道式设计。只要通道穿过库房中央，即可有效利用空间。

关于通道宽度设计，根据不同作业区域、人员或车辆行走速度、单位时间通行人数、搬运物品体积等因素而定。就人员行走通道为例，设人员通过速度为 v km/h，单位时间 min 通过人数为 n 人，两人前后最短距离为 dm，平均每人身宽为 wm，则每人在通道上所占空间为 $d\times w\text{m}^2$，为此通道宽度 W 求解公式如下：

$$W=d\times w\times n/v$$

例如：设两人行走时需要的前后距离为 $d=1.5$m 以上，平均人身宽度 $w=0.76$m，一般人行走速度 $v=53$m/min，每分钟通过 105 人，把这些数据代入上述公式，即：

$$W=d\times w\times n/v=1.5\times 0.76\times 105/53=2.3\text{m}$$

三、储区空间计算

（一）影响储区空间计算的主要因素

1. 货物尺寸、数量
2. 托盘尺寸、货架空间
3. 使用的机械设备（类型、尺寸、回转半径）
4. 通道宽度、位置及需求空间
5. 行列空间（柱与柱的距离）
6. 建筑尺寸与类型
7. 进出货及搬运位置
8. 补货服务设施位置

（二）存货空间需求

仓库存货所需占用空间的大小，必须依据货物尺寸及数量、堆码方式、托盘尺寸、货架储位空间等因素来确定。

（1）地面平置堆码。如果仓库货物多为大批量出货，采用借助托盘在地面上平置堆码的储存方式，则计算存货空间需考虑货物尺寸及数量、托盘尺寸。

设：托盘尺寸为 $A\times A$ m；

则：由货物尺寸及托盘尺寸算出每托盘平均可堆码 N 箱货物，如果仓库平均存货量约为 Q，则存货空间需求 D 为：

$$D=\text{平均存货量}/\text{平均每托盘堆码货物箱数}\times\text{托盘尺寸}=Q/N\ (A\times A)\ \text{m}^2$$

（2）使用托盘货架储放。如果仓库使用货架来储存货物，则计算存货空间需考虑货物尺寸、数量、托盘尺寸、货架类型及层数。

设：托盘尺寸为 $A\times A$ m^2，货架为 L 层；

则：配合货架负载能力及货物尺寸估计每托盘可堆码 N 箱货，如果仓库平均存货量为 Q，则存货空间需求 D 为：

$$D=（\text{平均存货量}\times\text{托盘尺寸}）/（\text{平均每托盘堆码货物箱数}\times\text{货架层数}）$$

$$=Q\times\ (A\times A)\ /L\times N\text{m}^2$$

（3）使用中小型货架无托盘存放。如果库存货物尺寸不大，且属于少量多品种出货，则可以采用中小型货架，以箱为单位储存。此时需要考虑的因素包括货物的尺寸及数量、货架类型及层数、货架储位空间大小。

设：选用货架高度为 n 层，而每一储位平面空间为 $a\times b$ m^2；

则：配合货架负载能力及货物尺寸，估计每储位约可堆放 M 箱货物，如果仓库平均存货量约为 Q，则存货空间需求 D 为：

$$D=（\text{平均存货量}\times\text{每一储位尺寸}）/（\text{平均每一储位堆放货物箱数}\times\text{货架层数}）$$

$$=Q\times\ (a\times b)\ /n\times N$$

（三）确定仓库使用面积

为满足通道设备的安置和使用以及其他作业区域的需要，仓库的实际使用面积必须大于实际存货面积。仓库面积利用率的高低取决于商品保管要求、仓库建筑结构、仓库机械化水平、库房布置和仓库管理水平等多种因素。仓库使用面积计算公式：

$$S=D/U$$

式中：S——仓库的实际面积；

D——存货空间需求；

U——仓库面积利用系数。

四、盘点作业

货品因不断的进出库，在长期的累积下容易出现与实际数量不符的现象。有些产品因存放过久、不恰当，致使品质机能受影响，难以满足客户需求。为了有效地控制货品数量，就要对各储存场所进行数量清点的作业，即盘点作业。

（一）盘点作业的目的

1. 为了确定现存量，并修正料账不符产生的误差

通常物料在一段时间内，经过不断接收与发放后，容易产生误差，这些误差形成的主要原因有：

（1）库存资料记录不确实，如多记、误记、漏记等。

（2）库存数量有误，如损坏、遗失、验收与出货清点有误。

（3）盘点方法选择不恰当，如误盘、重盘、漏盘等。

这些差异必须在盘点后查找错误的原因，并予以更正。

2. 为了计算企业的损益

企业的损益与总库存金额有相当密切的关系，而库存金额又与库存量及其单价成正比。因此，为了能准确地计算出企业实际的损益，就必须针对现有数量加以盘点。一旦发觉库存太多，即表示企业的经营受到压迫。

3. 为了稽核货品管理的绩效，使出入库的管理方法和保管状态变得清晰

如呆、废品的处理状况，存货周转率、物料的保养维修，均可借盘点发现问题，以谋改善之策。

（二）盘点作业的步骤

一般盘点必须依循下列步骤逐步实施，如图 4-1 所示。

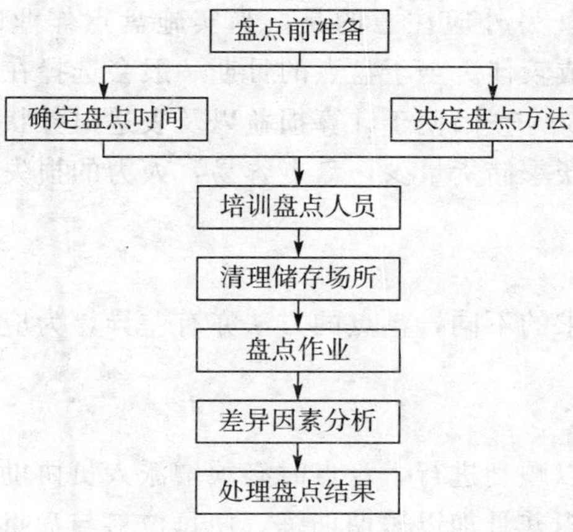

图 4-1　盘点作业的步骤

1. 盘点前准备

盘点作业的事先准备工作是否充分，关系到盘点作业进行得顺利与否，为了使盘点能在较短的时间内，利用有限的人力迅速达到目标，事先的准备工作内容如下：

(1) 明确建立盘点的程序方法；

(2) 配合会计决算进行盘点；

(3) 盘点、复盘、监盘人员必须经过训练；

(4) 经过训练的人员必须熟悉盘点用的表单；

(5) 盘点用的表格必须事先印制完成；

(6) 库存资料必须确实结清。

2. 确定盘点时间

一般性货品就货账相符的目标而言，盘点次数愈多愈好，但因每次实施盘点必须投入人力、物力、财力，这些成本耗资不少，所以要控制盘点次数。事实上，导致盘点误差的关键在于出入库的过程，可能是因出入库作业传票的输入、检查点数的错误，或是出入库搬运造成的损失，因此一旦出入库作业次数多时，误差也会随之增加。所以，对一般生产企业仓库而言，其货品流动速度不快，半年至一年实施一次盘点即可。但对物流中心、配送中心仓库，在货品流动速度较快的情况下，我们既要防止过久盘点对公司造成的损失，又要节约盘点资源，因而最好能视物流中心各货品的性质确定不同的盘点时间。例如，实行商品 ABC 分类管理的公司，一般会建议：

A 类主要货品：每天或每周盘点一次；

B 类货品：每两、三周盘点一次；

C 类较不重要货品：每月盘点一次即可。

而未实施商品 ABC 分类管理的企业，对较容易损耗毁坏及高单价的货品，也应增加其盘点次数。另外应注意的是，当实施盘点作业时，时间应尽可能缩短，以 2 至 3 日内完成较佳。至于盘点的日期一般会选择在：

(1) 财务决算前夕——因便于计算损益以及表达财务状况。

(2) 淡季——因淡季储货量少，盘点容易，人力的损失相对较低且调动人力较为便利。

3. 决定盘点方法

因盘点场合、要求的不同，盘点的方法亦有差异，为应对不同情况，必须明确盘点的方法。

4. 培训盘点人员

为使盘点工作得以顺利进行，盘点时必须增派人员协助。对于由各部门增援的人员，必须有效组织并且加以短期训练，使每位参与盘点的人员能切实发挥其功能。人员的培训必须分为两部分：

(1) 针对所有人员进行盘点方法训练。只有对盘点的程序、表格的填写充分了解，工作才能得心应手。

（2）针对复盘与监盘人员进行认识货品的训练。因为复盘与监盘人员对货品大多数并不熟悉，故而应加强其对货品的认识，以便盘点工作顺利进行。

5. 清理储存场所

（1）在盘点前，对厂商交来的物料必须明确其所有数，如已验收完成，属本仓库，应即时整理归库；若尚未完成验收程序，属厂商，应划分清楚避免混淆。

（2）储存场所在关闭前应通知各需求部门预领所需之物项。

（3）储存场所整理整顿完成，以便计数盘点。

（4）预先鉴定呆料、废品、不良品，以便盘点时列出。

（5）账卡、单据、资料均应整理后加以结清。

（6）储存场所的管理人员在盘点前应自行预盘，以便提早发现问题并加以预防。

6. 盘点作业

盘点时，因工作单调琐碎，人员较难以持之以恒，为确保盘点的准确性，除人员培训时加强指导外，工作进行期间也应加强指导与监督。

7. 差异因素分析

当盘点结束后，发现所得数据与账本资料不符时，应追查差异的主因。着手的追查方向有：

（1）是否因记账员素质不足，导致货品数目无法表达；

（2）是否因账目处理制度的缺点，导致货品数目无法表达；

（3）是否因盘点制度的缺点导致货账不符；

（4）盘点所得的数据与账簿资料的差异是否在容许误差内；

（5）盘点人员是否尽责，产生盈亏时应由谁负责；

（6）是否产生漏盘、重盘、错盘等状况；

（7）盘点的差异是否可事先预防，是否可以降低料账差异的程度。

8. 处理盘点结果

追查差异原因后，应针对原因进行恰当的调整与处理，至于呆废品、不良品等减少的部分，应与盘亏一并处理。

货品除了盘点时会产生数量的盈亏外，有些货品在价格上也会产生增减，这些变化在经主管审核后必须利用货品盘点盈亏及数目增减更正表进行修改。

（三）盘点的种类与方法

1. 盘点的种类

就像账面库存与现货库存一样，盘点也分为账面盘点与现货盘点。

所谓“账面盘点”又称为“永续盘点”，就是把每天入库及出库货品的数量及单价，记录在电脑或账簿上，从而不断地累计加总算出账面上的库存量及库存金额。

“现货盘点”亦称为“实地盘点”或“实盘”，也就是实际去点数调查仓库内的库存数，再依货品单价计算出实际库存金额的方法。

如要得到最准确的库存情况并确保盘点无误，最直接的方法就是确定账面盘点与现货盘点的结果要完全一致。一旦存在差异，即产生“料账不符”的现象，究竟是账面盘点记错或是现货盘点点错，则需再花时间来找寻错误原因，才能得出正确结果，并追究责任归属。

2. 盘点的具体方法

（1）账面盘点法。账面盘点的方法是将每一种货品分别设账，然后将每一种货品之入库与出库情况详加记载，不必实地盘点即能随时从电脑或账册上查悉货品存量的盘点方式。通常量少而单价高的货品较适合采用此方法。

（2）现货盘点法。现货盘点依其盘点时间频度的不同，又分为“期末盘点”与“循环盘点”。期末盘点是指在期末时一起清点所有货品数量的方法，而循环盘点则是每天、每周即作少种少量的盘点，到了月末或期末则每项货品至少完成一次盘点的方法。

① 期末盘点法。由于期末盘点是将所有品项货品一次盘完，因而需要全体员工一起出动，采取分组的方式进行盘点。一般来说，每组盘点人员至少要三人，以便能互相核对减少错误，同时也能彼此监督避免作弊。其盘点方法程序如下：

步骤 1：将全体员工分组。

步骤 2：由一人先清点所负责区域的货品，将清点结果填入各货品盘存单的上半部。

步骤 3：由第二人复点，填入盘存单的下半部。

步骤 4：由第三人核对，检查前两人记录是否相同且正确。

步骤 5：将盘存单缴给会计部门，合计货品库存总量。

步骤 6：等所有盘点结束后，再与账册资料进行对照。

② 循环盘点法。循环盘点即是将每天或每周当做一周期来盘点，其目的除了减少过多的损失外，还在于对不同货品施以不同管理，就如同前述商品 ABC 分类管理的做法，价格越高或越重要的货品，盘点次数越多，价格越低越不重要的货品，就尽量减少盘点次数。循环盘点因一次只进行少量盘点，因而只需专门人员负责即可，不必动用全体人员。

第三节 仓储出库作业

一、物资出库作业管理

物资出库作业管理是对仓库物资根据出库凭证，将所需物资发放给需用单位所进行的各项业务管理。物资出库作业的开始，标志着物资保管养护业务的结束。物资出库作业管理包括两方面工作：一是用料单位持有规定的领料凭证，如领料单、提货单、调拨单等，对于所领物资的品种、规格、型号、数量等项目及提取货物的方式等必须书写清楚、准确。二是仓库方面必须核查领料凭证的正误，按所列物资的品种、规格、型号、数量等组织备料，并保证把物资及时、准确、完好地发放出去。

二、物资出库的要求

物资出库要做到“三不三核五检查”。“三不”即未接单据或电子数据不翻账，未经审单不备货，未经复核不出库；“三核”即在发货时要核实凭证、账卡、实物；“五检查”即要检查单据和实物品名、规格、包装、件数、重量等。物资出库要求严格执行各项规章制度，提高服务质量，积极与客户联系，为客户提供、创造方便条件，杜绝差错事故。

1. 凭证发货

物资出库必须按规定程序进行，领料提货单据必须符合要求。“收有据、出有凭”是物资收发的重要原则，凭证发货就是指出库必须凭正式单据和手续发货，对于非正式凭证或白条一律不予发放（国家或上级指令的紧急抢险救灾物资除外）。

2. 坚持先进先出原则

在保证物资使用价值不变的前提下，坚持先进先出原则。同时要做到保管条件差的先出，包装简易的先出，容易变质的先出，有保管期限的先出，回收复用的先出。

3. 做好发放准备

为使物资得到合理使用，及时投产，必须快速、准确发放。为此，必须做好发放物资的各项准备，如化整为零、备好包装、复印资料、组织搬运人力、准备好设备工具等。

4. 及时记账

物资发出后，应随即在物资保管账上核销，并保存好发料凭证。

5. 保证安全

在物资出库作业时，要注意安全操作，防止损坏包装和震坏、压坏、摔坏物品。要保证运输安全，做到物品包装完整，捆扎牢固，标志正确清楚，性能不互相抵触，避免运输差错和损坏物品的事故。同时也要保证物品质量安全。仓库保管员必须经常注意物品的安全保管期限等，对已变质、已过期失效、已失去原使用价值的物品不允许分发出库。

三、仓储物资出库方式

仓储物资出库方式一般有托运、自提、送料、移仓、过户等。

1. 托运

托运是由仓库将物资通过运输单位托运，发到物资需用单位（客户）的一种出库方式。由仓库货物会计根据货主事先送来的发货凭证开出商品出库单或备货单，交仓库保管员做好货物的配送、包装、集中、理货、待运等准备作业。

仓库保管员由仓库备完货后，到运输单位代客户办理货运手续，通过承运部门（如铁路、水运、汽运、航空、邮局等）将物资运送到客户所在地，然后由客户去提取。在办理托运前，仓库保管员应根据需用单位的要求，进行物资的分割（如金属材料、电缆等）、配套（如机电设备等）、包装等，并做好发运日记（表 4-4）。在中转仓库中，仓库应有专职人员办理出库物资的包装。包装工作应符合下列条件：

(1) 根据物资的特点和运输部门的规定，选择包装材料，确定包装的大小和形状。包装应牢固，便于装卸。

(2) 充分注意物资在运输中的安全。怕潮物资应垫防潮纸，容易破碎的物资应垫软质衬垫物；在包装外部要有明显的标志，表明对装卸的要求，特别是危险品，需按照危险品的要求进行包装，并加上危险品的标志。

(3) 绝对禁止性质不同、互有影响的物资混合包装，危险品必须单独包装。

表 4-4 发运日记

待运							托运		发货				
日期	运输方式	到站	名称	件数	重量	收货人	日期	经办人	日期	件数	运单号	经办人	备注

2. 自提

自提是指由提货人凭货主所填制的发货凭证，用自备的运输工具到仓库提取货物的一种物资出库方式。仓库会计人员根据发货凭证开出物资出库单。仓库保管人员按上述证、单配货，经专人逐项复核后，将货物当面点交给提货人员，在库内办清交接手续，开出门单，由提货人员提走货物。

3. 送料

送料是指仓库直接把物资送到客户手中的一种物资出库方式。

送料必须以定额为依据，完善交接手续，分清责任。以送料方式出库，需由送料人办理发料凭证，要一式四份。一份由送料人签收后交保管员留存并依此核销库存；一份经保管员签章后由送料人留存；一份由送料人、保管员共同签章后交用料单位；一份由送料人、保管员签章后交给物资统计员。

送料人员必须了解运送物资的性质、体积、重量、紧迫性等，以便选择运送工具，组织装卸力量，安排装车的先后顺序，尽量节约运力。装车后，应检查捆绑、加固、苫盖等是否稳妥。卸车后，必须收回苫盖和加固材料。

送料的组织可采取专人定路线的方式，可以采取集装箱的办法巡回送料，也可采取由保管员每日定时送料的办法。保管员直接送料可以简化交接手续，直接由用料单位签收即可。

在送料以及向用料单位交接物资过程中，如果发现物资包装损坏、物资受损或物资数量短少等现象，应由送料人追查处理。

4. 移仓

移仓是指因业务或保管需要而将储存的货物从某一仓位转移到另一仓位的发货方式。移仓分为内部移仓和外部移仓。内部移仓需填制仓储企业内部的移仓单，并据此发货；外部移仓则根据货主填制的货物移仓单结算和发货。

5. 过户

过户是指在不转移仓库物资的情况下，通过转账单变更物资所有者的一种发货方式。物资过户时，其所有权由于调拨或销售而转换给另一单位，但仍应由原货主填制正式发货凭证，仓库据此进行过户转账。

四、物资出库作业流程

物资出库作业流程为：物资出库前准备→核对出库凭证→备料（备货）→复核→出库交接等。根据具体情况不同，侧重点也会有所差异。

1. 核单

物资出库凭证为领（发）料单（表4-5）或调拨单（表4-6），均应由主管分配的业务部门签章。

表4-5　器材领（发）料单

用 料 单 位：　　　　编　　号：
项目或用途：　　　　登账日期：
领 料 日 期：

器材编号	品名规格	单位	数量		单价	金额
			分配	实发		

领料单位主管：　　　　领料人：　　　　保管员：

表 4－6 物资调拨单

用料单位： 运输方式： 编号：
地 址： 结账方式：
到 站： 银行账号：
收 货 人： 开单日期： 年 月 日

品名规格	单位	数量	单价	总价	调拨原因

主管： 账务： 保管： 制单：

出库凭证应包括以下内容：收货单位名称；发料方式（自提、送料、代运）；物资名称、规格、数量、单价、总价、用途或调拨原因；调拨单编号；有关部门和人员签章；付款方式及银行账号等。

仓库接到出库凭证后，由业务部门审核证件上的印签是否齐全相符，有无涂改。审核无误后，按照出库凭证上所列的物资品名规格、数量与仓库料账再做全面核对。无误后，在料账上填写预拨数后，将出库凭证移交给仓库保管员。保管员复核无误后，即可做物资出库的准备工作，包括准备随货出库的物资技术证件、合格证、使用说明书、质检证书等。

凡在证件核对中，物资名称、规格型号不对的，印签不齐全、数量有涂改、手续不符合要求的，均不能发料出库。

2．备货

物资保管人员按照出库凭证上的品名规格查对实物保管卡，注意规格、批次和数量，规定有发货批次的，按规定批次发货，未规定批次的，按先进先出的原则，利用计算机等信息工具对在库和出库的物资进行查询处理，并打印出货指示一览表和出货明细表。

备货有两种方式：一种是在原货位上备货，无须“上线”集中，这种方式多用于大宗物资出库；另一种是备货出库上线就位，即将出库物资按出库凭证上所列的品名规格、数量，经过搬卸运输作业，送到指定的待运场所集中。这种方法多用于小批量或非整车发运数量而需要集中配装的出库物资。

由于出库作业非常复杂、工作量大，因此要事先对出库作业加以合理组织，安排好作业人力，保证各个环节紧密衔接。物资出库前的准备工作分为两方面：一是计划工作，就是根据需货方提出的出库计划或要求，事先做好物资出库的安排，包括货场货位、机械搬运设备、工具和作业人员等的计划、组织；二是要做好出库物资的包装和涂写标志工作。

出库发运外地的物资，包装要符合运输部门的规定，便于搬运装卸。出库物资大多数是原件分发的，由于经过多次中转装卸、堆码及翻仓倒垛或拆件验收，部分物品包装不能适应再运输的要求，所以，仓库必须根据情况整理加固或改换包装。

对于经常需要拆件发零的物品，应事先准备一定数量、不同品种的物品，发货后，要及时补充，避免临时拆整取零、延缓付货。拼箱物品一般要做好挑选、分类、整理等准备工作。有的物品可以根据要求事先进行分装。

对于有装箱、拼箱、改装等业务的仓库，在发货前应根据物品的性质和运输部门的要求，准备各种包装材料及相应衬垫物，还要准备刷写包装标志的用具、标签、颜料及钉箱、扩仓的工具用品等。

出库物品从办理托运到出库的付运过程中，需要安排一定的仓容或站台等作为理货场所，需要调配必要的装卸机具。提前集中付运的物品，应按物品运输流向分堆，以便运输人员提货发运，及时装载物品，加快发货速度。

具体出货时，若是用计算机管理的自动化仓库，其通用的流程如下：

（1）按堆垛机号打印出的应取货的货位一览表进行发货。发货记录票上记载机号、货位号、托盘号、出货单号、制品和数量等数据。按照出货计划文件，由计算机向管理控制台发出出货指令。

（2）管理控制台对堆垛机的地上控制盘发出出货指令。

（3）堆垛机从指定的货位取出托盘，并搬运到移动台车上。

（4）移动台车自动行走，此时出货终端显示出货单号和其他相关项目。

3. 复核

物资备好后，为了避免和防止备料过程中可能出现的差错，应再做一次全面的复核查对。要按照出库凭证上所列的内容进行逐项复核。

复核的具体内容是：

（1）能否承受装载物的重量，能否保证在物资运输装卸中不致破损，保证物资完整。

（2）是否便于装卸搬运作业。

（3）怕震怕潮等物资，衬垫是否稳妥，密封是否严密。

（4）收货人、到站、箱号、危险品或防震防潮等标志是否正确、明显。

（5）每件包装是否有装箱单（表 4－7），装箱单上所列各项目是否与实物、凭证等相符。

表 4－7　装箱单

毛重：　　　　　　净重：　　　　　　箱号：

发货凭证号	品名规格	单位	数量	备注

装箱日期：　　年　月　日　　　　装箱人：

物资出库的复核查对形式应视具体情况而定，可以由保管员自行复核，也可以由保管员相互复核，还可以设专职出库物资复核员进行复核或由其他人员复核等。

如经反复核对确实不符时，应该立即调换，并将原错备物品上的标记除掉，退回原库房；复核结余物品数量或重量是否与保管账目、商品保管卡片结余数相符，发现不符应立即查明原因。

4. 出库交接

备料出库物资，经过全面复核查对无误之后，即可办理清点交接手续。

如果是客户自提方式，即将物资和证件向提货人当面点清，办理交接手续。

如果是代运方式，则应办理内部交接手续。即由物资保管人员向运输人员或包装部门的人员点清交接，由接收人签章，以划清责任。

运输人员根据物资的性质、重量、包装、收货人地址和其他情况选择运输方式后，应对箱件进行清点，做好标记，整理发货凭证、装箱单等运输资料，向承运单位办理委托代运手续。对于超高、超长、超宽和超重的物资，必须在委托前说明，以便承运部门计划安排。

承运单位同意承运后，运输人员应及时组织力量，将物资从仓库安全无误地交给承运单位，并办理结算手续。运输人员应向承运部门提供发货凭证样本、装箱单，以便和运单一起交给收货人。运单总体应由运输人员交财务部门作物资结算资料。

如果是专用线装车，运输人员应在装车后检查装车质量，并向车站监装人员履行交接手续，将物资点交清楚，出库发运之后，该物资的仓库保管业务即告结束，物资仓库保管人员应做好清理工作，及时注销账目、料卡，调整货位上的吊牌，以保持物资的账、卡、物一致，及时准确地反映物资进出、存取的动态。

5. 销账存档

货物全部出库完毕，仓库应及时将货物从仓储保管账上核销，以便仓库内账货相符。将留存的提货凭证、货物单证、记录、文件等归入货物档案。将已空出的货位标注在货位图上，以便安排货物。

五、物资出库中发生问题的处理

1. 出库凭证（提货单）上的问题

（1）凡出库凭证超过提货期限，客户前来提货，必须先办理手续，按规定缴足逾期仓储保管费，然后方可提货。任何白条都不能作为发货凭证。提货时，客户发现规格开错，保管员不得自行调换规格发货，必须通过制票员重新开票方可发货。

（2）凡发现出库凭证有疑点，或者情况不清楚，以及出库凭证发现有假冒、复制、涂改等情况时，应及时与仓库保卫部门以及出具出库单的单位或部门联系，妥善处理。

（3）物资进库未验收，或者期货未进库的出库凭证，一般暂缓发货，并通知货主，待货到并验收后再发货，提货期顺延，保管员不得代验。

（4）如客户因各种原因将出库凭证遗失，客户应及时与仓库发货员和会计人员联系挂失；如果挂失时货已被提走，保管人员不承担责任，但要协助客户找回商品；如果货还没有提走，经保管人员和会计人员查实后，做好挂失登记，将原凭证作废，缓期发货。

2. 提货数与实存数不符

若出现提货数量与商品实存数不符的情况，一般是实存数小于提货数，原因在于：

（1）物资入库时，由于验收问题，增大了实收物资的签收数量，从而使账面数大于实存数。

（2）仓库保管人员和发货人员在以前的发货过程中，因错发、串发等差错而形成物资实际库存量小于账面数。

（3）货主单位没有及时核减开出的提货数，造成库存账面数大于实际储存数，从而使开出的提货单提货数量过大。

（4）仓储过程中造成的商品毁损。当遇到提货数量大于实际商品库存数量时，无论出于何种原因，都需要与仓库主管部门以及货主单位及时联系后再做处理。如属于入库时错账，则可以采用报出报入方法进行调整，即先按库存账面数开具物资出库单销账，然后按实际库存数重新入库登账，并在入库单上签明情况。如果属于仓库保管员串发错发而引起的问题，应该由仓库方面负责解决库存数与提单数间的差数。属于货主单位漏记账而多开出库数，应该由货主单位出具新的提货单，重新组织提货和发货。如果是仓储过程中的损耗，需要考虑该损耗数量是否在合理的范围内，并与货主单位协商解决，合理范围内的损耗，应由货主单位承担，而超过合理范围之外的损耗，则由仓储部门负责赔偿。

3. 串发和错发货

串发和错发货是指发货人员在对商品种类规格不够熟悉的情况下，或者由于工作疏漏，把错误规格、数量的商品发出库的情况。如提货单开具某种商品的甲规格商品出库，而在发货时错把该种商品的乙规格商品发出，造成甲规格商品账面数小于实存数，乙规格商品账面数大于实存数。在这种情况下，如果商品尚未离库，应该立即组织人力，重新发货。如果物资已经提出仓库，保管人员要根据实际库存的情况，如实向本库主管部门和货主单位讲明串发和错发货的品名、规格、数量、提货单位等情况，会同货主单位和运输单位共同协商解决。在无直接经济损失的情况下，由货主单位重新按实际发货数冲单（票）解决。如果造成直接经济损失，应按赔偿损失单据冲转调整保管账。

4. 包装破漏

包装破漏是指在发货过程中，因商品外包装破散等现象引起的商品渗漏、裸露等问题。这是由在储存过程中因堆垛挤压、发货装卸操作不慎等情况引起的，发货时应经过整理或更换包装，方可出库，否则损失应由仓储部门承担。

5. 漏记账和错记账

漏记账是指在物资出库作业中，由于没有及时核销商品明细账而造成账面数量大于或小于实存数的现象。错记账是指在物资出库后核销明细账时没有按实际发货出库的物资名称、数量等登记，造成账实不符。无论是漏记账还是错记账，一经发现，除应及时汇报外，还应根据原出库凭证查明原因调整保管账，使之与实际库存一致。如果由于漏记账和错记账给货主单位、运输单位和仓储部门造成了损失，应予赔偿，同时追究相关人员的责任。

习题四

(1) 进货作业流程包括哪些环节？

(2) 简述进货计划分析的意义。

(3) 简述商品编码原则。

(4) 简述暗示编码法的编码方法。

(5) 简述商品分类方法。

(6) 商品验收中问题的处理方法有哪些？

(7) 商品储存方法有哪些？

(8) 盘点作业的内容有哪些？

(9) 仓库中分别存有以下三种商品，请分别设计其盘点方案：①黄金；②钢材；③黄沙。

(10) 商品出库业务流程包括哪些环节？

案例导读　无锡高新物流企业出库流程和管理制度

一、出库流程

见图 1。

二、要点

(1) 接到的出库通知，必须是有效的传真、介绍信、提货单等。

(2) 输单员将出库通知输入系统，并打印出库通知单。

(3) 主管安排人员备货，保管员出货必须先收到出库通知单，填写出库单并按出库通知单要求亲自到现场备货。

(4) 车辆就位，操作员装车。保管员必须准确核对数量，检查包装情况，并按照实情填写质量交接凭证。操作人员办理出库完毕必须在出库通知单上签字。

（5）司机必须在出库单和质量交接凭证上签字。

三、相关文件

（1）运调部岗位职责及任职要求。

（2）货物盘点管理制度。

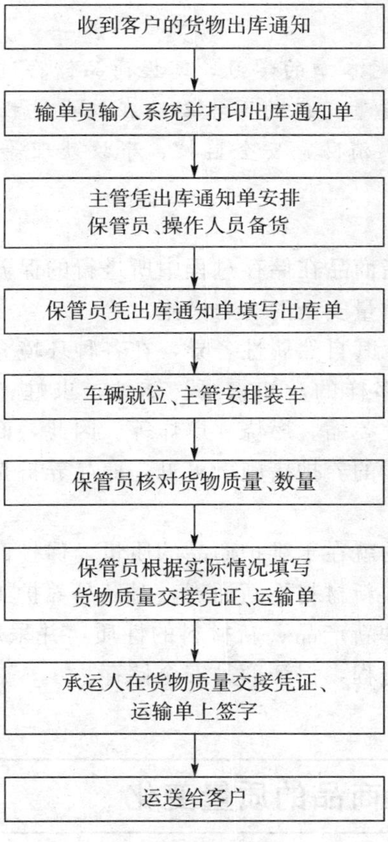

图1 普通货物出库流程

案例思考

（1）案例中的流程是否规范完整？

（2）案例中的管理制度是否健全？

（3）根据所学知识给出您的建议。

第五章 商品养护与仓储安全管理

【学习目标】 通过对本章的学习，掌握商品储存过程中可能发生的各种质量变化；掌握影响商品质量变化的因素以及在储存过程中应采取的主要养护措施。能够掌握仓储防雷、消防、安全监控、事故处理等安全管理的基本措施与方法。

商品养护，主要是指商品在储存过程中所进行的保养和维护工作。它是保证商品在储存和流通期间质量安全的有力措施。

由于商品种类繁多，其自然属性各异，在各种环境介质的作用下，所发生的质量变化形式也是多种多样的，如霉腐、锈蚀、虫蛀、鼠咬、挥发、溶化、熔化、渗漏、聚合、老化、萎缩、燃烧、爆炸等。因此，商品养护必须根据这些变化的基本原理去探讨科学的养护措施。可见，商品养护是一项技术性强、涉及面广的工作。

研究商品养护的目的就在于维护商品的质量，保护商品的使用价值。随着科学技术的发展，新工艺、新材料不断涌现，对商品养护工作提出了新的要求，需要不断地学习、了解各种新产品、新材料的性质，并采取新的养护技术与方法，推动商品养护科学化的进程，保证商品安全储存。

第一节 仓储商品的质量变化

商品在储存期间，由于商品本身的成分、结构和理化性质的特点，以及受到日光、温度、湿度、空气、微生物等客观外界条件的影响，会发生这样或那样的质量变化。仓储商品质量变化的形式有很多，但归纳起来主要包括物理机械变化、化学变化、生理生化变化等。

一、仓储商品的物理机械变化

商品的物理机械变化是商品质量发生变化的两种表现形式，即商品的物理变化和商品的机械变化。

（一）物理变化

物理变化是指商品仅改变其本身的外部形态而不改变其本身性质，在变化过程中没有新物质生成，并且可以反复进行变化的现象。商品的物理变化虽说可以反复地进行，但很多商品发生物理变化后，不是数量减少，就是质量降低，有的甚至完全失去使用价值。其变化形式有挥发、溶化、熔化、串味、沉淀等。

1. 挥发

挥发是指液体商品或经液化的气体商品，在空气中能汽化变成气体散发到空气中去的现象。常见的易挥发商品有酒精、丙酮等。

2. 溶化

溶化是指有些固体商品在潮湿空气中能吸收水分，当吸收水分达到一定程度时，就会溶化或潮解为液体。常见的易溶化商品有：食糖、糖果、食盐、合成洗衣粉、明矾、氯化镁、氯化钙、碳酸钾、硫代硫酸钠、硝酸镀、硫酸铰、尿素、四氯化铁及医药药物制剂甘草流浸膏、蛋白银、构橼酸铁镊、山梨醇、乳酸、胃蛋白酶、淀粉酶、青霉素、洋地黄粉等。

3. 熔化

熔化是指某些商品在吸热后发生变软、甚至变成液体的现象。常见易熔化的商品有：百货中的香脂、蛤俐油、发蜡、蜡烛；文化用品中的复写纸、蜡纸、打字纸、圆珠笔芯；化工商品中的松香、石蜡、粗奈、硝酸锌；医药药物中的油膏、胶囊、糖衣片等。

4. 串味

串味是指一些吸附性强的商品与其他有强烈气味的商品同储时，吸收了其他商品的气味和异味，影响其固有性质。常见具有吸附性的商品有：大米、黄豆、面粉、木耳、香菇、食糖、饼干、茶叶、卷烟等。常见具有强烈气味的商品有：煤油、汽油、桐油、腌肉、樟脑、卫生丸、肥皂、化妆品以及农药等。

5. 沉淀

沉淀是指含有胶质和易挥发成分的商品，在低温或高温等因素影响下，离析出纤细絮状的物质，引起部分物质的凝固，进而发生沉淀或膏体分离的现象。常见的商品有墨汁、墨水、饮料、酒等。

（二）机械变化

仓储商品的机械变化是指商品在外力作用下发生的形态上的变化。其变化形式主要有破碎、变形、玷污、渗漏等。

1. 破碎和变形

破碎主要是指脆性较大的商品，如玻璃、陶瓷等，因包装不良，在搬运过程中受到碰、撞、挤、压和抛掷而破碎、掉瓷等。变形通常是指塑性较大的商品，如铝制品、皮革、软塑料和橡胶制品受压会变形。

2. 玷污

玷污指商品外表沾有其他脏物、染有其他污秽的现象。商品玷污主要是生产、储运过程卫生条件差及包装不严所致，如绸缎、呢绒、精密仪器等要注意防玷污。

3. 渗漏

渗漏是指液体商品，特别是易挥发的液体商品，由于包装容器不严密，包装质量不符合商品性能的要求，或在搬运装卸时碰撞震动损坏了包装，而使商品发生跑、冒、滴、漏的现象。

二、仓储商品的化学变化

商品的化学变化不仅改变商品的外表形态，也改变商品的本质，并生成新的物质，使商品产生质变。化学变化和物理变化不同，不能恢复原状，严重时会使商品完全丧失使用价值。其变化形式有分解、水解、氧化、聚合、老化、风化、陈化等。

（一）分解、水解

分解是指某些化学性质不稳定的商品在光、热、酸、碱和潮湿空气的影响下所发生的化学变化，由原来的一种物质生成两种或两种以上的新物质。商品发生分解后，不仅数量减少，而且质量降低。

水解是指某些商品在一定条件下，遇水而发生分解的现象。例如醋水解生成酸和醇；电石受潮时，会分解生成易燃烧的乙炔。

（二）氧化

指商品与空气中的氧及其他能释放出氧的物质，所发生的与氧结合的变化。商品发生氧化，不仅会降低商品的质量，有的还会在氧化过程中，产生热量，发生自燃，甚至还会发生爆炸事故。对于此类商品，一定要存储在干燥、通风、散热以及温度比较低的仓库内。

（三）聚合

聚合是指某些商品在一定环境条件影响下发生聚合反应，成为聚合体而变性的现象。例如，桐油聚合，这是由于桐油中含有亚麻油酸、桐油酸、十八碳三烯酸等高度不饱和脂肪酸，在日光和一定温度的作用下，聚合成为β型桐油块，浮于表面而使其失去使用价值。

（四）老化

塑料、化纤、橡胶制品在储存一定时间后，或者在使用过程中，会发生质量变化，如出现色变、僵硬、脆裂、失去透明性、发黏等各种现象，该类商品的物理、化学、机械性能也会发生变化，降低甚至丧失使用价值，这些都是商品老化的现象。老化是一种不可逆的变化，它是高分子材料的通病。但是人们可以通过对高分子材料老化过程的研究，采取适当的防老化措施，提高材料的耐老化性能，延缓老化的速率，以达到延长材料使用寿命的目的。

（五）风化

风化是指在室温以及干燥空气里，结晶水合物失去结晶水的现象。常见的易风化的商品有硫酸钠、硫酸锌、硫酸铜、硫酸钙等。

（六）陈化

陈化是指商品尤其是食品类商品，在长期储藏中，即使不霉变，质量也会降低，如色泽灰暗，固有的香气减少，滋味欠浓厚或口感平淡。其中尤为突出的是茶叶的陈化。

三、仓储商品的生理生化变化及其他生物引起的变化

商品的生理生化变化是指有机体商品（有生命力的商品）在生长发育过程中，为了维持其生命活动，其自身发生的一系列特有的变化，如呼吸作用、萌发与抽苔、蒸腾与发汗、胚胎发育和后熟作用等。其他生物引起的变化是指商品在外界有害生物作用下受到破坏的现象，如虫蛀、鼠咬、霉变等。

（一）商品的生理生化变化

粮食、果蔬、鲜鱼、鲜肉、鲜蛋等有机体商品，在储存过程中，受到各种外界条件的影响，往往会发生各种各样的生理生化变化。

1. 呼吸作用

呼吸作用是指有机体商品在生命活动过程中，不断地进行呼吸，分解体内有机物，产生热能，维持其本身的生命活动的现象。呼吸作用是粮食、鲜活食品（菜、果）储存中最基本的生理变化。

有机体的呼吸作用与水分、温度、通风条件等有关。一般外界气温升高时，呼吸强度也随之加强；气温低于 0℃时，因酶的活性受阻碍而使呼吸强度急速下降。

2. 萌发与抽苔

萌发是指有机体商品，在适宜条件下，如在酶的作用下，冲破“休眠”状态而发芽的现象；而抽苔则是花茎生长的结果。常见易萌发与抽苔的商品有马铃薯、洋葱、大蒜、萝卜、大白菜、小麦等。在保管过程中，高温、高湿、充分的氧气及日光照射等条件，均能促进萌发和抽苔，不仅会增加有机体商品的损耗，而且会降低有机体商品的质量。

3. 蒸腾与发汗

蒸腾是指由于鲜活商品含水量大，储存期间水分蒸发而发生萎蔫（细胞膨压降低）的现象。蒸腾过多，会使商品质量减轻，自然损耗大，降低商品鲜嫩品质；水解酶的活性加强，可使复杂有机物水解为简单物质（如淀粉、蔗糖）。发汗会使商品表面出现“结露”现象。发汗对商品储存极为不利，给微生物的侵蚀提供机会，使商品的伤口部分很容易发生腐烂。

4. 胚胎发育

胚胎发育主要指的是鲜蛋的胚胎发育。在鲜蛋保管过程中，如果温度适宜，胚胎往往会发育成为血坏蛋，经过胚胎发育的禽蛋新鲜度和食用价值大大降低。

为抑制鲜蛋的胚胎发育，应加强温湿度管理，最好是低温保管或截断供氧条件，亦可采用饱和石灰水浸藏。

5. 后熟作用

后熟是指瓜果、蔬菜等食品在脱离母株后继续其成熟过程的现象。后熟过程中，酶会引起一系列生理生化变化，如淀粉水解为单糖而产生甜味；叶绿素分解消失，类胡萝卜素和花青素显露而呈现红、黄、紫等颜色；鞣质聚合而涩味降低；有机酸的数量相对减少，同时产生挥发油和芳香油而增加它们的芳香；原果胶质水解，降低它们的硬脆度等。总之，果实、瓜类的后熟能改进色、香、味及适口的硬脆度等方面的食用品质，达到食用成熟度；但是，果实、瓜类后熟是生理衰老的变化，当它完成后熟后，就很难继续储存，容易腐坏变质。影响果实后熟作用的主要因素是高温、氢气和某些有刺激性的气体（如乙烯、酒精）等。

（二）其他生物引起的变化

有机体商品除进行生理生化变化外，还可能感染微生物，发生霉变、腐败等生物化学性变化，并可能招致虫蛀、鼠咬而造成商品破损。

1. 霉腐

霉腐是指商品在霉腐微生物作用下所发生的霉变和腐败现象。常见危害商品的微生物主要是一些腐败性细菌、酵母菌和真霉等，对纤维素、淀粉、蛋白质、脂肪等物质，具有较强的分解能力。

在气温高、湿度大的梅雨季节，如果仓库的温湿度控制不好，储存的棉布、针棉织品、皮革制品、鞋帽、纸张、卷烟以及中药材等许多商品就会生霉；肉、鱼、蛋类就会腐败发臭；水果、蔬菜就会腐烂；果酒就会变酸；酱油就会生白沫。无论哪种商品，只要发生霉腐，就会受到不同程度的破坏，严重霉腐可使商品完全失去使用价值。有些食品还会因腐败变质而产生能引起人畜中毒的有毒物质。

因此，对易霉腐的商品在储存时必须严格控制温湿度，并做好商品防霉和除霉工作。如经常保持清洁、干燥、低温或缺氧来抑制霉腐微生物的生长，选择适宜的高能辐射破坏或杀死霉腐微生物的细胞等。

2. 虫蛀、鼠咬

商品在储存期间，常常会遭到仓库害虫的蛀蚀。凡是含有有机成分的商品，都容易遭受害虫蛀蚀。除食品商品外，毛皮制品、皮革制品、丝毛织品、纸制品、纤维制品等都含有蛋白质、脂肪、淀粉、纤维素等仓库害虫所喜食的成分。仓库害虫在危害商品的过程中，不仅破坏商品的组织结构，使商品发生破碎和洞孔，而且排泄各种代谢废物污染商品，影响商品质量和外观，降低商品使用价值。

商品在储运过程中，还经常遭受仓鼠的咬损，使商品及其包装受到损害，甚至完全丧失使用价值。如纤维制品、竹木制品、皮箱甚至聚氯乙烯制品等。

因此，要加强日常管理，严格控制温湿度，抑制虫、鼠生存繁殖，切断虫、鼠的来源；要采用化学药剂或其他方法杀虫、灭鼠，坚持经常治理与突击围剿相结合。

四、影响商品质量变化的因素

商品的种类繁多，它们都是由一些结构复杂的物质所构成，这些物质随时间和条件的不同，时刻都在运动，发生质与量的变化，只有弄清与商品质量变化有关的因素，才能真正做到“以防为主”，否则将是防不胜防。影响库存商品质量的因素很多，主要有两个方面：一是商品内在的因素，二是商品外在的因素。

（一）影响商品质量变化的内在因素

1. 商品的化学成分

商品的种类繁多，按化学成分可把商品分为有机成分的商品和无机成分的商品两大类。一般来说，无机成分的商品相对好保管，有机成分的商品则容易发生质量变化而不易保管。不同的化学成分及其不同的含量，既影响商品的基本性质，又影响商品抵抗外界自然因素侵蚀的能力。例如，普通低碳素钢中加入少量的铜和磷的成分，就能有效地提高其抗腐蚀性能。

因此，必须根据各种商品的不同化学成分，采取相应的养护方法。

真正属于单一成分的商品是比较少的，商品一般由几种成分或几种材料组成。有的是由无机成分或有机成分分别混合组成的，有的是由无机成分与有机成分混合组成的。例如，火柴、油漆、黑火药等都是混合物。因此，在保管过程中，对这类商品要作具体分析，要根据其混合物的成分、性质等，采取适当的保管方法。尤其在保管含有高分子化合物成分的商品过程中，应注意防止日光、温度、湿度等因素对它们的影响。

2. 商品的结构

每种商品都有不同的形态结构，不同的结构形态会产生不同形式或不同程度的变化。

（1）商品的外观形态。商品的外观形态是可以通过人的肉眼看到的，因此又叫商品的宏观结构。商品的外观形态是生产过程中形成的商品外形，属于人为形成的，例如玻璃杯、各种灯具等；另外一种是天然形成的外观形态的商品，多为农副产品，例如水果、鸡蛋等。

由于商品的外观形态多种多样，因此在包装时就要根据待装商品的形态结构将其合理排放在包装容器内，提高包装容积的利用率。在保管过程中，应根据其形态结构，合理安排仓容，科学地进行堆码，以保证商品质量的完好。

（2）商品的内部结构。商品的内部结构也就是构成此类商品原材料的成分（分子、原子）的空间排列方式。这种结构是人的肉眼看不到的，必须借助于各种仪器进行分析观察，因此又叫商品的微观结构。商品的微观结构对商品性质的影响极大，有些分子的组成和分子量虽然完全相同，但由于结构不同，性质就有很大差别。例如白酒中的乙醇，它与甲醚的分子式相同，分子量也都是46，但由于结构不同，性质也不一样。前者用作饮料，后者则不能食用，在包装上也要采用不同的技术与方法。

化合物的组成相同，而原子在组成分子时结构不同，称为同分异构体。由于这类商品性质不相同，因此保管要求也就不一样。

3. 商品的性质

商品的性质是由商品的成分和结构所决定的。商品本身的理化性质是商品重要的自然属性，是商品在库期间发生质量或数量变化的内在因素和决定条件。只有了解商品的性质，才能有目的地控制促成这种变化发生的"外因"，为它们创造一个良好的储存环境，使它们原有的使用价值得以保全。

商品的成分、结构极其复杂，性质也就各不一样，但归纳起来可分为物理性质、机械性质和化学性质三类。

（1）商品的物理性质。商品的物理性质是指商品的形态、结构以及商品在光线、温度、湿度等作用下，发生不改变商品本质变化的性质。如商品的吸湿性、导热性、耐热性、透气性与透水性等。

① 商品的吸湿性。商品的吸湿性是指商品吸收和放出水分的性质，是引起商品质量变化的主要因素之一。

决定商品吸湿的因素有两个，一是商品的成分和结构，这是主要的。商品成分中含有亲水基团，一遇到水，就易与水结合。在商品的结构方面，具有疏松多孔或粉末结构的商品，由于毛细管和表面吸附作用，很容易吸收水分。二是水汽分子的特性和温湿度的关系。水分子属极性分子，易与其他带电的极性分子结合。同时水在气态时容易凝结成液体，在液态时，它的沸点又高，这样就易被吸湿性强的商品所吸收。

商品吸湿性的大小、吸湿速度的快慢和含水量的增减，都直接关系到商品的溶化、霉变、生虫、锈蚀或干裂等变质现象的发生，因此，在商品养护中必须特别注意。

② 商品的导热性。商品的导热性是指物体传递热能的性质，例如，烹调用具应具有良好的导热性，而防寒用品及保温瓶都应具有极小的导热性（有良好的保温性）。

影响商品导热性的主要因素是它的成分和组织结构。商品成分不同，其导热性差别很大。例如，金属材料都是热的良导体，铜、铝比钢铁具有更强的导热性，动植物纤维、玻璃、橡胶等，都是热的不良导体。因此，五金商品存放于露天，不怕高温；而橡胶制品，则不宜存放于楼顶库房和露天。商品结构不同，其导热性也不一样。如纺织品、皮革制品等，都属多孔性结构的商品，由于大量孔隙中蕴藏着导热性很小的空气层，又不发生急剧的对流现象，因而保温性能好。此外，商品表面的色泽，也与其导热性的高低有关。浅色和强光泽的表面，具有较强的反射作用，可减少辐射热的侵入；深色和粗糙的表面，都有易于吸热的性能。冬天穿黑色服装，夏天穿白色服装，靠西晒的墙壁刷白等，即为此理。

③ 商品的耐热性。商品的耐热性是指商品耐温度变化而不致破坏或显著降低强力的性质。

影响商品耐热性的因素，除成分、结构和不均匀性外，还有导热性、膨胀系数等。膨胀是指物体受热时要伸长，受冷时要收缩。这种由于温度的变化，引起物体在某一方向上长度的变化，叫线膨胀；引起物体体积变化的，叫体膨胀。据试验，玻璃制品的膨胀系数，大于铜、铁的膨胀系数。因此，玻璃制品的导热性较低，耐温差性能低，当温度变化时，由于传热慢，以致各部位受热不均，易发生膨胀不一致而破裂。因此，导热性大而膨胀系数小的商品，耐热性良好；反之，则耐热性差。在包装时要考虑商品的耐热性，避免内装商品的质量受损或包装破损。

④ 商品的透气性与透水性。商品能被水蒸气透过的性质，称为透气性；商品能被水透过的性质叫透水性。这两种性质在本质上都是指水的透过，不同的是：一种是指气体水分子的透过，另一种是指液体水的透过。商品透气性、透水性的大小，主要取决于商品的组织结构和化学成分。结构松弛、化学成分含有亲水基团，其透气性、透水性都大。

（2）商品的机械性质。商品的机械性质是指商品的形态、结构在外力（荷重）作用下的反应。如商品的弹性与塑性、韧性与脆性、强力等。商品的这种性质与其质量关系极为密切，是体现商品的适用性、坚固耐久的重要内容，也是保管过程中必须掌握的一种商品性能。

① 商品的弹性与塑性。弹性是指物体受到一定外力作用时发生变形，当移去外力后，物体仍能自动恢复原状的性质。具有弹性的商品很多，其中具代表性的是各种橡胶制品。保管这类商品，应防止高温、日光直射和酸碱的影响。塑性是指物体受到一定外力作用时发生变形，当移去外力后，物体不能自动恢复原状的性质。具有塑性的商品很多，以塑料制品最具代表性。其中硬质塑料，如电木、电器制品等，虽能承受一定压力，但最怕碰、撞、摔。

② 商品的韧性与脆性。商品的韧性是指商品在一定条件下，能承受外力的作用，而不致破裂的性质。例如，皮革制品、纺织品、纸张、软塑料制品、橡胶制品等，具有一定的韧性，一般不怕压、冲、碰、撞，但不能拉扯、触戳和久压。商品的脆性是指商品在一定外力作用下，容易破裂的性质。例如，玻璃、陶瓷、电器、电玉、电木等制品，这类商品虽可久压而不变形，但必须轻拿、轻放，不能碰、撞、摔。

③ 商品的强度。商品的强度是指商品抵抗外力（荷重）作用而保持体态完

整的性质，是检验商品质量的指标之一。

不同商品具有不同的强度，同一成分的商品，因其结构不同，强度也有差异。玻璃、橡胶、塑料等，都各有一定范围的强度。纺织品、皮革、纸张等，虽属多孔组织结构，但在结构上也会因交织点数量不同，具有不同的强度。外力的性质不同，也将使商品反映出不同的强度。如静荷重，一般商品的抵抗能力要大些；动荷重，因突然产生组织移位，故易使商品破裂。这是装卸、搬运、储存工作中必须注意的。因此必须采用相应的包装技术和方法来保护内装商品在外力作用下质量的完好性。

(3) 商品的化学性质。商品的化学性质，是指商品在外界条件（光、热、氢、酸、碱、温湿度等）作用下，引起商品内物质分子化学组成改变的性质。如商品的化学稳定性、毒性、腐蚀性、燃烧爆炸性等。

① 商品的化学稳定性。商品的化学稳定性是指商品在外界因素作用下，在一定范围内，不易产生分解、氢化或其他变化的性质。

商品化学稳定性的大小是由具体商品的成分、结构及外界条件等决定的。在仓储工作中，应根据各种商品化学稳定性的大小，进行适当安排和管理。

② 商品的毒性。商品的毒性是指某些商品中含有破坏有机体生理功能的性质。具有毒性的商品主要用作医药、农药以及化工原料等。

有的商品的蒸汽有毒，有的商品本身有毒；有的商品本身虽无毒，但分解化合后，会产生有毒的成分。有的本身虽都无毒，但二者相遇会产生毒性。因此，这类商品，在保管中要特别注意安全。

③ 商品的腐蚀性。商品的腐蚀性是指某些商品能对其他物质发生破坏作用的化学性质。在仓储保管中，常见的有硫酸、硝酸，盐酸和烧碱等商品具有腐蚀性。

腐蚀性是由于这些商品本身具有氧化性、吸水性和脱水性所致。因此，要根据商品的腐蚀原理采取有效的包装技术和方法。在仓储保管中，不能把具有腐蚀性的商品与棉麻、丝毛织物以及纸张、皮革制品等同库存放，也不能将其与金属制品同库储存。应根据商品的腐蚀性质，合理选择储存场所，并采取必要措施，严加管理。

④ 商品的燃烧爆炸性。可燃物的品种很多，如闪光粉、赤磷、白磷、生松香、油漆、汽油、苯、奈、樟脑、火柴、金属钠等。但是，燃烧必须同时具备三个条件，即可燃物、助燃物与火源，缺少其中任何一个条件都不会导致燃烧。化学性爆炸是指某物质受到外因的作用，引起化学反应而发生的爆炸。商品的化学性爆炸主要有下面三种形式：碰击性易燃物的爆炸，如迭氮铅、乙炔银、苦味酸、三硝基甲苯、硝酸甘油等；混入空气中易燃物的爆炸，如苯、乙酸戊醋、醚、汽油、丙酮等；氧化剂混合易燃物（受热或摩擦）的爆炸，如氯酸钾、高锰酸钾、硫黄、赤磷与金属锌粉等混合在一起时，由于不安定的氧化剂和细粉状的

易燃物质作用，静置状态下不会立刻发生爆炸，但稍受热或摩擦后会立即发生爆炸。

上述影响商品质量变化的内在因素，即商品的化学成分、商品的结构和性质，是相互联系、相互影响的统一整体，考虑问题时，要从多方面设想，决不能孤立地去分析对待。

（二）影响商品质量变化的外在因素

影响商品质量变化的外在因素包括空气中的氧、日光、空气温湿度、有害气体、微生物和仓虫、卫生条件等。

1. 臭氧和氧的作用

仓库内一定量的臭氧可以高效、快速、广谱地杀菌，也能够起到商品防护保鲜的作用，但是若含量过高，对人和物就会造成损伤。氧很活跃，空气中21%左右的气体是氧气，氧化对商品质量变化影响很大，所以，在商品保管养护中，要对受臭氧和氧影响较大的商品，采取隔离。

2. 日光照射

太阳光含有热量、紫外线、红外线等，对商品起着正反两方面的作用：一方面，日光能加速受潮商品的水分蒸发，杀死微生物和商品害虫，是有利于商品的养护的；另一方面，某些商品在光的照射下，会发生物理化学变化，如挥发、老化、褪色等。所以要根据不同的商品特点，注意避免或减少日光的照射。

3. 空气温湿度

温度的变化会使物质微粒的运动速度发生变化，高温能促进商品挥发、渗漏、熔化等物理变化及一些化学变化，低温易引起商品的冻结、沉淀等变化，同时温度适宜会给微生物与仓库害虫的生长和繁殖创造有利条件。同样，湿度的变化也会影响商品的含水量、化学成分、外形或体态结构发生变化，所以在商品保管与养护过程中，一定要控制和调节仓储的温湿度，尽量创造适合商品储存的温湿度条件。

4. 有害气体

大气中的有害气体，主要来自燃料，如煤、石油、天然气、煤气等燃料放出的烟尘和工业生产过程中的粉尘、废气。有害气体对空气的污染，主要指释放的二氧化碳、二氧化硫、硫化氢、氯化物等气体以及粉尘微粒。商品储存在有害气体浓度大的空气中，其性质变化明显。因此，应通过改善储存环境、改进商品包装等，减少有害气体对商品质量的影响。

5. 微生物和仓虫

影响商品变化的生物，主要是指微生物和白蚁、老鼠、鸟类等仓库害虫，其中以虫蚀、鼠咬危害最大。微生物广泛存在于空气中，常见危害商品的微生物有细菌、酵母菌和真菌等，一旦遇到适宜的环境条件，它们便能迅速生长繁殖。高温、低温、高盐、高碱以及高辐射等普通生命体不能生存的环境，依然存在着一部分微生物。微生物在生命活动过程中分泌出一种酶，能把有机商品中的蛋白质、纤维质、糖、木质素、有机酸、果胶等物质，分解为简单的物质，加以吸收利用，从而使商品变质，丧失其食用或使用价值。例如，真菌侵蚀皮革、纤维、橡胶、木材、油漆等制品，会使其发生霉变；真菌也会沉积在金属表面，保持表面的水分，易使金属锈蚀；细菌还能引起食品变质、腐败。仓虫在仓库里，不仅蛀蚀动植物商品和包装，有些仓虫还能危害塑料、化纤等化工合成商品。此外，白蚁还会蛀蚀仓库建筑物和纤维质商品。

因此，在商品保管中，应根据商品的含水量情况，采取不同的措施，防止微生物、仓虫生长繁殖。

6. 卫生条件

保持商品本身和仓库的清洁卫生，也是保证商品免于变质受损的重要条件之一。假如仓库的卫生条件不良，灰尘、垃圾、油垢、腥臭等污染了商品，不但易造成某些商品发生外观疵点或感染异味，甚至为微生物和仓库害虫提供繁殖活动的场所，引起商品的霉变和损坏。因此，在储存保管中，要搞好运输工具和仓库的清洁卫生工作。

商品储存期间的质量变化还与商品的耐储性、储存场所的适宜性、储存期的长短，以及所采用的养护技术和管理手段等因素有关。因此，只有通过采取一系列的保养维护工作，才可以有效地控制储存环境因素，减少外界因素对仓储商品质量的不良影响。

第二节 库存商品养护的基本要求与措施

商品只能在一定的时间内，一定的条件下，保持其质量的稳定性。商品经过一定的时间，就会发生质量变化，这种情况在运输和储存中都会出现。而且由于商品的不同，其质量变化的快慢程度也不同。商品本身性质和储运条件决定商品质量的变化快慢，同时也决定商品流通的时间界限。越容易发生质变的商品，它对储运条件要求得就越严格，它的空间流通就越狭窄，它的销售市场就越带有地方性。因此，越容易发生变质的商品，对它的流动时间限制就越大，就越需要对它进行保管与养护。

一、商品储存保管的基本要求

商品的保管与养护是流通领域各部门的重要工作内容，应在此过程中贯彻“以防为主、防治结合”的方针，达到最大限度地保护商品质量、减少商品损失的目的。“防”是指防止商品发生质量上的降低和数量上的减损，“治”是指商品出现问题后采取的救治方法，“防”和“治”是商品保管养护工作不可缺少的两个方面。具体来讲，应做好以下几个方面的工作：

（一）严格验收入库商品

首先要严格验收入库商品，弄清商品及其包装的质量状况，防止商品在储存期间发生各种不应有的变化。对吸湿性商品要检测其含水量是否超过安全水分，对其他有异常情况的商品要查清原因，针对具体情况进行处理并采取救治措施，做到防微杜渐。如果入库的是危险商品，如爆炸性物品、氧化剂、遇水燃烧物品、压缩气体和液化气体、易燃液体、易燃固体、腐蚀性物品、毒害性物品、放射性物品等，必须包装完整，重量正确，并标有符合商品品名和危险性质的明显标记。

（二）适当安排储存场所

由于不同商品的性能不同，对保管条件的要求也不同。如怕潮湿或易霉变、生锈的商品，应储存在干燥的仓库内；易溶化、挥发的商品，应储存在温度较低的仓库内。性能相互抵触或易串味商品不能在同一库房混存，以免相互产生不良影响。尤其对于化学危险物品，要严格按照有关部门的规定，分区分类安排储存地点。

（三）妥善进行堆码苫垫

地面潮气对商品质量影响很大，要切实做好货垛的垫垛隔潮工作，存放在货场的商品，货区四周要有排水沟，以防积水流入垛下；货垛周围要遮盖严密，以防雨淋日晒。应根据各种商品的性能和包装材料，确定货垛的垛形与高度，并结合季节气候等情况妥善堆码。含水率较高的易霉商品，热天应码通风垛；容易渗漏的商品，应码间隔式的行列垛。除此之外，库内商品堆垛时应留出适当的距离，符合货垛“五距”的规范要求。货垛的“五距”指垛距、墙距、柱距、顶距和灯距。顶距，照明灯要安装防爆灯，灯头与商品的平行距离不少于 50 厘米；墙距，外墙 50 厘米，内墙 30 厘米；柱距，一般留 10 厘米～20 厘米；垛距，通常留 10 厘米。对易燃商品还应留出适当防火距离。库房存放怕潮商品，垛底应适当垫高，露天存放更应垫高防水。同时，应视商品性质选择适宜的苫盖物料。硫黄等腐蚀性商品，不宜用苫布盖，以用苇席苫盖为宜。

（四）控制好仓库温湿度

仓库的温湿度对商品质量变化的影响极大。各种商品由于其本身特性，对温湿度一般都有一定的适应范围，超过该范围，商品质量就会发生不同程度的变化。因此，应根据库存商品的性能要求，适时采取密封、通风、吸潮或其他控制与调节温湿度的办法，力求把仓库温湿度保持在适宜商品储存的范围内，以维护商品质量安全。

（五）认真对商品进行在库检查

做好商品在库检查，对维护商品安全具有重要作用。库存商品质量发生变化，如不能及时发现并采取措施进行救治，就会造成或扩大损失。因此，对库存商品的质量情况，应进行定期或不定期的检查。

（六）保持好仓库清洁卫生

储存环境不清洁，易引起微生物、虫类孳生繁殖，危害商品。因此，对仓库内外环境应经常清扫，彻底铲除仓库周围的杂草、垃圾，必要时要使用药剂杀灭微生物和潜伏害虫。对容易遭受虫蛀、鼠咬的商品，要根据商品性能和虫鼠的生活习性及危害途径，及时采取有效的防治措施。

二、库存商品养护的基本措施

（一）仓库温湿度的控制

商品在储存期间的质量变化与商品储存环境尤其是温湿度密切相关，商品在储存期间发生的霉变、锈蚀、溶化、虫蛀、挥发等变化，都与温湿度关系密切。了解自然气候的变化规律，加强仓库温湿度管理，创造适合商品安全储存的温湿度条件，是商品保管养护的一项重要工作。

1. 空气温度

空气温度是指空气的冷热程度，又叫气温。仓库温度的控制既要注意库房内外的温度，也要注意储存物资本身的温度。一般而言，距地面越近气温越高，距地面越远气温越低。

仓库日常温度管理中，多用摄氏度表示，其他比较常用的温度单位还有华氏温度和绝对温度，它们之间的换算关系为：

摄氏温度＝（华氏温度－32）×5/9

华氏温度＝32＋摄氏温度×9/5

绝对温度＝273＋摄氏温度

2. 空气湿度

空气湿度是指空气中所含水汽量的多少或大气干湿的程度。空气中水汽量的多少，一方面与气温有关，气温越高，空气中所能包含的水汽也就越多；另一方面还与地表的水分有关，地表的水分越大，地面越潮湿，空气中的水汽相对也就越多。

表示空气湿度大小的方法很多，有绝对湿度、饱和湿度、相对湿度、露点等方法。

（1）绝对湿度。指单位容积的空气里实际所含的水汽量，一般以克为单位。温度对绝对湿度有着直接影响。一般情况下，温度越高，水汽蒸发得越多，绝对湿度就越大；相反，绝对湿度越小。

（2）饱和湿度。表示在一定温度下，单位容积空气里所能容纳的水汽量的最大限度。如果超过这个限度，多余的水蒸气就会凝结，变成水滴。此时的空气湿度便称为饱和湿度。

空气的饱和湿度不是固定不变的，它随着温度的变化而变化。温度越高，单位容积空气里能容纳的水蒸气就越多，饱和湿度也就越大。

（3）相对湿度。指空气里实际含有的水蒸气量（绝对湿度）与饱和状态（饱和湿度）水蒸气量的百分比。即在一定温度下，绝对湿度占饱和湿度的百分比数。相对湿度用百分率来表示。公式为：

相对湿度＝绝对湿度/饱和湿度×100％

绝对湿度＝饱和湿度×相对湿度

相对湿度越大，表示空气越潮湿；相对湿度越小，表示空气越干燥。

空气的绝对湿度、饱和湿度、相对湿度与温度之间有着相应的关系。温度如果发生了变化，则各种湿度也随之发生变化。

（4）露点。指含有一定量水蒸气（绝对湿度）的空气，当温度下降到一定程度时，空气中所含的水蒸气就会达到饱和状态（饱和湿度）并开始液化成水，这种现象叫做结露。

水蒸气开始液化成水时的温度叫做“露点温度”，简称“露点”。如果温度继续下降到露点以下，空气中超饱和的水蒸气，就会在商品或其他物料的表面上凝结成水滴，此现象称为“水池”，俗称商品“出汗”。

此外，风与空气中的温湿度有密切关系，也是影响空气温湿度变化的重要因素之一。

3. 仓库内外温湿度的变化

仓库外自然大气中，温湿度的变化规律是：气温越高、风力越大时，空气中的湿度就越小；温度低、风力又小时，湿度就越大。所以大气的湿度变化与温度变化恰恰相反，日出前湿度最高，午后2时湿度最小。

仓库温湿度变化的一个总的规律是：基本上和库外的温湿度变化趋势保持一致，但又因为不同仓库的密封条件不同，温湿度变化的速度有所不同，密封条件越好，变化的速度就越慢。仓库内的湿度是受大气湿度的影响发生变化的，实际上仓库内变化比外界要小些。外界湿度大时，仓库内湿度也应随着变大。从气温变化的规律分析，一般夏季降低库房内温度的适宜时间是夜间10时以后到次日清晨6时。当然，降温还要考虑到商品特性、库房条件、气候等因素的影响。

4. 仓库温湿度的控制与调节

仓库温湿度的变化，与库存商品的安全有着密切的关系，为确保库内商品质量完好，防止库外气候对库内商品的不利影响，库内温湿度应经常保持在一定范围内。控制和调节仓库环境的方法有很多，实践证明，密封、通风和吸潮相结合的方法，是控制与调节仓库内温湿度的行之有效的方法。

（1）仓库的密封。仓库密封就是利用防潮、绝热、不透气的材料把商品尽可能严密封闭起来，以隔绝空气，降低或减小空气温湿度对商品的影响，从而达到商品安全贮存的目的。密封能保持库内温湿度处于稳定状态，采用密封方法，要和通风、吸潮结合运用，如运用得当，可以收到防潮、防霉、防热、防溶化、防干裂、防冻、防锈蚀、防虫等多方面的效果。

① 整库密封。适于储存量大，进出不频繁或整进整出的商品。整库密封时，

地面可采用水泥沥青、油毛毡等制成防潮层隔潮，墙壁外涂防水砂浆，内涂沥青和油毛毡，库内吊平顶，门窗边缘使用橡胶条密封，并在门口用气帘隔潮。

② 整垛密封。这种密封方法适于临时存放的，怕潮易霉或易干裂的商品。未经干燥处理的新仓库，里面的商品在储存时也必须实行分垛密封保管。在密封过程中，先用塑料薄膜或苫布垫好底，然后再将货垛四周围起，以减少气候变化对商品的影响。

③ 整柜密封。对出入库频繁、零星而又怕潮易霉、易干裂、易生虫、易锈蚀的商品，可采用整柜密封法。在储存时可在货柜内放一容器，内装硅或氯化钙等吸湿剂，以保持货柜内干燥，若要防虫，还应在货柜内放入适量的驱虫剂。

④ 整件密封。主要是将商品的包装严密地进行封闭，一般适应于数量少、提价小的易霉、易锈蚀商品，多数易潮、易生霉、易溶化、易生锈的商品，都适宜先用塑料袋按件包装，加热封口，或放在包装箱、包装桶或包装袋内密封保存。总之，要根据商品养护的需要，结合气候情况与储存条件，因地制宜，就地取材，灵活运用。

（2）通风。通风是利用库内外空气的气压差，使库内外空气形成对流，来达到调节库内温湿度的目的。按照通风目的不同，可分为通风降温（或增温）和通风降湿两种：

① 通风降温（或增温）。主要针对空气湿度要求不高，而对温度要求比较严格的一些怕热商品，如玻璃瓶或铁桶装的易挥发的化工原料、化学试剂和医药等液体商品。对于一些怕冻的商品，在冬季，只要库外温度高于库内也可以进行通风，以提高库内温度。

② 通风降湿。主要是对易霉腐、易溶化、易锈蚀的库存商品通风。利用通风散潮，来降低库内的相对湿度，首先对比库内外绝对湿度的高低，然后再考虑气温与相对湿度的高低。在分析研究比较复杂的库内外温度变化情况下，决定是否通风。

通风的方法有自然通风和机械通风。自然通风一般是在温室顶部或侧墙设置窗户，依靠热压或风压进行通风，并可通过调节开窗的幅度来调节通风量。

（3）吸潮。吸潮是与密封配合，用以降低库内空气湿度的一种有效方法。在梅雨季节或阴雨天，当库内湿度过高，不适宜商品保管，而库外湿度也过大，不宜进行通风散潮时，可以在密封库内用吸潮的办法降低库内湿度。

吸潮剂的种类很多，常用的有生石灰、氯化钙、硅胶。随着市场经济的不断发展，现代仓库普遍使用机械吸潮方法，即使用吸湿机把库内的湿空气通过抽风机，吸入吸湿机冷却器内，使它凝结为水而排出。

（二）仓库的害虫与防治

1. 常见的仓库害虫

仓库害虫种类繁多，世界上已定名的有500多种。在我国发现有近200种害虫，仓储部门已发现危害商品的就有60多种，严重危害商品的达30多种。

（1）黑皮蠹。黑皮蠹又名毛毡黑皮蠹，属于鞘翅目，皮蠹科。幼虫耐干、耐寒、耐饥能力较强。食性相当广杂，除喜食动物性商品外，还严重危害粮食、干果、烟叶、干菜等商品。皮蠹科害虫除了黑皮蠹外，还有花斑蠹、花背皮蠹、小圆皮蠹、百怪皮蠹、赤竹皮蠹和拟白腹皮蠹等。

（2）竹长蠹。竹长蠹又名竹蠹，属于鞘翅目，长蠹科。喜食竹材制品及包装。长蠹科仓库害虫除了竹长蠹外，危害较大的还有角胸长蠹。

（3）烟草甲。烟草甲又名苦丁茶蛀虫、烟草标本虫，属鞘翅目，窃蠹科。喜食烟叶、卷烟及部门中药材，并能危害丝毛织品及皮毛、皮革、书籍、茶叶等。窃蠹科仓库害虫除烟草甲外，还有危害中药材、面粉及其制品的药材甲。

（4）锯谷盗。锯谷盗又名锯胸谷盗，性鞘翅目，锯谷盗科。大多数以成虫潜伏越冬，成虫可活140～996天之久。抗寒、抗药性强，并有假死，喜食干果和中药材。

（5）袋衣蛾。袋衣蛾又名负袋衣蛾，属鞘翅目，衣蛾科。成虫能结成茧袋并负袋爬行。幼虫耐寒性强，在－6℃至10℃的低温下不致冻死。成虫一般产后1～2天死亡。幼虫主要危害毛制品、毛织品、毛衣、毡垫等。衣蛾科中危害毛织制品的仓虫，还有织网衣蛾、毛毡衣蛾等。

此外，仓库害虫还有天牛科的星天牛、褐幽天牛；豆象科的各种豆象以及象虫科的玉米象等。此外，还有白蚁和老鼠，它们不仅啃食仓库内储存的商品，还破坏仓库及其他建筑设施，特别是老鼠，还传播污染和疾病，会给人们造成巨大的经济损失。

2. 货仓一般害虫的防治

货仓害虫的防治是当今仓储商品养护的一个重要内容，其防治工作有以下几个方面：

（1）杜绝仓库害虫来源。措施是：商品原材料的防虫、杀虫处理；入库商品的虫害检查和处理；仓库的环境卫生及用具的消毒卫生。

（2）药物防治。就是用有毒的化学药剂，直接与虫体接触，引起害虫内部组织细胞被破坏而产生病理变化，最后使其全部生理机能丧失，直至死亡。

目前，常用的防虫、杀虫药剂有驱避剂、杀虫剂、熏蒸剂。

仓库害虫的防治方法，除了药物防治外，还有高低温杀虫、缺氧防治、辐射防治以及各种全盛激素杀虫等。

（三）鼠害的防治

老鼠属啮齿目鼠科动物，种类很多，繁殖力很强，而且性格机警狡猾，喜欢藏在阴暗隐蔽之处，多在夜间活动，食性广杂，它直接损害粮食及其他库存商品，破坏商品包装，并传播病菌，对人类危害很大，据资料记载，25%的偶发性火灾是由老鼠啃咬电线而引起的。仓库鼠害的防治主要有以下几种方法：

1. 物理灭鼠法

就是使用鼠夹、鼠笼、粘鼠板、超声波驱鼠器等器械防治鼠害。

2. 化学灭鼠法

又称药物灭法。主要药物有胃毒剂、熏杀剂、驱避剂和绝育剂等。其中，以胃毒剂的使用最为广泛。

(四) 白蚁的防治

白蚁属等翅目昆虫，是世界性大害虫之一。白蚁主要靠蛀蚀木竹材、分解纤维素作为营养来源，也能蛀蚀棉、麻、丝、毛及其制品、皮革及其制品，以及塑料、橡胶、化纤等高聚物商品，对仓库建筑、货架、商品包装材料等都有危害。根据其生活习性，防治措施如下：

(1) 积极预防。对库内的木制材料可涂抹一层灭蚁药剂防白蚁。

(2) 经常检查。在白蚁活动繁殖期间，要加强检查库房木结构、苫垫物料、包装、易被白蚁危害的储存商品以及库外周围环境的树木等，是否有白蚁活动或危害的迹象，发现后要采取措施及时灭杀。

(3) 正确杀灭：

① 在白蚁的危害处，设法找到蚁路和蚁巢。将灭蚁粉剂尽可能喷洒到蚁路内的白蚁身上和蚁巢内，使其能够相互传染药物，以达到灭治效果。

② 在发现白蚁危害的地方，例如木制门窗处，将木制门窗框按一定距离钻孔灌注药液，周边土壤同时也要喷洒药液，使木制门窗框及土壤都含有一定的毒素，白蚁活动取食触毒后就会中毒死亡。

③ 诱杀法，在发现白蚁危害处设立诱杀桩、诱杀坑、诱杀堆、诱杀毒饵等，可单独使用也可结合使用。

④ 熏杀法，采用热气或毒气杀灭方法，此种方法在一定程度上取得了不错的效果。

(五) 商品霉变、腐烂的防治

微生物生长繁殖所需的营养物质有水、碳水化合物（如糖类、淀粉、纤维素、果胶质等）、蛋白质（包括氨基酸等）、脂肪、无机盐（矿物质）、维生素等。凡是含有这些有机成分的商品都称为易霉腐商品。一般而言，主要有以下几种常见的易发生霉腐的商品：食品、日用品、药品、皮革及其制品、纺织原料及其制品、工艺美术品等。

商品在仓库储存保管过程中，应采取以下方法防治霉腐：

1. 化学药剂防霉腐

药剂能杀灭和抑制真菌，其机理主要是使菌体蛋白质变性、沉淀、凝固，破坏菌体正常的新陈代谢，降低菌体细胞表面张力，改变细胞膜的通透性，导致细胞的破裂或分解，即可抑制酶体的生长，通常称这类药剂为防霉腐剂。有些商品可采用药剂防霉腐，在生产过程中把防霉腐剂加入到商品中，或者把防霉腐剂喷洒在商品包装物或仓库内，从而达到防霉的目的。

有实际应用价值的防霉腐药剂应该是低毒的，这样使用才比较安全；要有较强的适应性；有很好的效果以确保商品能长时间的储存。常用的防霉腐剂有百菌清、多菌灵、灭菌丹、菌霉净、尼泊金酯类、苯甲酸及其钠盐等。苯甲酸及其钠盐对人体无害，是国家标准规定的食品防腐剂；托布津对水果、蔬菜有明显的防腐保鲜作用；水杨酰苯胺及五氯酚钠等对各类日用工业品及纺织品、服装鞋帽等有防腐的作用。

在使用化学药剂防霉腐时可采取下列方式：

（1）可将防霉腐剂溶成溶液，喷洒或涂布在产品表面。

（2）可将产品浸泡在一定浓度的防霉腐溶液中。

（3）可在生产包装材料时添加防霉腐剂，再用这种防霉包装材料包装产品，或者直接将一定比例的防霉腐药剂加到制品中去。

（4）将挥发性的防霉腐剂（如多聚甲醛、环氧乙烷）包成小包，密封于商品包装带中，通过防霉腐剂的挥发成分防止商品霉腐。

2. 气调防霉腐

霉腐微生物与生物性商品的呼吸代谢都离不开空气、水分、温度这三个因素，只要有效控制其中一个因素，就能达到防止商品发生霉腐的目的。气调防霉腐的方法就是利用这样的原理，在密封条件下，降低氧气的浓度，抑制霉腐微生物的生命活动，从而达到防霉腐的目的。

气调防霉腐的方法有密封和降氧法两种：

（1）密封法。它是保证气调防霉腐的关键，以不透气为宜。应该安装测气、测温、充气、抽气口、取样口等装置。其中，以垛密封简便易行、效果好。

（2）降氧法。即控制空气中氧的浓度，人为造成一个低氧的环境，使霉腐微生物生长繁殖及生物性商品的呼吸受到限制。目前采用较普遍的方法有人工降氧法和自然降氧法。

3. 低温防霉腐

多数含水量大、易发生霉腐的生物性商品，如鲜肉、鲜鱼、水果、蔬菜等，要长期保管，多采用低温防霉腐的办法。

低温防霉腐分冷藏和冷冻两种，冷藏温度一般为3℃～5℃；冷冻温度在－12℃以下甚至更低，在此温度下，真菌多数死亡，适用于耐低温的物品，如肉类、鱼类等。需要注意的是，低温防霉腐包装的材料，应使用能耐所需低温的包装材料。

4. 干燥防霉腐

就是通过减少仓库环境中的水分和商品本身的水分，使霉腐微生物得不到生长繁殖所需水分而达到防霉腐的目的。目前最常见的是采用晒干或红外线干燥等方法对食品等进行干燥保藏。此外，在密封条件下，用石灰、无水氯化钙、五氧化二磷、浓硫酸、氢氧化钾或硅胶等作吸湿剂，也可很好地达到食品、药品和器材等长期防霉腐的目的。

5. 加强仓储管理

这是商品防霉腐的重要措施。关键是应尽量减少霉腐微生物对商品的污染，控制霉腐微生物生长繁殖的环境条件。仓库温度和湿度是微生物生长繁殖的重要外界因素，为了劣化微生物生长繁殖的温湿度条件，就要调节一个可以抑制或延缓其生长繁殖的温度范围，以及与商品安全含水量相适应的相对湿度范围。所以，必须根据不同商品的不同要求，认真地控制和调节库房的温湿度。

6. 其他方法

（1）电离辐射防霉腐。它是用X、γ等射线照射产品，杀死真菌。

（2）微波辐射防霉腐。它是用微波处理产品，真菌受微波作用而死亡。

（3）紫外线照射防霉腐。它是将产品或包装置于紫外线下，杀死表面的真菌。

（4）远红外线辐射防霉腐。真菌经远红外线辐射后，菌体会迅速脱水干燥而死亡。

第三节 仓库安全管理

仓库安全管理是仓库管理的重要组成部分。仓库的安全管理贯穿于仓库各个作业环节中，要深入细致地做好安全宣传教育工作，提高相关人员的安全意识。严格执行安全制度，切实遵守装卸、搬运、堆码等人工或机械的安全操作规程，加强危险品的监督检查，严禁带入火种，防止汛期水害，以减少财产物资的损失，加速商品周转。因此，进行仓库管理就是要及时发现问题，采取科学方法，消除各种危险隐患，有效防止灾害事故的发生，保护仓库中人、财、物的安全。

一、仓库防雷

雷电是大自然中雷云之间或雷云对地之间的大规模放电现象。雷云放电会产生雷电流，雷电流除具有电流的一般特性外，还有发生时间短（微秒级）、幅值高（几百kA）、瞬间功率巨大的特点。因此雷电具有特殊的破坏力，可能给仓储带来巨大损失。

（一）雷电的危害

雷电按传播方式不同分为直击雷、感应雷和雷电侵入波。

直击雷是带电的云层与大地上某一点之间发生猛烈的放电现象。感应雷也称间接雷电感应或感应过电压，亦可以叫做雷电的二次作用。感应雷分为静电感应雷和电磁感应雷两种。

雷电侵入波是由于雷电电流有极大峰值和陡度，在它周围出现瞬变电磁场，处在这瞬变电磁场中的导体会感应出较大的电动势，这样就会在一定的空间范围内产生电磁作用，因瞬变时间极短或感应的电压很高，以致引起电气设备的过电压。

直击雷的危害主要有电效应破坏、热效应破坏和机械效应破坏。

感应雷是在直击雷基础上发生的，在建筑物上设置的避雷针、避雷网、避雷带只能对付直击雷，对感应雷不起作用。

感应雷虽然没有直击雷猛烈，但其发生的概率比直击雷高得多。直击雷只有发生在雷云对地面闪击时才会对地面造成灾害，而感应雷则不论雷云是否对地面或者对雷云之间闪击，都可能发生并造成灾害。此外直击雷一次只能袭击一个小范围的目标，而任何一次雷闪击都可能在较大的范围内，使多个小局部同时产生感应雷过电压现象，并且这种感应高压可以通过电力线、电话线等传输到很远，致使雷害范围扩大。

（二）防雷措施

仓库是商品储运和检修的场所，一旦受到雷击，就会造成重大损失。因此，必须采取相应的防雷措施，保护仓库的安全。常见的防雷装置有避雷针、避雷线、避雷网、避雷带及避雷器等。

一般应在仓库易受雷击部位安装避雷装置，使被保护仓库和突出库房屋面的物体，均处于接闪器的保护范围之内；仓库内的金属制品和突出屋面的金属物应接到防雷电感应的接地装置上；低压架空线宜用长度不小于50m的金属铠装电缆直接埋地引入，入户端电缆的金属外皮应与防雷接地装置相连，电缆与架空线连接处，还应装置阀型避雷器。

仓库及通过仓库的输油管线的避雷设施要安装完整。一般避雷网、避雷带及其引下导线的截面积应不小于$50m^2$，埋入地下接地体要达$100m^2$，接地深度不应小于0.5m。接地线要有良好的导电作用，必要时，如在山地石层处，可经常加些食盐水。接地冲击电阻一般不应小于10Ω。

二、仓库消防

仓库的消防工作，重点是防止火灾的发生，火灾的严重危害性是人所共知的。火灾发生后，除了造成人身伤亡外，还会给仓库建筑、储存的商品和周围的单位带来巨大损失。因此，为了加强仓库消防安全管理，保护仓库免受火灾危害，必须贯彻“预防为主、防消结合”的方针，实行“谁主管谁负责”的原则。

要防止火灾，必须先了解仓库火灾发生的原因。防止火灾就是要防止火源同可燃物质接触而燃烧。火源分为直接火源和间接火源。

直接火源主要有三种：明火，如火柴擦燃、打火机火焰、香烟头火、烧红的电热丝等；电火花，即当电路开启或切断以及电气保险丝熔断、短路而产生的电火花；雷击，瞬时高压放电所引起的可燃物质燃烧。

间接火源主要有两种：加热自燃起火，如危险品之间相互撞击而起火，生石灰遇水后大量放热而使可燃物质起火；商品本身自燃起火，指在既无明火、又无外来热源的条件下商品本身自行发热、燃烧起火，如黄磷能在常温下与空气剧烈氧化引起自燃。

由此可以看出，产生火源的许多原因与仓库工作有直接关系。如果不遵守安全制度，不严格按照操作规程办事，就很容易引起火灾，因此，应有针对性地采取一些措施，搞好仓库消防。

（一）组织管理

仓库应当设立一名主要领导人为防火负责人，全面负责仓库的消防安全管理工作。组织学习贯彻消防法规，完成上级部署的消防工作；组织制定安全管理和值班巡逻制度，落实逐级防火责任制和岗位责任制；组织对员工进行消防宣传、业务培训和考核，提高员工的安全素质，熟悉消防措施，建立健全消防组织，配备必要的消防设施用具，并定期检查，妥善保管，分工明确，责任清楚，消除火险隐患；领导专职、义务组织消防队或专职、兼职消防人员，制订灭火应急方案，组织扑救火灾工作；定期总结消防安全工作，实施奖惩。

（二）储存管理

依据国家《建筑设计防火规范》的规定，将仓库储存的商品按火灾危险程度进行不同的分类（具体见表 5－1），采取有效的措施，做好消防工作。

（1）商品入库前应当派专人负责检查，确定无火种等隐患后，方可入库。

（2）露天存放的商品应当分类、分堆、分组和分垛，并留出必要的防火间距。堆场的总储量以及建筑物之间的防火距离，必须符合建筑设计防火规范的规定。一般情况下，每垛占地面积不宜大于 $100m^2$，垛与垛间距不小于 1m，垛与墙间距不小于 0.5m，垛与梁、柱间距不小于 0.3m，主要通道的宽度不小于 2m。

（3）易自燃或遇水分解的商品，应在温度较低、通风良好和空气干燥的场所储存，并安装专用仪器定时检测，严格控制温湿度。

（4）不同种类的易燃、易爆商品的包装容器应当牢固、密封，严防跑、冒、滴、漏。存放时必须分间、分库，并在醒目处标明储存商品的名称、性质和灭火方法。同时库房内不准设办公室、休息室。

（5）使用过的油棉纱、油手套等沾油纤维物品以及可燃包装，应当存放在安全地点，定期处理。

表 5－1 仓库储存物品分类表

类别	火灾危险性的特征	储存物品示例
甲类	1. 闪点＜28℃的液体 2. 爆炸下限＜10％的气体，以及受到水或空气中水蒸气的作用，能产生爆炸且爆炸下限＜10％气体的固体物质 3. 常温下能自行分解或在空气中氧化即能导致迅速自燃或爆炸的物质 4. 常温下受到水和空气中水蒸气的作用能产生可燃气体并引起燃烧或爆炸的物质 5. 遇酸、受热、撞击、摩擦以及遇有机物或硫黄等易燃的无机物，极易引起燃烧或爆炸的强氧化剂 6. 受撞击、摩擦或与氧化剂、有机物接触时能引起燃烧或爆炸的物质	1. 乙烷、戊烷、石脑油、环戊烷、二硫化碳、苯、甲苯、甲醇、乙醇、乙醚、蚁酸甲脂、醋酸甲酯、硝酸乙酯、汽油、丙烯、丙酮、乙醛、60°以上白酒 2. 乙炔、氢、甲烷、乙烯、丙烯、丁二烯、环氧乙烷、水煤气、硫化氢、氯乙烯、液化石油气、电石、碳化铝 3. 硝化棉、硝化纤维胶片、喷漆棉、火胶棉、塞璐路棉、黄磷 4. 金属钾、钠、锂、钙、锶、氢化锂、四氢化锂铝、氢化钠 5. 氯酸钾、氯酸钠、过氧化钾、过氧化钠、硝酸铵 6. 赤磷、五硫化磷、三硫化磷
乙类	1. 闪点≥28℃且＜60℃的液体 2. 爆炸下限≥10％的气体 3. 不属于甲类的氧化剂 4. 不属于甲类的化学易燃危险固体 5. 助燃气体 6. 常温下与空气接触能缓慢氧化，积热不散发引起自燃的物品	1. 煤油、松节油、丁烯醇、异戊醇、丁醚、醋酸丁酯、硝酸戊酯、乙酰丙酮、环己胺、溶剂油、冰醋酸、樟脑油、蚁酸 2. 氨气、液氯 3. 硝酸铜、铬酸、亚硝酸钾、重铬酸钠、铬酸钾、硝酸、硝酸汞、硝酸钴、发烟硫酸、漂白粉 4. 硫黄、镁粉、铝粉、塞璐路板（片）、樟脑、萘、生松香、硝化纤维漆布、硝化纤维色片 5. 氧气、氟气 6. 漆布及其制品、油布及其制品、油纸及其制品、油绸及其制品
丙类	1. 闪点≥60℃的液体 2. 可燃固体	1. 动物油、植物油、沥青、蜡、润滑油、机油、重油、闪点≥60℃的柴油、糠醛，50°以上 60°以下的白酒 2. 人造纤维及其织物、纸张、棉毛丝麻及其织物、谷类物、面粉、天然橡胶及其制品、竹木及其制品、中药材、电子产品、计算机已录数据的磁盘、冷库中的鱼肉
丁类	难燃烧物品	自熄性塑料及其制品、酚醛泡沫塑料及其制品、水泥刨花板
戊类	非燃烧物品	钢材、铝材、玻璃及其制品、陶瓷制品、搪瓷制品、不燃气体、玻璃棉、硅酸铝纤维、矿棉、岩棉、陶瓷棉、石膏及其无纸制品、水泥、膨胀珍珠岩

（三）装卸管理

（1）进入库区的所有机动车辆，必须安装防火罩；蒸汽机车进入库区时，应当关闭灰箱和送风器，不能在库区清炉；进入易燃、易爆商品库房的电瓶车、铲车必须是防爆型的或必须装有防止火花溅出的安全装置。

（2）装卸不同种类易燃、易爆商品时，操作人员不得穿戴易产生静电的工作服、帽子，或使用易产生火花的工具，严防震动、撞击、重压、摩擦和倒置。对易产生静电的装卸设备应采取消除静电的措施。

（3）库区内不得搭建临时建筑和构筑物，因装卸作业确需搭建时，必须经单位防火负责人批准，装卸作业结束后立即拆除；库房内固定的吊装设备需要维修时，应当采取防火安全措施，经防火负责人批准后，方可进行。

（4）机动车辆装卸商品后不准在库区、库房、货场停放和修理；装卸作业结束后，应当对库区、库房检查确认安全后，方可离人。

（四）电器管理

仓库的电气装置必须符合国家现行的有关电气设计和施工安装验收标准规范的规定。

（1）库房内不准设置移动式照明灯具。照明灯具下方不准堆放商品，其垂直下方与储存商品水平高不得小于0.5m；不准使用电炉、电烙铁、电熨斗等电热器具以及电视机、电冰箱等家用电器；库内铺设的配电线路，需穿金属管或用非燃硬塑料管保护。

（2）储存有同种类易燃易爆商品的库房的电气装置必须符合国家现行的有关爆炸危险场所电气安全规定；不准使用碘钨灯和超过60W的白炽灯等高温照明灯具。当使用日光灯等低温照明灯具和其他防燃型照明灯具时，应当对镇流器采取隔热、散热等防火保护措施，确保安全。

（3）库区的每个库房都应单独安装开关箱，保管人员离库时，必须拉闸断电；禁止使用不合规格的保险装置。

（4）仓库电器设备的周围和架空线路的下方严禁堆放商品，对提升、码垛等机械设备易产生火花的部位，要设置防护罩；仓库必须按照国家有关防雷设计安装规范的规定，设置防雷装置，并定期检测，保证有效；仓库的电器设备必须由持合相关证书的电工进行安装、检查和维修保养，电工应严格遵守各项电器操作规程。

（五）火源管理

（1）库房内严禁使用明火。库房外动用明火作业时，必须办理动火证，经仓库或单位防火负责人批准，并采取严格的安全措施。动火证应当注明动火地点、时间、动火人、现场监护人、批准人和防火措施等内容，库房内不准使用火炉取暖。在库区使用火炉时，应当经防火负责人批准，防火负责人在审批火炉的使用地点时，必须储存商品的分类，按照有关防火间距的规定审批，并制定防火安全管理制度，落实到人。

（2）仓库应当设置醒目的防火标志。进入易燃、易爆商品库区的人员必须登记，并交出携带火种。

（3）库区以及周围50m内，严禁燃放烟花爆竹。

（六）消防设施和器材管理

仓库应当按照国家有关消防技术规范，设置、配备消防设施和器材。

（1）消防器材应当设置在明显且便于取用的地点，周围不准堆放商品和杂物。

（2）对消防水池、消火栓、灭火器等消防设施、器材，应当经常进行检查，保持完整好用。

（3）仓库的消防设施、器材，应当由专人管理，负责检查、维修、保养、更换和添置，保证完好有效、严禁圈占、埋压和挪用。

（4）库区的消防车和仓库的安全出口、疏散楼梯等消防通道，严禁堆放商品。

三、仓库安全监控

做好仓库安全工作，必须经常进行安全教育，及时传达并组织学习上级指示精神，进行相关知识的培训，提高安全意识。同时还应建立安全检查制度，制定相关措施，组织相关人员进行定期或不定期的安全检查，以便更好地进行仓库安全监控。

（一）建立库区门卫制度

仓库必须做好安全保卫工作，根据仓库大小设置警卫人员，负责门卫值勤工作，对出入库区的人员、车辆、商品要进行检查、验证和登记；外来人员、车辆需经相关领导或有关部门批准，并由本库人员陪同方可进入库区；夜间值班人员要做好巡逻工作，严防商品被破坏或被偷盗。

（二）制定仓库保密规则

对仓库工作人员应定期进行保密教育；严禁向无关人员泄露仓库性质、位置、面积、隶属关系、人员编制、储存商品的品种和供应范围等机密；仓库的各种文件、单据等应妥善保管，以防丢失；严禁在私人通信、电话或公共场所谈论仓库相关事宜；外来办公或访友人员必须在规定的范围内活动，严禁在库区内乱转。

（三）建立巡回检查制度

建立每天巡回检查制度，仓库保管人员下班时要拉掉电闸，关好门窗，封好门锁；上班时，要检查门、窗、锁有无异样，无异样，方可开锁进库。

（四）实现安全监控电子化

电子计算机技术的发展促进了仓储安全管理的科学化和现代化，仓储安全管理必将突破传统的经验管理模式，增加安全管理的科技含量，依靠科技手段，推广应用仓储安全监控技术，提高仓储安全管理水平。

电子计算机技术的发展提高了各种仓储安全监控专用设备与传感器的可靠性和智能化程度。如在普通探头内置入 CPU 芯片，做成智能探头，可以持续不断地测量探头所在环境条件下物理量变化，所有数据和参数都输送到 CPU，与设定值比较，CPU 能相应地计算出它的最佳设定值，并修订它对环境变化的反应值。智能探头还可以对干扰效应和干扰因素按照给定的结构和算法进行测定，以消除干扰因素的影响。智能探头能够将现场火灾的特征与探头内存储的火灾特征曲线参数进行比较，以消除周围环境变化的影响。又如新一代分散式智能离子感烟报警探头，可根据环境变化进行火灾预测，对进一步可能发生的情况向中央火灾报警控制器发出信号，并能对探测器的污染程度和老化程度进行判断，以消除误报，提高火灾预报的可靠性。

四、仓库事故管理

（一）仓库事故的特征

仓库事故是管理人员与商品之间或环境与商品之间发生了异常的接触或影响的结果。仓库事故的发生是由多方面因素造成的，仓库一旦发生事故，就会带来不应有的损失或产生不良的社会影响。主要表现为：物品直接受损（爆炸、设备损坏）、人员伤亡、信息失控等。仓库事故的发生具有一定的规律性，它总是受到仓库内部和外部条件的影响。从仓库管理工作的本质特征来看，仓库事故具有如下特征：

1. 损害性

仓库事故发生后都会带来不同程度的损失，产生不良的社会影响，应根据权威性部门制定的相关标准及有关文件，确认事故损失，区分事故等级。

2. 多因素性

仓库事故的发生是由多种因素共同作用的结果。仓库作业的各个环节及人员等，如果未严格按操作规程进行相关作业，就可能引发事故。因此，在仓库管理工作中，应加强对各影响因素的管理，以避免或减少事故的发生。

3. 偶然性

仓库事故的发生往往是由于人为过失、设备故障、突如其来的外界干扰等意外事件导致的，因此，具有偶然性。在仓库管理工作中，应从偶然的事故中发现必然，从而研究事故发生的规律，总结经验，吸取教训。

（二）仓库事故的分类

由于事故发生的性质、原因、后果、责任不同，可将其划分为不同的种类或等级。

1. 按照事故的性质划分

（1）政治事故。有政治目的或私欲的有意识的破坏活动，导致爆炸、燃烧、偷盗等事故的发生，造成极坏的政治影响。

（2）责任事故。由于收发、门卫、操作等工作的失误或责任心不强而导致数量差错，商品变质、损坏、丢失或电路起火等事故的发生。责任事故又可分为业务责任事故和行政责任事故。前者是指业务人员组织作业时，使商品受损的事故；后者是指非专业人员组织作业时发生的事故。

（3）技术事故。由于缺乏业务知识，在作业过程中，由于设施设备等技术原因而造成损失。

（4）产品质量事故。由于产品结构设计不合理、生产工序工艺存在严重质量隐患，使得其在使用中，发生失效、自燃、自爆等事故。

（5）天然事故。由于不可抗力如洪水、雷电、地震、滑坡等原因，造成的仓库物资受损的事故。

2. 按照事故的后果划分

（1）人员伤亡事故。人员伤亡事故按伤害后果或丧失劳动能力程度可分为死亡事故、永久性全部丧失劳动能力事故、永久性部分丧失劳动能力事故和暂时性丧失劳动能力事故。

（2）经济损失事故。经济损失分为人身伤亡支出的费用、善后处理费用、财产损失等直接经济损失以及工作日损失、处理环境污染的费用等间接经济损失两种。

按事故经济损失的严重程度可分为一般损失事故、较大损失事故、重大损失事故和特大损失事故。

3. 按照事故的等级划分

事故等级是据事故造成损失的严重程度或对社会的影响程度进行划分的。一般可划分为一等事故、二等事故、三等事故、四等事故和五等事故。

（三）仓库事故的处理

仓库事故的发生是由各种原因引起的，归纳起来主要是人的不安全行为和物品的不安全状态两大因素作用的结果。仓库事故发生后应组织事故调查小组，根据事故的性质、后果拟订调查计划，确定调查步骤，做好调查记录，采用科学的方法对事故的萌芽、产生、发展、后果进行分析。同时，严格按照事故责任确定的原则，确定责任类别（全部责任、主要责任、一定责任和领导责任），进行相应处理。

1. 相关人员的处理

事故相关人员主要有事故伤亡人员、责任人、有功人员。根据相关的抚慰政策对事故伤亡人员给予妥善地安置和处理；依照相关法律、规章和纪律的规定，对责任人据其责任轻重，予以处罚或处理；按照有关规定对事故中表现突出的有功人员进行表彰和奖励。

2. 事故损失的处理

仓库事故发生后，会造成不同程度的损失。应按照有关的规定和程序进行处理：可修复的，制订计划报请有关部门批准，予以修复；报废的，报请有关部门审批；涉及责任人的，应按相关规定进行赔偿；已入保险的，向保险公司进行索赔。

3. 总结教训

事故发生后，应认真总结教训。针对事故发生的原因、后果及各种影响因素，进行分析、总结，找出薄弱环节，提出相应改进措施，不断提高认识，以便更好地指导今后的工作。

4. 建立预警机制

在总结教训的基础上，有针对性地采取防范措施，提出事故预防的目标和要求，制定有关的规章制度，加强人员的思想教育，提高安全防范，使各项措施落到实处，一旦发生事故，能够及时应对。

仓库发生事故后应建立健全事故报告制度，使得上级业务部门及时了解情况，掌握动态信息，依据相关资料进行分析，为安全决策提供依据。事故报告的程序一般可分为首次报告、后续报告和调查报告三个阶段。事故报告是事故处理的凭证、复审考核的依据，也是进行事故统计分析的原始资料。

习题五

(1) 仓储商品在储存过程中会发生哪些质量变化？
(2) 影响储存商品质量变化的因素有哪些？
(3) 商品储存保管的基本要求是什么？
(4) 库存商品养护的基本措施有哪些？
(5) 仓库的温湿度如何控制与调节？
(6) 如何做好仓储的安全消防工作？
(7) 仓库安全监控如何实施？
(8) 简述仓储事故的类型与处理方式。

案例导读一　某大型连锁超市纺织类商品的养护

纺织类商品按缝制的材料不同，一般可分为棉织品、麻纤维及其织品、化纤类制品。纺织类商品在超市中则一般分为衣服物品、床上用品等。

纺织类商品在储藏期间，主要易受到微生物的侵害，商品养护的首要任务就是防霉腐，因此，改变适于真菌滋长发育的条件，改变微生物的生态环境，使库内温湿度控制在一定标准内，可以达到安全养护的目的。

1. 做好商品验收工作

商品在进货前，必须进行质量检验，把好质量关，严格控制已霉商品或超过安全水分含量的商品以及其他有变异商品进入超市内；或者经过相应处理后，再予进货。

2. 严格控制仓库温湿度

仓库的温湿度是影响微生物有机体生长的最重要条件之一。因此，仓库内一定要保持低温，其中超市卖场的温度应保持在30℃以下，相对湿度应控制在60％～80％之间，经常检查仓储商品的质量变化情况，发现问题及时解决。

3. 适时做好防霉腐工作

在密闭条件良好的仓库内或堆垛内，高温季节（4～9月）施放多聚甲醛（每立方米用量17克～24克），可以长期保存，不发生霉变。采用塑料薄膜密封的垛，每立方米用5克～7克多聚甲醛，即能达到防霉的效果。

4. 有良好的堆垛形式

纺织类商品特别是化纤类纺织品，一般应存放在密封较好的仓库中。堆码宜用行列式或围垛式，堆成丁字形或井字形通风垛，垛高不宜过高。

案例思考

（1）纺织类商品在仓储过程中会发生哪些质量变化？

（2）影响纺织类商品质量变化的因素有哪些？

（3）你认为该连锁超市对纺织类商品的养护措施合理吗？说明理由。

（4）为该连锁超市纺织类商品的养护设计一个科学的方案。

案例导读二 清水河仓库“8·5”火灾爆炸事故

1993年8月5日13时15分，深圳市安贸危险品储运公司清水河仓库4号仓因违章将过硫酸铵、硫化钠等化学危险品混储，引起化学反应而发生火灾爆炸事故。火灾蔓延导致连续爆炸，爆炸又使火灾迅速蔓延，共发生2次大爆炸和7次小爆炸，有18处起火燃烧。为扑救这起火灾，广东省共调动9个市的各种消防车132辆，1100多名消防指战员投入灭火战斗，至8月6日16时左右将大火基本扑灭，8月8日22时完全扑灭残火。这起火灾爆炸事故，死亡15人，受伤873人，其中重伤136人，烧毁、炸毁建筑物面积39000平方米和大量化学物品等，直接经济损失约2.5亿元。

事故主要原因是：

（1）违反消防法规，丙类物品仓库当甲类物品仓库使用。1987年5月30日，安贸公司持设计图纸，以丙类杂品干货仓库使用性质向深圳市消防支队报请建筑防火审核。根据当时的规划，主要安排一些影响市容和有污染的项目，仓库初期主要存放丙类货物，有散装水泥库、煤场、木材场及其他丙类干货。1989 年该仓库部分库房改储危险品，违反了消防规范要求。首先仓库位置处于市区，危及城市安全。该仓库周围有居民区，相距 100 多米处有深圳四家公司的液化气库和油库，这种环境显然不符合规范要求，违反《建筑设计防火规范》、《化学危险品安全管理条例》、《仓库防火安全管理规则》。其次该仓库改储甲、乙类物品后，库区建筑物防火间距不符合要求。更有甚者，安贸公司在防火间距中私自搭建了 3 号仓和 6 号仓，使单体仓变成了连体仓，成为违章建筑。再次消防设施达不到要求。该仓库改为危险品仓库后，没有改善消防供水设施，消防储水池没水，消火栓也不出水，又没配置必要的灭火器材，导致 8 月 5 日发生火灾后，无法扑救初期火灾，使火势蔓延导致爆炸。

(2) 消防安全管理工作不落实。清水河仓库成为化学危险品储运仓后，安全管理工作也没跟上。作为一个危险场所，没有按消防安全十项标准要求搞好消防工作，安全管理较为混乱。第一，没有称职的防火安全干部，对仓库违章现象没能及时发现、及时纠正，自防能力弱，安全失控。第二，化学危险品进库没进行安全检查和技术监督，账目也不清。仓库存放什么货物，多少种货物，各种货物有什么危险性，各种货物有多少数量，仓管员心中无数，也找不到账单可查。发生火灾爆炸的第三天，安贸公司靠各仓管员回忆，才列出部分物品清单，还有大量化学危险品列不出清单。第三，该仓库搬运工和部分仓管员是外来临时工，上岗前没经过必要的培训，文化素质较差，不懂各类化学危险品性质，平时不懂做好消防安全工作的重要性，发生火灾后又未采取有效措施控制火势，使小火酿成大灾。

(3) 拒绝消防监督部门提出的整改意见，对隐患久拖不改。1989 年 9 月 6 日和 7 日，深圳市消防支队消防监督员检查该仓库时发现 6 号仓存放有甲、乙类物品，曾发书面意见书要求其整改。1990 年 4 月 30 日，深圳市消防支队对该仓库建筑进行验收，只有 1～5 号库房合格并发给合格证。6 号库房储放甲类物品没有证，但该公司照常使用。1991 年 2 月 13 日，深圳市消防支队又到该仓库进行防火检查，发现该仓库储存大量甲、乙类物品，找到仓库负责人，要求其搬迁，安贸公司负责人以种种借口顶住不搬。1992 年 3 月 21 日，消防支队对该仓库进行检查后又发出《火险隐患整改通知书》，提出 9 条整改意见，要求在 4 月 10 日整改完毕。但安贸公司置若罔闻，没有进行整改，对安贸公司多次对消防监督部门意见置之不理的行为，有关部门对安贸公司不作任何处理，而且消防执法还受到行政干预。

(4) 消防基础设施、技术装备与扑救特大火灾不适应。深圳市是缺水市，清水河地区更是缺水区，安贸公司仓库区虽然有消火栓，但压力达不到国家消防技术标准规定。发生火灾后，仅靠消防车运水灭火，远水救不了近火。另外，消防队伍的装备也较落后，缺少隔热服和防毒面具。有些消防车已接近或到了退役年限，机件已老化，在灭火中常出故障。

案例思考

（1）清水河仓库火灾事故的主要教训是什么？谈谈你的看法。

（2）如何理解“预防为主、防消结合”的安全管理方针？

（3）提出你对现代仓库消防管理的合理化建议。

第六章

仓储增值业务

【学习目标】 通过学习本章，要求掌握仓储包装、加工、分拣的基本知识、基本理论与基本技术方法，熟悉仓储包装、流通加工和分拣业务的作业内容与流程步骤。

除了提供传统意义上的业务项目以外，现代仓储企业为了满足客户日益个性化的需求，还努力向客户提供各种各样、符合客户需求的增值业务，以提升自己仓库的内在价值，保持较强的竞争能力。典型的仓库增值业务有：包装作业、流通加工和分拣作业。

第一节 包装作业

货物包装是指在货物流通过程中为保护货物、方便储运和促进销售，按一定技术方法而采用的容器、材料和辅助物等的总称。货物包装也指为了达到上述目的而在采用容器、材料和辅助物的过程中，施加一定技术方法的操作活动。因此，货物包装有两层含义：一是指盛装货物的容器及其他包装用品即包装物，如箱、桶和袋等；二是指产品盛装、包扎和装演的操作过程，如装箱、灌瓶和装桶等。

包装材料、包装技法、包装结构造型和表面装潢构成包装实体的四大因素。包装材料是包装的物质和技术基础，包装结构造型是包装材料和包装技法的具体形式。包装材料、包装技法和包装结构造型是通过画面和文字美化来宣传和介绍货物的主要手段。

一、货物包装材料应具备的性能

包装材料是指用于制造包装容器、包装装演、包装印刷、包装运输等满足产品包装要求所使用的材料，它既包括金属、塑料、玻璃、陶瓷、纸、竹类、野生藤类、天然纤维、化学纤维、复合材料等主要包装材料，又包括涂料、黏合剂、捆扎带、装演、印刷材料等辅助材料。一般来说，包装材料应具备下列性能：

（1）一定的机械性能。包装材料应能有效地保护产品，具有一定的强度、刚度、韧性和弹性等，以适应压力、冲击、振动等静力和动力因素的影响。

（2）适当的阻隔性能。根据产品包装的不同要求，包装材料应对水分、水蒸气、光线、芳香气、异味、热量等具有一定的阻挡能力。

（3）良好的安全性能。包装材料本身的毒性要小，以免污染产品和影响人体健康；包装材料应无腐蚀性，并具有防虫、防蛀、防鼠、抑制微生物生长等性能，以保护产品安全。

（4）合适的加工性能。包装材料应易于加工，易于制成各种包装容器；应易于包装作业的机械化、自动化，以适应大规模工业生产；应适于印刷，便于印刷包装标志。

（5）较好的经济性能。包装材料应来源广泛、取材方便、成本低廉，使用后的包装材料和包装容器应易于处理，不污染环境，以免造成公害。

二、常见的货物包装材料

（一）纸和纸板

纸板常用来制成各种包装容器。包装纸主要有纸袋纸、牛皮纸、中性包装纸、普通品包装纸、鸡皮纸、半透明玻璃纸和玻璃纸、有光纸、防潮纸和铜版纸等。包装纸板主要有箱纸板、牛皮箱纸板、草纸板、单面白纸板、茶纸板、灰纸板和瓦楞纸板等。纸和纸板是目前最主要的包装材料，其产值占包装总产值的45%左右。凡定量在225g/m^{2}以下称为纸，定量在225g/m^{2}以上称为纸板。纸和纸板主要有以下特征：

（1）具有适宜的强度、耐冲击性和耐摩擦性；

（2）密封性好，容易清洁卫生；

（3）具有优良的成型性和折叠性，便于采用各种加工方法，适用于机械化、自动化的包装生产；

（4）具有最佳的可印刷性，便于介绍和美化货物；

（5）价格较低且重量轻，可以降低包装成本和运输成本；

（6）用后易于处理，可回收复用和再生，不会污染环境，并节约资源。

纸和纸板也有一些致命的弱点，如难以封口、受潮后牢度下降，以及气密性、防潮性、透明性差等，从而使它们在包装应用上受到一定限制。

一般包装用纸以牛皮纸、纸袋纸、玻璃纸为主，包装纸板以箱板纸、黄板纸、瓦楞纸、白板纸、白卡纸为主。用纸和纸板制成的包装容器主要有纸箱、纸盒、纸桶、纸袋、纸杯、纸盘等，广泛用于运输包装和销售包装。在纸质包装容器中，用量最多的是瓦楞纸箱，其比重约占50%以上。在运输包装中，瓦楞纸箱正在取代传统的木箱，广泛用于包装日用百货、家用电器、服装鞋帽、水果、蔬菜等。目前，瓦楞纸箱正在向标准化、功能专业化、减轻重量、提高抗压强度等方向发展。

除瓦楞纸箱外，其他纸质包装容器多用于销售包装，如用于食品、药品、服装、玩具及其他生活用品的包装。纸盒可制成开窗式、摇盖式、抽屉式、套合式等，表面加以装饰，具有较好的展销效果。纸桶结实耐用，可以盛装颗粒状、块状、粉末状的货物。纸袋种类繁多，用途广泛。纸杯、纸盘、纸罐都是一次性使用的食品包装，由于价廉、轻巧、方便、卫生，而被广泛应用。

（二）塑料

塑料在整个包装材料中的应用比例仅次于纸和纸板，包装用塑料的消费量约占塑料总消费量的1/4，在许多方面已经或逐步取代了传统的包装材料。塑料包括软性的薄膜、纤维材料和刚性的成型材料。塑料是一类多性能、多品种的合成材料，具有物理性能优越、化学稳定性好、易加工成形的特点。但塑料作为包装材料，强度不如钢铁，耐热性不如玻璃，易老化，易产生静电。包装常用的塑料有聚乙烯、聚丙烯、聚氯乙烯、聚苯乙烯等，可制成瓶、杯、盘、盒等容器，聚苯乙烯还大量地用来制造包装用泡沫缓冲材料。

（三）金属材料

金属的种类很多，包装用金属材料主要有钢材、铝材及其合金材料。包装用钢材包括薄钢板、镀锌低碳薄铁板、镀锡低碳薄钢板（俗称马口铁）；包装用铝材有纯铝板、合金铝板和铝箔。包装用金属材料具有以下优点：

（1）具有良好的机械强度，牢固结实，耐碰撞，不破碎，能有效地保护内装物品。

（2）密封性能优良，阻隔性好，不透气，防潮，耐光，用于食品包装（罐藏）能达到中长期保存的效果。

（3）具有良好的延展性，易于加工成型。

（4）金属表面有特殊的光泽，易于进行涂饰和印刷，可获得良好的装潢效果。

（5）易于回收利用，不污染环境。

但是，金属材料成本高，一些金属材料如钢铁的化学稳定性差，在潮湿的条件下易发生锈蚀，遇酸、碱易发生腐蚀，因而限制了其在包装上的应用。钢板通过镀锌、镀锡、镀铬、涂层，可以提高其耐腐蚀性、耐酸碱性。

目前，刚性金属材料主要用于制造运输包装桶、集装箱以及饮料、食品和其他商品销售包装的罐、听、盒等。例如，重型钢瓶、钢罐用于盛装酸类液体以及压缩、液化和加压溶解的气体；薄钢板桶广泛用于盛装各类食用油脂、石油和化工货物；铝和铝合金桶广泛用于盛装酒类货物和各种食品；金属听、盒适用于盛装饼干、奶粉、茶叶、咖啡、香烟等。软性金属材料主要用于制造软管和金属箔。例如，铝制软管广泛用于包装膏状化妆品、医药品、清洁用品、文化用品、食品等。铝箔多用于制造复合包装材料，也常用于包装食品、卷烟、药品、化妆品、化学品等。

(四) 玻璃与陶瓷

玻璃与陶瓷均是以硅酸盐为主要成分的无机性材料。玻璃与陶瓷用作包装材料，渊源已久，目前玻璃仍是现代包装的主要材料之一。

1. 玻璃

玻璃的特点是透明、清洁和美观，有良好的化学稳定性，价格便宜，可多次周转使用。但玻璃耐冲击性低，限制了其在包装上的应用。玻璃本身的优良特性以及玻璃制造技术的不断进步，使玻璃能较好地适应现代包装发展的需要，其特点如下：

(1) 化学稳定性好，耐腐蚀，无毒无味，卫生安全；

(2) 密封性能优良，不透气，不透湿，有紫外线屏蔽性，有一定的强度，能有效地保护内装物；

(3) 透明性好，易于造型，具有特殊的美化货物的效果；

(4) 原料来源丰富，价格低；

(5) 易于回收复用、再生，有利于环境保护。

玻璃用作包装材料，存在着耐冲击强度低、碰撞时易破碎、自身重量大、运输成本高、能耗大等缺点，限制了玻璃的应用。

玻璃主要用于制造包装容器，如玻璃瓶和玻璃罐，广泛用于酒类、饮料、罐头食品、调味品、药品、化妆品、化学试剂、文化用品等的包装。此外，玻璃也用于制造大型运输包装容器，用来存装强酸类产品；还用来制造玻璃纤维复合袋，用于包装化工产品和矿物粉料。

2. 陶瓷

陶瓷的化学稳定性与热稳定性均佳，耐酸碱腐蚀，遮光性优异，密封性高，成本低廉，可制成缸、罐、坛、瓶等多种包装容器，广泛用于包装各种发酵食品、酱菜、调味品、蛋制品及化工原料等。陶瓷瓶是酒类和其他饮料的销售包装容器，其结构造型多样，古朴典雅，釉彩和图案装饰美观，特别适用于高级名酒的包装。

(五) 其他包装材料

1. 木材

木质材料是传统的运输包装材料，包括天然木材和人造板材，具有特殊的耐压、耐冲击和耐气候变化的性能，加工方便，是大型和重型货物运输包装的重要材料。常用的木制包装容器有木箱（包括胶合板箱和纤维板箱）、木桶（包括木板桶、胶合板桶和纤维板桶）等。木材有良好的加工性能，适于包装那些批量小、体积小、重量大、强度要求高的货物。木材作为包装材料虽然具有独特的优越性，但由于森林资源的匮乏、环境保护要求、价格高等原因，其发展潜力不大，目前，木制包装容器已逐渐减少，正在被其他包装容器所取代。

2. 复合包装材料

复合包装材料是将两种或两种以上的材料紧密复合在一起而制成的包装材料。塑料与纸、塑料与铝箔、塑料与玻璃、纸与金属箔等都可制成复合材料。复合材料兼有不同材料的优良性能，使包装材料具有更加良好的机械性能、气密性、防水、防油、耐热或耐寒性，是现代包装材料的一个发展方向，特别适用于休闲食品、复杂调味品、冷冻食品等食品货物的包装。

3. 纺织材料

包装用纺织材料主要是棉、麻植物纤维，其次是矿物纤维和化学纤维，主要用于制袋和包裹货物。例如，布袋和麻袋有适宜的牢度，轻巧、使用方便，适用于盛装粮食、食盐、食糖、农副产品、化肥、化工原料、中药材等。

4. 竹类、野生藤类、树枝类、草类

毛竹、水竹等竹类材料可以编制各种竹制容器，如竹筐、竹箱、竹笼、竹篮、竹盒和竹瓶等包装容器。水草、蒲草和稻草等可编织席、包和草袋，是价格便宜、一次性使用的包装材料。柳条、桑条、槐条及其他野生藤类，可用于编织各种筐、篓、箱和篮等。这些包装材料来源广泛，价格低廉，用它们编制成的包装容器具有通风、轻便、结实、造型独特等特点，适用于包装各种农副土特产品。

三、货物包装的技术方法

先进的工艺是制造良好的包装产品的重要保证。包装技法与包装的各种功能密切相关，特别是与保护功能关系密切。有时为了取得更好的保护效果，也将两种或两种以上包装技法组合使用。随着科学技术的进步，货物包装技法正在不断发展完善。

（一）收缩包装

收缩包装就是用收缩薄膜裹包物品（或内包装件），然后对薄膜进行适当加热处理，使薄膜收缩而紧贴于物品（或内包装件）的包装技术方法。收缩薄膜是一种经过特殊拉伸和冷却处理的聚乙烯薄膜，由于薄膜在定向拉伸时产生残余收缩应力，这种应力重新受热后便会消除，从而使其横向和纵向均发生急剧收缩，同时使薄膜的厚度增加，使内包装货物被紧裹，起到良好的包装效果。收缩包装具有透明、紧凑、均匀、稳固、美观的特点，同时由于密封性好，还具有防潮、防尘、防污染、防盗窃等保护作用。收缩包装适用于食品、日用工业品和纺织品的包装，特别适用于形态不规则货物的包装。

（二）无菌包装

无菌包装最早由瑞典利乐（Tetra Pak）公司发明和应用。无菌包装是产品、包装容器、材料或包装辅助器材灭菌后，在无菌的环境中进行充填和封合的一种包装方法。无菌包装是先将食品和容器分别杀菌并冷却，然后在无菌室进行包装和密封。它适于液体食品包装，其优点是最大限度地保留了食品原有的营养成分和风味，并能获得更长的保质期。无菌包装材料包括由纸板、铝箔、聚乙烯材料复合而成的盒、袋以及利用共挤技术生产的三层、五层、七层保鲜膜。产品及包装器材的灭菌，一般采用加热灭菌、辐射灭菌和环氧乙烷气体灭菌等。

（三）防锈包装

它是为了防止潮湿空气或雨水等浸入包装件腐蚀金属的包装方法。在金属表面采用涂覆防锈材料是防锈包装最常用的手段，如轴承包装就是对经表面清理后的轴承用黄油涂覆，然后用防水蜡纸进行裹包后放在内包装中。在采用容器包装时，还可采用在容器内或周围放入适量吸潮剂（如硅胶）的做法，以吸收包装内部残存的水分或由外部进入的水分，使其相对湿度下降，从而达到防锈的目的。

（四）防霉包装

防霉包装是为了防止因真菌侵袭内装物而长霉、影响产品质量，而采取一定防护措施的包装方法。真菌的生命活动与营养物质、温度、湿度、氧气、pH值等密切相关，绝大多数产品及其包装所使用的材料，都具有真菌生长所需要的营养物质，若是环境条件适合，真菌就会大量生长，但是，只要控制与真菌生命活动有关的任一因素，真菌的生长就会受到极大的抑制，也就不能危害产品。常用的防霉包装方法有以下几种：

(1) 药剂防霉包装。药剂能杀灭和抑制真菌，其机理主要是使菌体蛋白质变性、沉淀、凝固，有的能影响菌体的代谢，有的能降低菌体表面张力，使细胞破裂或溶解。通常称这类药剂为防霉剂。常用的防霉剂有百菌清、多菌灵、灭菌丹、菌霉净、尼泊金酯类、苯甲酸及钠盐等。

(2) 气相防霉包装。它是利用气相防霉剂的挥发气体直接与真菌作用杀死或抑制真菌，以起到防霉效果。常用的气相防霉剂有多聚甲醛、环氧乙烷等。

(3) 降氧防霉包装。降氧防霉包装是降低产品所处环境中的氧气浓度，以抑制真菌生长的防霉包装。降氧防霉包装是在包装内充入氮气或二氧化碳气体，当空间中二氧化碳浓度为10%～14%时，对真菌有抑制作用，若浓度超过40%时，即可杀死多数真菌。

(4) 低温防霉包装。在低温环境下，真菌活动受到极大抑制，甚至死亡。温度越低，持续时间越长，防霉效果越好。冷藏温度一般为3℃～5℃，在此温度下，真菌生长受到极大抑制，适用于含水量大且不耐冷冻的食品，如水果、蔬菜等。冷冻温度在－12℃以下甚至更低时真菌多数死亡，适用于耐低温的物品，如肉类、鱼类等。需要注意的是，低温防霉包装应使用能耐所需低温的包装材料。

(5) 低湿防霉包装。水分是真菌生长的必要条件，没有合适的水分，真菌就无法生长。因此，控制产品和包装内水分，可有效地抑制真菌生长，一般控制包装内的相对湿度在60%以下，即可有效防霉。

（五）硅窗气调包装

硅窗气调包装是在塑料袋上烫接一块硅橡胶窗。通过硅橡胶窗上的微孔调节包装内气体成分组成的一种方法。这种方法适用于果蔬的包装。硅窗的透气性比聚乙烯大几十倍到几百倍，从而使果蔬生理代谢所需要的氧气和排出的二氧化碳、乙烯等能通过硅窗与包装外的大气进行交换。由于硅窗气调包装创造的小气候适宜于果蔬储藏的需要，从而增强了果蔬的耐储性。

（六）防潮包装

防潮包装是指采用防潮材料、容器及辅助物等对产品进行包封，以隔绝外界大气中湿度对产品的影响，使内装空气保持干燥，使被包装物品处于临界湿度以下，从而达到保护产品品质的目的。目前，一般防潮包装采用高阻湿性的防潮纸包装或塑料薄膜包装，就可达到一定的防湿包装要求，但对防湿要求高的膨化食品或其他高级产品，还需封入干燥剂以保证食品的风味或脆度等。常用的防潮包装材料有纸材、塑料、金属、玻璃、陶瓷等。

（七）缓冲包装

缓冲包装又称防震包装，是指为减缓内装物受到冲击和振动，保护其免受损坏所采取的一定防护措施的包装。一般的缓冲包装有三层结构，即内层货物、中层缓冲材料和外层包装箱。缓冲材料在外力作用时能有效地吸收能量，及时分散作用力，从而保护货物。缓冲包装依据货物性能特点和运输装卸条件，分为全面缓冲法、部分缓冲法和悬浮式缓冲法。

（1）全面缓冲法。指内装物和外包装之间全部用缓冲材料填满进行缓冲的包装方法。

（2）部分缓冲法。对于整体性好的产品和有内装容器的产品，仅在产品或内包装的拐角或局部地方使用缓冲材料进行衬垫即可。所用包装材料主要有泡沫塑料缓冲垫、充气型塑料薄膜缓冲垫和橡胶弹簧等。

（3）悬浮式缓冲法。对于某些贵重易损的物品，为了有效地保证其在流通过程中不被损坏，要采用坚固的外包装容器，然后用绳、带、弹簧等将被装物悬吊在包装容器内。在物流过程中，无论进行何种操作，内装物都被稳定悬吊而不与包装容器发生碰撞，从而减少损坏。

（八）特种包装

1. 泡罩包装与贴体包装

泡罩包装是将货物封合在透明塑料薄片形成的泡罩与底板之间的一种包装方法。贴体包装是将货物放在能透气的、用纸板或塑料薄片制成的底板上，上面覆盖加热软化的塑料薄片，通过底板抽真空，使薄片紧密包贴货物，且四周封合在底板上的一种包装方法。泡罩包装和贴体包装多用于日用小货物的包装，其特点是透明直观、保护性好、便于展销。

2. 真空包装与充气包装

真空包装是将货物装入气密性包装容器，抽去容器内部的空气，使密封后的容器内达到预定真空度的一种包装方法。这种方法一般用于高脂肪低水分的食品包装，其作用主要是排除氧气，减少或避免脂肪氧化，而且可以抑制真菌或其他好氧微生物的繁殖。真空包装如用于轻纺工业品包装，能缩小包装货物体积，减少流通费用，同时还能防止虫蛀、霉变。

充气包装是在真空包装的基础上发展起来的，它是将货物装入气密性包装容器中，用氮、二氧化碳等惰性气体置换容器中原有空气的一种包装方法。充气包装主要用于食品包装，其作用是能减慢或避免食品的氧化变质，亦可防止金属包装容器由于罐内外压力不等而易发生的瘪罐问题。

四、选择包装技法时考虑的因素

1. 深入了解产品因素和物流因素

深入了解产品因素和物流因素是合理包装的重要前提，否则就无法进一步确定保护等级要求，进一步选择包装材料、容器、技法、标志等。一般来说应考虑下列因素：

(1) 了解产品的性质、尺寸、结构、重量、组合数等来决定采用什么类型的包装或者决定是否需要包装；

(2) 了解产品的形状、脆性、表面光洁度、耐蚀性、电镀油漆类别等性质来决定采用什么样的内衬件或缓冲件；

(3) 了解产品的价值或贵重程度来决定如何选择保护措施；

(4) 了解内装物与包装材料之间有什么相互作用，是否可能产生有害物质，从而合理选择包装材料和容器；

(5) 了解不同内装物放在一起，有无造成污染的可能性，来决定包装的方法；

(6) 了解是否有必要提供空间或空隙；

(7) 了解是否有必要提供防盗措施。

2. 了解流通环境和运输目的地

(1) 了解产品从产地到目的地之间整个运输路途情况，是国内运输还是国际运输，是热带地区还是寒带地区，是车站还是港口，是城市还是村庄等。

(2) 了解运输方式，是公路、铁路、海运、江河、空运，还是人工或畜力运输，弄清楚运输工具的类型、振动、冲击等量值、道路路面情况，是否使用集装箱运输，是按体积还是按重量计算货物运价。

(3) 了解搬运、装卸及库存情况，弄清楚装货和卸货的预计次数和特点，流通中转及目的地装卸条件的机械化，搬运操作的文明程度，运输前后及中途存放时间和条件等。

(4) 了解运输途中或目的地的气候条件，弄清楚温度、相对湿度的可能范围，有无凝结水珠的可能性，是否会遭暴雨袭击，是否会受海水侵害，所经受大气压的范围，尘土、空气污染等情况。

3. 注意包装各功能间的平衡

包装就是要做到在合理地保护产品安全的基础上，尽量降低包装成本，减少物流费用。这一问题实质上是做好包装各种功能之间的综合平衡工作。

运输包装的保护功能的增强，将减少运输、储存环节为包装的不可靠而支付的费用；另一方面，包装保护功能的增强，将导致材料费、设备费、人工费、技术引进费等费用的增加，结果是包装费用的增加。因此，为了求得上述功能间的合理平衡，就需要设计出在技术经济上最优的运输包装，使产品可靠地从产地到达客户手中，在包装费用与物流费用之间保持平衡。合理包装并不是可靠度最高的包装，而是运输包装各功能之间平衡的一种包装。

第二节 流通加工

仓储过程伴随着加工作业，常被称为流通加工，它是一种具有高附加价值的作业形式，主要着眼于满足客户的个性化需要，提高服务功能，是一种低投入、高产出的加工形式。

一、流通加工的基本形式和类型

(一) 流通加工的基本形式

1. 钢板剪裁，套裁下料

各种钢材（钢板、型钢、线材等）的长度、规格有时不完全适用于客户，如热轧厚钢板等板材最大交货长度可达 7m～12m，有的是成卷交货，对于使用钢板的客户来说，如果采用单独剪板、下料方式，设备闲置时间长、人员浪费大、不容易采用先进方法，可以采用集中剪板、集中下料方式，避免单独剪板、下料的一些弊病，提高材料利用率。

2. 原木开木下料

木材流通加工可依据木材种类、地点等，决定加工方式。在木材产区可对原木进行流通加工，使之成为容易装载、易于运输的形状。第一，磨制木屑、压缩输送。木材是容重轻的物资，在运输时占有相当大的容积，装车、捆扎也比较困难。从林区外送的原木中有相当一部分是造纸材，可以将其制成便于运输的形状，以供进一步加工，这样可以提高原木利用率、出材率，也可以提高运输效率，具有相当客观的经济效益。第二，集中开木下料。在流通加工点将原木锯截成各种规格锯材，同时将碎木、碎屑集中加工成各种规格板，甚至还可进行打眼、凿孔等初级加工。过去客户直接使用原木，不但加工复杂、加工场地大、加工设备多，更严重的是造成资源浪费严重，木材平均利用率不到50%，平均出材率不到40%。实行集中下料、按客户要求供应规格料，可以使原木利用率提高到95%，出材率提高到72%左右，有相当好的经济效益。

3. 煤炭流通加工有多种形式

（1）除矸加工。它是以提高煤炭纯度为目的的加工形式。一般煤炭中混入的矸石有一定发热量，混入一些矸石是被允许的，也是较经济的。但有时也不允许煤炭中混入矸石，如运力十分紧张的地区要求充分利用运力、降低成本，需要多运“纯物质”、少运矸石，在这种情况下，可以采用除矸的流通加工方法排除矸石。除矸加工可提高煤炭运输效益和经济效益，减少运输能力浪费。

（2）煤浆加工。利用管道运输方式运输煤浆，可以减少煤炭消耗、提高煤炭利用率。目前，某些发达国家已经开始将其投入运行，有些企业内部也采用这一方法进行燃料输送。

将煤炭制成煤浆采用管道输送是一种新兴的流通加工技术。这种方式不和现有运输系统争夺运力，输送连续、稳定、快速，是一种经济的运输方法。

（3）配煤加工。在使用地区设置集中加工点，将各种煤及一些其他发热物质，按不同配方进行掺配加工，生产出各种不同发热量的燃料，称为配煤加工。配煤加工可以按所需发热量生产和供应燃料，既可防止热能浪费和“大材小用”，又可防止发热量过小，不能满足使用要求。

4. 水泥的流通加工

（1）水泥熟料的流通加工。在需要长途运入水泥的地区，变运入成品水泥为运入水泥熟料这种半成品，即在该地区的流通加工点（磨细工厂）磨细，并根据当地资源和需要的情况掺入混合材料及添加剂，制成不同品种及标号的水泥供应给当地客户，这是水泥流通加工的一种重要形式。在国外，采用这种物流加工形式较多。

（2）集中搅拌混凝土。改变以粉状水泥供给客户，由客户在建筑工地现场拌制混凝土的惯用方法，而将粉状水泥输送到使用地区的流通加工点，搅拌成混凝土后再供给客户使用。这是水泥流通加工的另一种重要加工方法。这种流通加工方式，经济效益优于直接供应或购买水泥在工地现场搅拌制作混凝土。因此，这种水泥流通加工方式已经受到许多国家的重视。

5. 食品的流通加工

食品流通加工的类型种类很多。只要我们留意超市里的货柜就可以看出，那里摆放的各类洗净的蔬菜、水果、肉沫、鸡翅、香肠、咸菜等都是流通加工的结果。这些商品的分类、清洗、贴商标和条形码、包装、装袋等都是在摆进货柜之前就已进行的加工作业，这些流通加工都不是在产地进行，已经脱离了生产领域，进入了流通领域。食品流通加工的具体项目主要有如下几种：冷冻加工、分选加工、精制加工、分装加工等。此外，半成品加工、快餐食品加工也成为食品流通加工的组成部分。这种加工形式，节约了运输等物流成本，保护了商品质量，增加了商品的附加价值。

6. 机电产品的流通加工

多年来，机电产品的储运困难较大，主要原因是不易进行包装。如进行防护包装，就会导致包装成本过大，运输装载困难、装载效率低、流通损失严重等问题。但是这些货物有一个共同的特点，即装配比较简单，装配技术要求不高，主要功能已在生产中形成，装配后不需要进行复杂的检测及调试。所以，为了解决储运问题，降低储运费用，可以采用半成品大容量包装出厂、在消费地拆箱组装的方式。组装一般由流通部门在其所设置的流通加工点进行，组装之后随即进行销售，这种流通加工方式近年来已在我国广泛采用。

（二）流通加工的类型

根据不同的目的，流通加工具有不同的类型：

1. 为适应多样化需要的流通加工

生产部门为了实现高效率、大批量的生产，其产品往往不能完全满足客户的要求。这样，为了满足客户对产品多样化的需要，同时又要保证高效率的大生产，可将生产出来的单一化、标准化的产品进行多样化的改制加工。例如，对钢材卷板的舒展、剪切加工；对平板玻璃按需要规格进行开片加工；将木材改制成枕木、板材、方材等加工。

2. 为省力、方便消费的流通加工

根据下游生产的需要将商品加工成生产直接可用的状态。例如，根据需要将钢材定尺、定型，按要求下料；将木材制成可直接投入使用的各种型材；将水泥制成混凝土拌合料，使用时只需稍加搅拌即可使用；等等。

3. 为保护产品所进行的流通加工

在物流过程中，为了保护产品的使用价值，延长产品的寿命，防止产品在运输、储存、装卸搬运、包装等过程中遭受损失，可以采取稳固、改装、保鲜、冷冻、涂油等方式。例如，水产品、肉类、蛋类的保鲜、保质的冷冻加工、防腐加工；丝、麻、棉织品的防虫、防霉加工；等等。还有，为防止金属材料的锈蚀而进行的喷漆、涂防锈油等措施，运用手工、机械或化学方法除锈；木材的防腐朽、防干裂加工；煤炭的防高温自燃加工；水泥的防潮、防湿加工；等等。

4. 为弥补生产领域加工不足的流通加工

由于受到各种因素的限制，许多产品在生产领域的加工只能进行到一定程度，而不能完全实现终极的加工。例如，木材如果在产地完成成材加工或制成木制品的话，就会给运输带来极大的困难，所以，在生产领域只能加工到圆木、板、方材这个程度，进一步的下料、切裁、处理等加工则由流通加工完成；钢铁厂大规模的生产只能按规格生产，以使产品有较强的通用性，提高生产效率，取得较好的效益。

5. 为促进销售的流通加工

流通加工也可以起到促进销售的作用。比如，将过大包装或散装物分装成适合一次销售的小包装的分装加工；将以保护商品为主的运输包装改换成以促进销售为主的销售包装，以起到吸引消费者、促进销售的作用；将蔬菜、肉类洗净切块以满足消费者要求等。

6. 为提高加工效率的流通加工

许多生产企业的初级加工由于数量有限，加工效率不高，而流通加工以集中加工的形式，解决了单个企业加工效率不高的弊病。它以一家流通加工企业的集中加工代替了若干家生产企业的初级加工，促使生产水平有一定的提高。

7. 为提高物流效率、降低物流损失的流通加工

有些商品本身的形态使之难以进行物流操作，而且商品在运输、装卸搬运过程中极易受损，因此需要进行适当的流通加工加以弥补，使物流各环节易于操作，从而提高物流效率，减少物流损失。例如，造纸用的木材磨成木屑的流通加工，可以极大提高运输工具的装载效率；自行车在消费地区的装配加工可以提高运输效率，减少损失；石油气的液化加工，使很难输送的气态物转变为容易输送的液态物，也可以提高物流效率。

8. 为衔接不同运输方式、使物流更加合理的流通加工

在干线运输和支线运输的结点设置流通加工环节，可以有效解决大批量、低成本、长距离的干线运输与多品种、少批量、多批次的末端运输和集货运输之间的衔接问题。在流通加工点与大生产企业间形成大批量、定点运输的渠道，以流通加工中心为核心，组织对多个客户进行配送，也可以在流通加工点将运输包装转换为销售包装，从而有效衔接不同目的的运输方式。比如，散装水泥中转仓库把散装水泥装袋、将大规模散装水泥转化为小规模散装水泥的流通加工，就衔接了水泥厂大批量运输和工地小批量装运的需要。

9. 生产—流通一体化的流通加工

依靠生产企业和流通企业的联合，或者生产企业涉足流通，或者流通企业涉足生产，对生产与流通加工进行合理分工、合理规划、合理组织，统筹安排生产与流通加工，这就是生产—流通一体化的流通加工形式。这种形式可以促使产品结构及产业结构的调整，充分发挥企业集团的经济技术优势，是目前流通加工领域的新形式。

10. 为实施配送进行的流通加工

这种流通加工形式是配送中心为了实现配送活动，满足客户需要而对物资进行的加工。例如，混凝土搅拌车可以根据客户的要求，把沙子、水泥、石子、水等各种不同材料按比例要求装入可旋转的罐中。在配送路途中，汽车边行驶边搅

拌，到达施工现场后，混凝土已经均匀搅拌好，可以直接投入使用。

二、流通加工的合理化

流通加工合理化的含义是实现流通加工的最优配置，也就是对是否设置流通加工环节、在什么地方设置、选择什么类型的加工、采用什么样的技术装备等问题做出正确抉择。不仅要避免各种不合理的流通加工形式，而且要做到最优配置。

（一）不合理的流通加工形式

1. 流通加工地点设置的不合理

流通加工地点设置即布局状况是决定整个流通加工是否有效的重要因素。一般来说，为衔接单品种大批量生产与多样化需求的流通加工，加工地点设置在需求地区，才能实现大批量的干线运输与多品种末端配送的物流优势。如果将流通加工地设置在生产地区，一方面，为了满足客户多样化的需求，会出现多品种、小批量的产品由产地流向需求地的长距离的运输；另一方面，在生产地增加了一个加工环节，同时也会增加近距离运输、保管、装卸等一系列物流活动。所以，在这种情况下，应由原生产单位完成这种加工而无须设置专门的流通加工环节。

另外，一般来说，为方便物流的流通，流通加工环节应该设置在生产地，设置在进入社会物流之前。如果将其设置在物流之后，即设置在消费地，则不但不能解决物流问题，又在流通中增加了中转环节，因而是不合理的。

即使在产地或需求地设置流通加工的选择是正确的，还有流通加工在小地域范围内的正确选址问题。如果处理不善，仍然会出现不合理，比如交通不便，流通加工与生产企业或客户之间距离较远，加工点周围的社会环境条件不好等。

2. 流通加工方式选择不当

流通加工方式包括流通加工对象、流通加工工艺、流通加工技术、流通加工程度等。流通加工方式的确定，实际上是与生产加工的合理分工。分工不合理，把本来应由生产加工完成的作业错误地交给流通加工来完成，或者把本来应由流通加工完成的作业错误地交给生产过程去完成，都会造成不合理。

流通加工不是对生产加工的代替，而是一种补充和完善。一般来说，如果工艺复杂、技术装备要求较高，或加工可以由生产过程延续或轻易解决的，都不宜再设置流通加工。如果流通加工方式选择不当，就可能会出现生产争利的恶果。

3. 流通加工作用不大，形成多余环节

有的流通加工过于简单，或者对生产和消费的作用都不大，甚至有时由于流通加工的盲目性，同样未能解决品种、规格、包装等问题，却增加了作业环节，这都是流通加工不合理的重要表现形式。

4. 流通加工成本过高，效益不好

流通加工的一个重要优势就是它有较大的投入产出比，因而能有效地起到补

充、完善的作用。如果流通加工成本过高，则不能实现以较低投入实现更高使用价值的目的，势必会影响它的经济效益。

（二）实现流通加工合理化的途径

要实现流通加工的合理化，主要应从以下几个方面加以考虑：

1. 加工和配送结合

就是将流通加工设置在配送点中。一方面按配送的需要进行加工，另一方面加工又是配送作业流程中分货、拣货、配货的重要一环，加工后的产品直接投入到配货作业，这就无需单独设置一个加工的中间环节，而使流通加工与中转流通巧妙地结合在一起。同时，由于配送之前有必要的加工，可以使配送服务水平大大提高，加工和配送相结合在煤炭、水泥等产品的流通中已经表现出较大的优势。

2. 加工和配套结合

“配套”是指将使用上有联系的用品集合成套地供应给客户使用。例如，方便食品的配套。当然，配套的主体来自各个生产企业，如方便食品中的方便面，就是由其生产企业配套生产的。但是，有的配套不能由某个生产企业全部完成，如方便食品中的盘菜、汤料等。在物流企业进行适当的流通加工，可以有效地促成配套，大大提高流通作为供需桥梁与纽带的能力。

3. 加工和合理运输结合

我们知道，流通加工能有效衔接干线运输和支线运输，促进两种运输形式的合理化。利用流通加工，在支线运输转干线运输或干线运输转支线运输等这些必须停顿的环节，不进行一般的支转干或干转支，而是按干线或支线运输的合理要求进行适当加工，大大提高运输效率及运输转载水平。

4. 加工和合理商流结合

流通加工也能起到促进销售的作用，从而使商流合理化，这也是流通加工合理化的方向之一。加工和配送相结合，通过流通加工，提高了配送水平，促进了销售，使加工与商流合理结合。如通过简单地改变包装加工、形成方便的购买量，通过组装加工解决客户使用前进行组装、调试的难题，都是有效促进商流的很好例证。

5. 加工和节约结合

节约能源、节约设备、节约人力、减少耗费是流通加工合理化的重要考虑因素，也是目前我国设置流通加工并考虑其合理化的较普遍因素。

对于流通加工合理化的最终判断，是看其是否能实现社会和企业本身的两个效益，而且是否取得了最优效益。流通企业更应该树立社会效益第一的观念，以实现产品生产的最终利益为原则，在生产流通过程中以不断补充、完善为己任。如果只是追求企业的局部效益，不适当地进行加工，甚至与生产企业争利，就有违于流通加工的初衷，或者其本身已不属于流通加工的范畴。

第三节 分拣作业

一、分拣作业的含义及功能

分拣是将需要运送到特定目的地的产品进行汇集、识别、导入和分离的作业。分拣作业是依据客户的订货要求或送货计划，尽可能迅速、准确地将物品从其储位或其他区域拣取出来，并按一定的方式分类、集中，等待配装送货的作业过程。在仓储中心搬运成本中，分拣作业搬运成本约占90%，在劳动密集型仓储中心，与分拣作业直接相关的人力占50%。分拣作业时间约占整个中心作业时间的30%～40%。

二、分拣作业的基本过程

从实际运作过程来看，分拣作业是在拣货信息的指导下，通过行走和搬运拣取货物，按一定的方式将货物分类、集中。分拣作业的主要过程包括以下四个环节。

（一）拣货信息的产生

分拣作业必须在拣货信息的指导下才能完成。拣货信息来源于客户订单或送货单，拣货作业人员直接凭订单或送货单拣取货物。这种信息传递方式无法准确标识所拣货物的储位，延长了拣货人员寻找货物的时间和拣货行走路径。在国外，一般先将订单等原始拣货信息经过处理后，转换成“拣货单”或电子拣货信息，指导拣货人员或自动拣取设备进行拣货作业，以提高作业的效率和准确性。

（二）行走搬运

行走搬运是分拣作业人员或机器直接接触并拿取、移动货物的过程。其实现形式主要有三种：

（1）人员通过步行或搭乘运载工具到达货物储位；

（2）货物随自动化货架到达人员面前；

（3）在无人参与的自动分拣系统中，该过程完全由机械自动完成。

（三）拣货

拣货是按照拣选信息的指示提取货物并确认的过程，是分拣作业的核心。根据货物体积、重量、出货频率等的不同，分为手工、机械辅助及自动化设备等实现形式。

（四）分类或集中

分类或集中是为了衔接出货装运作业而进行的再加工，实际也有人力分货、机械辅助和自动分货机等实现形式。分拣作业流程是分拣系统业务流程的依据，合理利用机械、自动化设备，采用新技术可以节约作业时间，降低分拣错误率，是构建分拣系统的目标与关键。

三、分拣配货作业的方法

分拣配货作业是指根据特定的需要，将正在保管的商品取出的作业。分拣配货作业的作业速度、效率及出错率，直接影响到顾客的满意程度。

分拣配货是复杂的、工作量很大的物流活动，尤其当货品规格多而需求批量小时，如果需求频度很高，就必须在很短的时间内完成分拣配货工作。分拣配货作业常用的作业方法有拣选式和分拣式两种。

（一）拣选式配货作业

拣选式配货作业是分拣人员或分拣工具巡回于各个储存点并将所需货物取出，完成配货任务的作业，货位相对固定，而分拣人员或分拣工具做相对运动。

拣选式配货作业的基本流程是：储物货位相对固定，而拣选人员或工具做相对运动，所以又称作人到货前式工艺。形象地说，类似人们进入果园，在一棵树上摘下熟了的果子后，再转到另一棵树前摘果，所以又称之为“摘果式”或“摘取式”分拣。

拣选式配货作业根据设备水平、不同的需求以及作业量的大小，一般有以下几种形式。

1. 人工拣选

分拣作业由人来进行，人、货架、集货设备（货箱、托盘等）配合完成拣选配货作业，在实施时由人巡回或分段巡回于各货架之间，按各用户的需求拣货直至配齐。

2. 人工＋手推作业车拣选

分拣作业人员推着手推车巡回或分段巡回于货架之间，按需求拣货，直到配齐。它与人工拣选基本相同，区别于借助半机械化的手推车作业。

3. 机动作业车拣选

分拣作业员乘作业车辆，为一个用户或多个用户拣选。

4. 传动运输带拣选

分拣作业人员，只在附近几个货位进行拣选作业，传动运输带不停地运转，分拣作业人员按指令将货物取出放在传动运输带上，或者放入传动运输带上的容器内。传动运输带运转到末端时把货物卸下来，放在已划好的货位上等待装车发货。

5. 拣选机械拣选

自动分拣机或由人操作的叉车、分拣台车巡回于一般高层货架间进行拣选，或者在高层重力式货架一端进行拣选。

（二）分拣式配货作业

分拣式配货作业是分拣人员或工具从储存点集中取出各个用户共同需要的货物，然后巡回于各用户的货位之间，将货物按各用户需求量放在各自的货位上，再取出下一种共同需求商品，如此反复进行直至按用户需求将全部货物取出并分放完毕，同时完成了各个用户的分拣配货工作。

分拣式配货作业的特点是货位固定，分货人员或工具做相对运动，分拣式配货作业的分拣又被形象地称为“播种式分拣”。

分拣式配货工艺是集中取出众多用户共同需要的货物，再将货物分放到事先规划好的配货货位上。这就需要若干用户有共同的需求，形成共同的批量之后，再对用户的共同需求进行统计，同时规划好各用户的配货货位进行集中取出、分放配货的操作。这种配货工艺难度较大，计划性较强，容易发生错误。若干用户的需求集中后才开始分货，直到最后各种共同需要的货物分放完毕，各用户需求的配货工作才算完成。之后，同时开始对各用户进行装车送达工作。这样有利于合理调配车辆，合理使用配送路线，便于综合考虑，统筹安排，发挥规模效益。分拣式配货作业有以下几种方式。

1. 人工分货

在货物体积较小、重量较轻的情况下，人工从普通货架或重力式货架上一次取出若干用户共同需求的某种货物，然后巡回于各配货货位之间，将货物按用户订单上的数量进行分放，完成后再取第二种货物，如此反复直至分货完成。适合人工分货的有药品、钟表、化妆品、小百货等。

2. 人工＋手推作业车分货

分拣作业人员利用手推车至一个存货点，将各用户共同需求的某种货物取出，利用手推车的机动性可在较大范围巡回分放。

3. 机动作业车分货

用台车、平板作业车一次取出数量较多、体积或重量较大的货物，有时可借助叉车、巷道起重机一次取出单元货载，然后由分拣作业人员驾车巡回分放。

4. 传动运输带＋人工分货

传动运输带一端和货物储存点相接，另一端同用户的配货货位相接。传动运输带运行过程中，一端分拣作业人员集中取出各用户共同需要的货物，置运输带上运输到各货位，另一端分拣作业人员取下该货位所需的货物。这种方式一般同重力式货架相配合，而且传动运输带不宜过长。

5. 分拣设备自动分货

这是运用现代化高新技术的分拣作业方式。自动分拣设备在一端取出多用户共同需求的货物，置分拣设备运输带上运行，按计算机预先设定的指令，在与分支机构连接处自动打开出口，使货物进入分支机构，分支机构的终点是分店集货货位。有时配送车辆直接停在分支机构的终端，所分货物直接分货装车。

四、分拣系统的应用现状及趋势

（一）国外自动分拣系统的广泛应用

以美国、日本及欧洲为代表的发达国家和地区，在分拣系统的应用上呈现出自动化程度越来越高的特点。在自动分拣系统中，人员的使用仅局限于进货时的接货、系统的控制、系统的经营、管理与维护等，这恰好适应了国外企业对减少人员使用、减轻员工劳动强度、提高人员使用效率的要求。自动分拣系统已被广泛应用于医药、化妆品制造等行业企业，如日本资生堂、花王、大木株式会社等。自动分拣机作为自动分拣系统中的关键设备，每小时可达 6000～12000 箱的高分拣效率。日本的连锁商业企业（如西友、日生协、高岛屋等）和宅急便企业（大和、西浓、佐川等）均普遍使用自动分拣机；在日本唱片中心，新出版的 CD 及录像带，也利用高端机器人自动分拣机拣货。

尽管自动分拣系统有非常多的优点，但因其要求使用者必须具备一定的技术经济条件，在发达国家，物流中心、配送中心或流通中心不用自动分拣系统的情况也很普遍。除自动分拣系统外，国外对于计算机辅助拣选系统的利用也相当普遍。在流通领域，特别是连锁超市、便利店的仓储配送中心都广泛使用电子标签、RF 等计算机辅助拣选系统。

（二）国内研发适合自己的分拣系统和技术

我国由于物流业起步晚，分拣系统中人工作业的比例较高。与整个物流业的大环境相似，我国在分拣系统和分拣技术方面相对于发达国家还比较落后，人工作业的情况仍比较普遍，电子标签、RF 技术等辅助拣选系统的生产和使用还不多，自动分拣系统的应用更是寥寥无几。总之，我国分拣系统的应用呈现出集约化程度低、自动化系统和设备应用范围狭窄的特点。

阻碍自动化分拣系统发展的因素有很多，有些与我国整个物流业存在的问题相一致，物流标准化就是我国物流业长期关注的一个问题。商品的条码化、包装的标准化等都是自动化分拣系统得以顺利运行的保证，但由于我国商品包装箱上很多没有印刷条码，商业系统至今尚没有认真考虑过运用自动分拣机。自动化系统和设备的价格问题也是另一个阻碍因素，小企业一般无力购进高价设备。

在自动拣选技术方面，自动分拣技术在 20 世纪 70 年代被引入国内，我国的邮政系统最早并已多年使用自动分拣设备，并在长期的实践中不断创新、不断进步。国内的一些物流配送中心也开始结合自身特点，采用高技术含量的系统和设备来提高分拣配送效率。

习题六

（1）货物包装材料应具备哪些性能？

（2）简述常见的货物包装材料及其性能特点。

（3）货物包装的技术方法有哪些？

（4）包装技法的选择应考虑哪些因素？

（5）流通加工有哪些基本形式和类型？

(6) 如何实现流通加工的合理化?

(7) 分拣作业的主要过程包括哪几个环节?

(8) 分拣配货作业的方法有哪些?

案例导读　日本的食品包装

在日本，食品界掀起了“绿色包装”革命，很有成效，一些公司采取了较好的包装做法。

他们不搞华丽的外包装，而是千方百计地节约加工费用，节省材料，降低成本。日本90%的牛奶都是以有折痕线条的纸盒包装出售，这本身就是对使用者的很好教育，使小孩自小就接触和使用有环保功能的“绿色”产品。这种容易压扁的包装不但生产成本较低，而且能够减少占用的空间，方便送往再循环系统，减少运输成本。日本常见的饮料 Yakltt 健康饮品使用一种底部可以撕开、进行了特别设计的杯形容器。在撕开底部后，人们能够轻易地把容器压扁，方便再循环。日本东京每年都举行包装设计比赛，获奖的包装设计将被广泛应用。其中一种获奖的饮料包装由100%再循环的纸板盒和盒子内盛饮料的袋子组成，人们能够较轻易地把纸盒和袋子分开，送去再循环时就较容易处理。另一种开始被消费者接受的新包装设计是立式袋，由于开袋子比开瓶子更容易使内部液体溢出，因此此种袋子的开口都进行了特别设计，以方便打开。

日本味之素公司设计推出的包装，丝毫没有显现华丽的外表，而是用白色单瓦楞纸进行最节省的包装，标贴印刷也朴实无华。日本三得利公司推出的啤酒易拉罐包装，喝完以后只要按其罐体形态提示的方向，左右扭曲便可缩小体积，方便回收。

日本“绿色包装”的优秀设计，大多数能减少再循环时的困难，更重要的是它有利于维护人体的健康。日本一些专家认为，许多没有包装必要的食品，完全可以放弃包装。例如一些蔬菜、水果，可以不需要销售包装，这样有助于保持蔬菜、水果的营养与新鲜。

案例思考

(1) 目前，我国食品包装的现状是什么？是否存在不合理包装？

(2) 在对商品包装时，应重点考虑哪些因素？

(3) 从案例中你能得到哪些启示？

第七章 配 送

【学习目标】 通过学习本章，要求掌握配送的概念与特点、配送的类型、配送的环节与主要业务模式，以及配送的作业流程；熟悉电子商务条件下的配送以及配送的组织实现模式；了解配送的形成与发展过程。

第一节 配送概述

一、配送的含义与特点

（一）配送的含义

1. 多种配送概念的表述

（1）日本工业标准中的定义：将货物从物流节点送交收货人。

（2）日本 1991 年版《物流手册》的定义：生产厂家到配送中心之间的物品空间移动叫“运输”，从配送中心到顾客之间的物品空间移动叫“配送”。

（3）美国《物流管理供应链过程的一体化》的定义：实物配送这一领域涉及将制成品交给顾客的运输……实物配送过程，使服务顾客的时间和空间需求成为营销的一个组成部分。

（4）我国一些专家学者的定义：配送是以现代送货形式实现资源最终配置的经济活动；按用户订货要求，在配送中心或其他物流节点进行货物配备，并以最合理方式送交用户。

2. 配送的内涵

“配送”在《中华人民共和国国家标准物流术语》中被定义为：在经济合理区域范围内，根据客户要求，对物品进行拣选、加工、包装、分割、组配等作业，并按时送达指定地点的物流活动。

从物流角度来讲，配送几乎包括了所有的物流功能要素，是物流的一个缩影或在某个小范围内物流全部活动的体现。一般的配送集装卸、包装、保管、运输于一身，通过一系列活动将货物送达目的地。特殊的配送还要以加工活动为支撑，所以包括的范围更广。但是配送的主体活动与一般物流活动还是有很大不同，如分拣配货就是配送的独特要求。从商流角度来讲，配送和物流的不同之处在于，物流是商物分离的产物，而配送则是商物合一的产物，配送本身就是一种商业形式。虽然在具体实施配送时，也有以商物分离形式实现的，但从配送的发展趋势看，商流与物流结合得越来越紧密，是配送成功的重要保障。

具体来讲，配送包含了以下五个内容：

(1) 整个概念描述了接近客户资源配置的全过程。配送的资源配置作用是“最终配置”，因而是接近客户的配置。

(2) 配送的实质是送货。配送是一种送货，但和一般送货又有所区别。一般送货可以是一种偶然的行为，而配送是一种有固定的场所和组织形态，有专业化的管理队伍、实施设备和技术力量的高水平送货形式。

(3) 配送是一种“中转”形式。配送是“中转”型送货，而一般送货，尤其从工厂至客户的送货往往是直达型；一般送货是有什么送什么，配送则是客户需要什么送什么。所以，要做到客户需要什么送什么，就必须在一定的中转环节筹集这种需要，从而使得配送以中转形式出现。

(4) 配送是“配”和“送”的有机结合。配送与一般送货的重要区别在于，配送利用有效分拣、配货等作业，使送货达到一定的规模，并利用规模优势取得较低的送货成本。如果不进行分拣、配货，有一件运一件，需要一点送一点，就会大大增加资源的消耗，使得送货并不优于取货。

(5) 配送以客户要求为出发点。配送是从客户利益出发，按客户要求进行的一种活动，因此，在观念上必须明确“客户第一”、“质量第一”。配送企业处于服务地位而不是主导地位，因而不能从本企业利益出发而应从客户利益出发，在满足客户利益基础上获取本企业的利益。更重要的是，不能利用配送损害客户利益或控制客户，不能利用配送作为部门分割、行业分割、市场割据的手段。当然，过分强调“按客户要求”是不妥的，客户要求受客户自身的局限，有时会损害自身或双方的利益。配送必须以“客户要求”为依据，但是不能盲从，应该追求其合理性，进而指导客户，实现共同受益。

(二) 配送的特点

配送是按客户需求进行的商品组配与送货活动，它作为物流系统的重要组成，具有自身的一些特点。

1. 配送是一种末端物流活动

配送对象是零售商、加工点、消费者或终端客户，配送作业是与长距离、大批量运输相连接的为终端客户提供的短距离、小批量的物流服务活动。因此，配送处于供应链的末端，是一种末端的物流活动。

2. 配送是“配”和“送”的有机结合

配送包含“配”和“送”，与一般的送货有所区别。一般的送货主要体现为生产企业和商业企业的营销活动，通过送货实现销售或促进销售的目的，而配送是以合理集货为前提，利用有效的分拣、配货等理货工作，使送货达到一定的规模，利用规模优势取得较低的送货成本，满足客户需要，使客户满意。配送的优势体现在分拣、配货作业，这是配送与一般送货的重要区别。

3. 配送是以客户需求为出发点的物流活动

配送是以客户订单为核心、满足客户要求的服务活动，充分体现了客户的主导地位。配送的物品、时间、数量、品种、规格、地点都必须按客户要求进行，以客户满意为服务目标。

4. 配送是物流和商流有机结合的商业流通模式

配送融合了商流、物流，它是一种有效的商业模式。配送作业的起点是集货，必然包括订货、交货等商流活动。在消费者主导的买方市场形态下，商流的有效组织离不开物流的支持，同样，以技术和网络主导的电子商务也离不开有效的配送。因此，配送是一种商流和物流有机结合的商业模式。

5. 配送是一种小范围、综合性的物流活动

配送是综合性、一体化的物流活动。配送过程包含采购、运输、储存、装卸、搬运、分拣、配货、配装、流通加工、送货、送达服务和物流信息处理等多项物流活动。

二、配送的类型

配送可以从不同的角度加以分类，以满足不同产品、不同企业的需要。

（一）按配送主体分类

1. 配送中心配送

配送中心是从事配送业务的场所，它借助网络技术、配送管理信息系统、现代物流技术和现代物流设施，为客户提供专业的配送服务。

配送中心专业性强，和客户有固定的配送关系，通常有较大规模的存储、分拣、输送系统和设施，配送品种多、配送数量大，可以承担企业主要物流的配送及补充配送等，是配送的主要形式。

2. 商店配送

商店配送是由商业或其他流通企业的门市网点，根据客户的要求，将商店经营的品种配齐运送给客户，或者代客户外购一部分本商店不经营的商品，然后与商店经营的品种一起配齐运送给客户。

商店配送的组织者一般实力有限，往往是针对零售商品的少量配送，配送的商品种类繁多，客户的需求量并不大，很难与大型配送中心建立计划配送关系，因此常常利用小零售网点从事此项工作。商店及物流零售网点由于数量较多，配送半径较小，配送比较机动灵活，可以承担生产企业非主要物资的配送以及针对消费者个人的配送。可以说，商店配送是配送中心配送的辅助及补充形式。

3. 仓库配送

仓库配送是以库房、货场作为物流据点组织的配送。它可以把仓库完全改造成配送中心，也可以在保持仓库原功能的前提下，增加一部分配送职能。由于原仓库并不是专门设计和建立的配送中心，因此仓库配送的规模较小，配送的专业化较差。仓库配送是开展中等规模的配送可以选择的形式，同时也是较为容易利用现有条件而不需大量投资的形式。

4. 生产企业配送

生产企业配送的组织者是生产企业，尤其是进行多品种生产的生产企业，产品直接由企业配送，而不需要将产品发送到配送中心。由于减少了一次物流中转，所以有其一定的优势。

生产企业配送需要有较为完善的配送网络和较高的配送管理水平，适用于生产地方性较强产品的生产企业，如食品、饮料、百货的生产企业等。某些不适用于中转的化工产品及地方建材也常常采用这种方式配送。

（二）按配送物资种类及数量分类

1. 单（少）品种大批量配送

企业需求量较大的商品，如A类商品，单独一个品种或几个品种就可达到较大输送量，实行整年运输，这样的商品往往不需要再与其他商品搭配，可由专业性很强的配送中心实行配送。配送量大，可使车辆满载并使用大吨位车辆，配送中心的内部设置、组织、计划等工作也比较简单，因而配送成本较低。

2. 多品种、小批量配送

现代企业生产除了需要几种主要物资外，对于B、C类的物资品种数需求远高于A类主要物质，B、C类的品种数多，但单品种需求量小，多品种、小批量配送有助于生产企业降低B、C类物资的库存资金占用。类似的情况也存在于向零售店补充一般生活消费品的配送。

3. 配套成套配送

按企业生产需要，尤其是装配企业生产需要，将生产每一台件产品所需全部零部件配齐，按生产节奏定时送达生产企业，生产企业随即可将此套零部件送入生产线装配产品。在这种配送方式下，配送企业承担了生产企业大部分供应工作，使生产企业专心致力于生产，与多品种、小批量配送效果相同。

（三）按配送时间及数量分类

1. 定时配送

定时配送即按客户规定的时间间隔进行配送，每次配送的品种及数量可按计划执行，也可在配送之前联络确定配送品种及数量，但如果要求配送数量变化较大时，会使配送运力安排出现困难。

2. 定量配送

定量配送即按客户规定的批量在一个指定的时间范围内进行配送。由于时间未严格限定，配送中心可以将不同客户所需物品凑整车配送，提高车辆满载率，节省运力。

3. 定时定量配送

定时定量配送即按客户规定的配送时间和配送数量配送，配送计划不容易制订，特殊性较强。

4. 定时、定路线配送

定时、定路线配送即按规定的运行路线制订到达时间表，按运行到达时间表进行配送，客户可按规定路线及规定时间提出配送要求。采用这种方式有利于安排车辆及驾驶人员。在配送客户较多的地区，也可免去过分复杂的配送要求所造成的配送组织及车辆安排的困难。

5. 即时配送

即时配送即是完全按客户要求的时间和数量进行配送。这种方式是以某天的任务为目标，在充分掌握了这一天的需要地、需要量和需要种类的前提下，即时安排最优的配送线路并安排相应的配送车辆实行配送，是一种水平较高的配送方式。

（四）按配送组织形式分类

1. 集中配送

集中配送是由专门从事配送业务的配送中心对多家客户开展的配送。配送中心规模大、专业性强，可与客户确定固定的配送关系，实行计划配送。集中配送的品种多、数量大，一次可同时对同一线路上几家客户进行配送。

2. 分散配送

分散配送针对小量、零星货物或临时需要的配送业务，一般由销售网点进行配送。销售网点具有分布广、数量多、服务面广等特点，比较适合开展距离近、品种繁多而用量小的物资配送。

（五）按经营内容形式分类

1. 销售配送

销售配送是以销售经营为目的、以配送为手段的配送方式，是销售型企业所进行的促销性配送。销售配送的对象往往是不固定的，配送的经营情况取决于市场状况，配送的随机性较强、计划性较差。许多商店或连锁超市的配送一般属于销售配送。

2. 供应配送

供应配送是企业为了自己的供应需要所采取的配送方式，由企业、企业集团组建配送据点，集中大批量进货以求取得采购价格优惠，然后向本企业、本企业集团内若干部门企业配送。这种配送方式在大型企业、企业集团、联合公司中采用较多。

3. 销售—供应一体化配送

销售企业对于基本固定的客户和基本确定的配送商品，可以在自己销售的同时承担向客户有计划供应的职能，起到既是销售者又是客户的供应代理人的双重作用。销售—供应一体化配送是配送经营的重要形式，它有利于形成稳定的供需关系，有利于采取先进的计划方式和技术方式，有利于保持流通渠道畅通稳定，因而受到人们的关注。

4. 代存代供配送

客户将属于自己的商品委托配送企业代存、代供，然后组织对其配送。这种配送在实施时不发生商品所有权的转移，配送中心只是客户委托的代理人，商品所有权在配送前后都属于客户所有，所发生的只是商品位置的转移。配送中心只从代存、代供中取得效益，而不能取得商品销售的经营性效益。

5. 代理配送

代理配送情况一般与销售配送一致，只是在开展配送业务组织货源时不用配送企业提供货款。配送企业只是受生产者委托代销商品，对配送商品不拥有所有权，不能取得商品销售的经营性收益，只能按销售额的一定比例获取佣金。这种配送方式对配送企业比较有利，同时也是发展现代化物流的一项重要内容。

三、配送的形成与发展

（一）配送的产生

配送作为现代物流和现代商贸流通的核心职能，是在变革和发展仓储业的基础上发展起来的，从某种意义上讲，配送是仓储功能的扩大化和强化。传统仓储业的基本功能是保持储存货物的使用价值，为生产和经营的连续运转及百姓生活的正常进行提供保障。随着市场节奏的加快，社会分工不断扩大，竞争日趋激烈，迫切要求缩短流通时间和减少库存资金的占用，急需社会流通组织提供系列化、一体化和多项目的后勤服务。许多经济发达国家的仓储业开始调整内部结构、扩大业务范围、转变经营方式，以适应市场变化对仓储功能提出的新要求。很多老式仓库转变为物流配送中心，其功能由货物的“静态储存”转变为“动态储存”，其业务活动由原来单纯的储存保管变为向社会提供多种服务，并把入库、保管、加工、分拣、配送、输送等作业连为一个整体。从服务方式上看，变革以后的仓库可以主动为客户提供“门到门”的服务，这样，配送就形成和发展起来了。

（二）配送的发展

现代配送的雏形最早出现于20世纪60年代初期。在这个时期，物流活动中的一般性送货开始向备货、送货现代化方向转化。随着经济发展速度的逐步加快，商品市场的竞争日趋激烈以及由此带来的货物运输量急剧增加，使配送得到了进一步的发展。总体来讲，配送的发展大体上历经了三个阶段，即萌芽阶段、发育阶段和成熟阶段。

1. 萌芽阶段

配送的雏形最早出现于20世纪60年代初期。在这个时期，物流系统中的一般性送货开始向备货送货一体化方向转化。从形态上看，初期的配送只是一种粗放型、单一性的活动，其活动范围很小，规模也不太大。在这个阶段，企业开展此活动的主要目的是为了促进产品销售和提高其市场占有率。因此，在发展初期，配送主要是以促销手段的职能来发挥其作用的。

2. 发育阶段

20世纪60年代中期，在一些发达国家，随着经济发展速度的逐步加快、货物运输量的急剧增加和商品市场竞争的日趋激烈，配送得到进一步发展。在这个时期，一些欧美国家的实业界相继调整了仓库结构，组建或设立了配送组织（配送中心），普遍开展了货物配装、配载及送货上门活动。期间，不但配送的种类日渐增多（除了种类繁多的服装、食品、药品、旅游用品等生活用品外，还包括不少生产资料产品），其活动范围也在不断扩大。例如，在美国，已经开展了洲际间的配送；在日本，配送的范围则由城市扩大到了区域。从配送形式和配送组织上看，这一阶段曾试行了“共同配送”，并且建立起了配送体系。

3. 成熟阶段

20世纪80年代以后，受多种因素影响，配送有了长足发展。在这个阶段，配送已演化成了广泛的、以高新技术为支撑手段的系列化、多功能性的供货活动，具体表现在以下四个方面。

（1）配送区域进一步扩大。近几年，实施配送制的国家已不再限于发达国家，许多发展中国家（如中国）也按照流通社会化的要求试行了配送制，并且积极开展了配送活动。就发达国家而言，20世纪80年代以后，配送的活动范围已经扩大到了省际和国际。例如，以商贸业立国的荷兰，货物配送的范围已扩大到了欧盟诸国。

（2）配送技术日益先进。技术不断更新、配送手段日益先进，是成熟阶段配送活动的一个重要特征。进入20世纪80年代以后，发达国家在开展配送活动的过程中，普遍采用了诸如自动分拣、光电识别、条形码等先进技术，并且建立了配套的体系、配备了先进的设备（如无人搬运车、分拣机等），由此，大大提高了配送作业效率。据介绍，企业有的工序因采用先进技术和先进设备，工作效率提高了5～10倍。

（3）配送的集约化程度明显提高。20世纪80年代以后，随着市场竞争日趋激烈，企业兼并速度明显加快，配送组织（企业）的数量逐步减少，但是，其总体实力和经营规模却与日俱增，配送的集约化程度不断提高。

四、电子商务条件下的物流配送

电子商务是20世纪后期出现的新生事物，到目前为止也不过30多年的时间，但它却正在以难以想象的速度渗入社会生活，人类悄然迎来了一个新的时代——电子商务时代，即e时代。

(一) 电子商务对传统物流配送的影响

电子商务是指利用IT技术对整个商务活动实现电子化的总称。电子商务与传统商务的本质区别，就是它以数字化网络为基础进行商品、货币和服务贸易，目的在于减少信息社会的商业中间环节，缩短经营周期，降低经营成本，提高经营效率，提升服务质量，从而使企业能够在激烈的竞争中抢占时机，赢得胜利。

电子商务为物流创造了一个虚拟性的运动空间。在电子商务的条件下，人们在进行物流活动时，物流的各种职能及功能可以通过虚拟化的方式表达出来。在这种虚拟化的过程中，人们可以通过各种组合方式，寻求物流的合理化，使商品实体在实际的运动过程中效率最高、费用最省、距离最短、用时最少。

1. 电子商务引起物流配送的观念改变

传统的物流配送企业需要置备大面积的仓库，而电子商务网络化的虚拟企业将散置在各地的分属不同所有者的仓库通过网络系统连接起来，使之成为"虚拟仓库"，进行统一管理和调配使用，放大了服务半径和货物集散空间。这样的企业在组织资源的速度、规模、效率和合理配置资源方面都是传统的物流配送企业所不可比拟的，由此引起相应的物流配送的观念更新。

2. 电子商务引起物流配送的运作方式改变

传统的物流配送活动在其运作过程中，不管是以生产力为中心，还是以成本或利润为中心，实质都是以商流为中心，从属于商流活动，因而物流配送的运动方式是紧紧伴随着商流而运动。在电子商务条件下，物流配送的运作是以信息为中心的，信息不仅决定了物流配送的运动方向，也决定了物流配送的运作方式。在实际运作过程中，通过网络式的信息传递，可以有效地实现对物流配送的控制，实现物流配送的合理化。

3. 电子商务引起物流配送企业的经营形态改变

(1) 电子商务改变了物流配送企业对物流的组织和管理。在传统经济条件下，物流配送往往是从某一企业角度进行组织和管理的，而电子商务则要求物流配送从社会的角度来实行系统的组织和管理，以打破传统物流配送的分散状态。这就要求企业在组织配送物流的过程中，不仅要考虑本企业的物流组织和管理，而且更重要的是要考虑全社会的整体系统效益。

(2) 电子商务改变了物流配送企业的竞争状态。在传统经济活动中，物流配送企业之间存在激烈的竞争，这种竞争往往是围绕企业提供优质服务、降低物流费用等方面进行的。在电子商务时代，这些竞争内容虽然依然存在，但其有效性却大大降低了。原因在于电子商务需要一个全球性的物流配送系统来保证商品实体的合理流动，对于一个企业来说，它的规模再大，也是难以达到这一要求的。这就要求物流配送企业相互联合起来，在竞争中形成一种协同竞争的状态，实现物流配送的系统化、合理化和高效化。

4. 电子商务促进物流配送基础设施的改善以及物流技术与物流管理水平的提高

（1）电子商务将促进物流配送基础设施的改善。电子商务高效率和全球性的特点，要求物流配送也必须达到这一目标。物流配送要达到这一目标，良好的交通运输网络、通信网络等基础设施则是最基本的保证。

（2）电子商务将促进物流技术的进步。物流技术主要包括物流硬技术和物流软技术。物流硬技术是指在组织物流过程中所需的各种材料、机械和设施等；物流软技术是指组织高效率的物流所需的计划、管理、评价等方面的技术和管理方法。从物流环节来考察，物流技术包括运输技术、保管技术、装卸技术、包装技术等。物流技术水平的高低是影响物流效率高低的一个重要因素，对于建立一个适应电子商务运作的高效率物流系统来说，提高物流的技术水平举足轻重。

（3）电子商务将促进物流管理水平的提高。物流管理水平的高低直接决定和影响着物流效率的高低，也影响着电子商务高效率优势的实现。只有提高物流管理水平，建立科学合理的管理制度，将科学的管理手段和方法应用于物流管理，才能确保物流配送的畅通，实现物流配送的合理化和高效化，促进电子商务的发展。

5. 电子商务对物流配送人才提出了更高的要求

电子商务要求物流配送管理人员不仅要具有较高的物流管理水平，而且要具有较丰富的电子商务知识，并在实际的运作过程中，能将两者有机地结合在一起。

（二）我国电子商务配送特点

根据国内外物流配送业务的发展状况，在电子商务时代，信息化、现代化、社会化的新型配送可归纳为以下特点：

1. 配送反应速度快

在电子商务条件下，物流配送服务提供者对上游、下游的物流配送需要的反应速度越来越快，前置时间越来越短，配送时间越来越短，物流配送速度越来越快，商品周转次数越来越多。

2. 配送功能集成化

在电子商务条件下，物流配送着重于将物流与供应链的其他环节进行集成，包括物流渠道与物流渠道的集成、物流功能的集成、物流环节与制造环节的集成等。

3. 配送服务系列化

在电子商务条件下，物流配送除了传统储存、运输、包装、流通加工等服务外，还在外延上扩展至市场调查与预测、采购及订单处理、物流配送咨询、物流方案的选择与规划、库存控制策略建议、货款回收与结算、教育培训等增值服务，提高了以上服务对决策的支持作用，实现了配送服务的系列化。

4. 配送作业规范化

在电子商务条件下，物流配送强调功能作业流程及运作的标准化和程序化，使复杂的作业变成简单的运作。

5. 配送目标系统化

在电子商务条件下，物流配送从系统角度统筹规划一个企业整体的各种物流配送活动，处理好物流配送活动与商流活动及企业目标之间、物流配送活动与物流配送活动之间的关系，不求单个活动的最优化，但求整体活动的最优化。

6. 配送手段现代化

在电子商务条件下，物流配送使用先进的技术、设备与管理为生产和销售提供服务，随着生产和销售规模的越来越大，物流配送技术、设备及管理越来越现代化。

7. 配送组织网络化

分散的物流配送个体只有形成网络才能满足现代化生产与流通的需要。在电子商务条件下，为了保证对产品促销提供快速、全方位的物流支持，物流配送要有完善、健全的网络体系，网络中点与点之间的物流配送活动要保持系统性和一致性，确保整个物流配送网络有最优的库存总水平及库存分布，使得运输与配送快捷机动，既能铺开又能收拢。

8. 配送经营市场化

在电子商务条件下，物流配送的具体经营采用市场机制，无论是企业自己组织物流配送，还是委托社会化物流配送企业承担物流配送任务，都以“服务于成本”的最佳平衡为目标。

（三）我国电子商务配送存在的问题

由于电子商务蕴藏着巨大的商机和利润，各国政府，无论是发达国家，还是发展中国家，都对电子商务投入极大的热情，从政策上、资金上予以帮助支持。国内外无数企业，更是对电子商务倾注了大量的人力、物力和财力，欲通过电子商务活动，来提高自身的竞争优势。但是，目前摆在人们面前的事实是，电子商务为大多数企业带来的不是滚滚利润，而是严重的亏损。

网络基础设施、支付手段、安全认证、物流配送是电子商务的四个“门槛”，是制约电子商务发展的四座“大山”。随着电子信息技术的发展、金融网络系统的完善、信用卡标准的统一以及信息安全保密体制的改进，上述许多问题都得到了缓解，而物流配送问题则成为了电子商务发展的瓶颈问题。

物流配送是完成电子商务完整交易过程的一个非常重要的环节，它是实现整个交易过程的最终保证。目前困扰着我国电子商务发展的物流配送问题主要有以下几个方面：

1. 商品配送成本过高

电子商务公司的配送不仅面向批发商和零售商，还要直接面对大批的最终消费者，因电子商务不受时间、地域上的限制，因此较难形成集中的成规模的配送流量，造成配送任务复杂而琐碎，成本居高不下。假设消费者可以从网上订购鲜花，那么鲜花配送就是一个很难解决的问题。目前绝大多数电子商务公司和它的配送伙伴都直接让客户承担送货成本，出现了有的商品配送费用甚至高于商品售价的现象。

2. 商品仓储费用高

尽管电子商务免除了店面成本，但是商品的仓储费用仍然是一笔很大的开支。相对于电子商务其他方面的资金投入，商品仓储的费用支出显得有点无可奈何。一方面，电子商务企业想把主要精力投入到技术更新和市场开发上，而把商品仓储等传统业务交由其他公司去完成；另一方面，由于社会上仓储业的发展不能满足电子商务的要求，从而使得电子商务企业不得不花大量的精力与物力去开拓仓储业，增加电子商务商品的成本。

3. 配送渠道不完善

现代电子商务企业对商品配送的渠道主要有以下三种：

（1）自己建立配送网络，组建配送队伍，独立完成配送业务。建立一个社会化的配送网络投资巨大，如果每个企业都组织和管理自己的整个网络，不仅很困难，而且规模效应可能得不偿失。如果企业规模不大，配送量过小，必然会造成亏本。

（2）电子商务企业与其他的配送公司签订配送协议，交给他人完成配送业务。由于电子商务企业与这些独立的配送公司在信息沟通、账务交易、经营管理上存在一定的差距，形成配送操作系统与电子商务平台的脱节，往往出现配不及时、送错货等让商家与客户都不满意的现象。

（3）采取网上购物，网下就近商店付款取货的形式。这种形式增加了商店的店面成本，而且不能实现“送货到家”，由此降低了电子商务的服务质量。

（四）我国电子商务配送的模式

我国从事电子商务的公司为解决物流配送的问题，主要采取以下方式：

（1）建立自己的配送渠道和设施，依靠自己的能力搞配送。这是具有雄厚实力的电子商务公司常采取的物流策略。

（2）委托专业物流配送机构完成商品配送。这种方式比较适合我国国情，可进一步向独立第三方物流发展，但应解决好目前矛盾比较集中的商品配送价格等问题。

（3）与百货商店、连锁店、邮政快递等原有配送网络联合、协作，共同完成物流配送。这种方式将电子商务配送与传统物流配送一体化，有利于集中使用物流资源，优化物流配送网络，应予以提倡和鼓励。该方式可进一步向供应链管理发展，但应解决传统企业信息化程度低、配送渠道和设施不完善等问题。

(4) 自营和外包相结合的配送模式。这类电子商务公司一般来说拥有一部分物流资源，但是不能满足商务扩展需要。建立自己的配送体系投资太大，资金不足；对市场估计不足而害怕承担太大的风险；配送体系建设周期太长，不能满足自己的盈利期望等，是采取此配送模式的主要原因。

(5) 共同配送模式。共同配送则指由多家企业共同组建或参与，只由一家公司独立进行配送作业，以互惠互利为原则，实现整体的配送合理化。

(6) 综合物流代理模式。综合物流代理是第三方物流的模式之一，即由一家在物流综合管理经验、人才、技术理念方面均有一定优势的企业，对电子商务交易中供求双方的所有物流活动进行全权代理的业务活动。通过计算机和网络通信技术，该代理系统在互联网上建立了一个多对多的虚拟市场，根据物流一体化的原则有效地对供应链上下游企业进行管理。

第二节 配送环节与业务模式

一、配送的基本业务环节

(一) 订单处理作业

配送中心的交易起始于客户的咨询，而后由接订单的业务部门查询出货日的存货状况、装卸能力、流通加工负荷、包装能力、配送负荷等来答复客户，当订单无法依客户要求交货时，由业务部门加以协调。由于配送中心一般均非随时收取货款，而是于一段时间后予以结账，因此在处理订单资料的同时，业务人员须依据公司对该客户的资信状况，核查是否已超出其授信额度。在特定时段，业务人员还需统计该时段的订货数量，并予以调货、安排出货程序及数量，退货资料亦在此阶段予以处理。另外，业务部门还要制订报表计算方式，做报表历史资料管理，预计客户订购最小批量、订货方式或订购结账截止日。

(二) 采购作业

接受交易订单之后，配送中心要向供货厂商或制造厂商订购商品，采购作业的内容包含商品数量统计、对供货厂商查询交易条件，然后依据所订购的数量及供货厂商所提供的较经济的订购批量，提出采购单，最后则进行入库进货的跟踪运作。

(三) 进货入库作业

当采购单开出之后，在采购人员进货跟踪催促的同时，入库进货管理员即可依据采购单上的预定入库日期，做入库作业排程、入库站台排程；而后在商品入库当日，做入库资料查核、入库品检查，查核入库货品是否与购单内容一致，当品项或数量不符合时即做适当的修正或处理，并将入库资料登录建档。对于由客户退回的商品，亦应经过退货品检验，分类处理，登录入库。

（四）库存管理作业

库存管理作业，包含仓库区的管理及库存数量控制。仓库区的管理包括商品在仓库区域内的排列方式、区域大小、区域分布等的规划，商品进出仓库遵循原则的制订，进出货方式的确定（包括商品所用的搬运工具、搬运方式，仓储区储位的调整及变动）。仓库区的管理还包含容器的使用与容器的保管维修。库存数量的控制则依照一般商品出库数量、入库时间等来确定采购数量及采购时点，并建立采购时点预警系统。确定库存盘点方法，在一定时间印制盘点清册，并据此内容清查库存数、修正库存账册并制作盘亏报表。

（五）补货及拣货作业

由客户订单资料的统计，即可知道商品真正的需求量；在出库日，当出库数足以满足出货需求量时，即可依据需求量印制出库拣货单及各项拣货指示、规划布置拣货区域、确定工具的选用及人员调派。出货拣取不仅要注意拣取作业，更要注意货架上商品的补充，以使拣货作业流畅而不至于缺货。

（六）流通加工作业

商品由配送中心送出之前，可在配送中心做流通加工处理。在配送中心的各项作业中，以流通加工最易提高商品的附加值。流通加工作业包含商品的分类、过磅、拆箱重包装、贴标签及商品的组合包装。在流通加工作业过程中，必须进行包装材料及容器的管理、组合包装规则的制定、流通加工包装工具的选用、流通加工作业的排程、作业人员的调派。

（七）出货作业处理

完成商品的拣取及流通加工作业之后，即可执行商品的出货作业。出货作业的主要内容包括：依据客户订单资料印制出货单据，制定出货流程，印制出货批次报表、出货商品的地址标签以及出货核验表。由排程人员决定出货方式、选用集货工具、调派集货作业人员，并决定运送车辆的大小与数量；由仓库管理人员或出货管理人员决定出货区域的规划布置及出货商品的摆放方式。

（八）配送作业

配送商品的实体作业包含将商品装车并实时配送，而完成这些作业则需事先规划配送区域的划分或配送路线的安排，由配送路径选用的先后次序来决定商品装车的顺序，并在商品的配送途中做好商品的追踪及控制以及配送途中意外情况的处理工作等。

（九）会计作业

商品出库后，销售部门可依据出货资料制作应收账单，并将账单转入会计部门作为收款凭据。商品入库后，由收货部门制作入库商品统计表以作供货厂商稽核之用，并由会计部门制作各项财务报表以供制定营运政策时参考。

(十) 营运管理及绩效管理作业

除了上述实体作业之外，高层管理者通过各种考核评估来完成配送中心的效率管理，并制定良好的营运决策方针，即进行营运管理及绩效管理。营运管理和绩效管理可以通过各个工作人员或中级管理阶层提供的各种资讯与报表来反映，包括出货销售的统计资料、客户对配送服务的反应报告、配送商品次数及所用时间的报告、配送商品的失误率、仓库缺货率分析、库存损失率报告、机具设备损坏及维修报告、燃料耗材等使用量分析、外雇人员、机具和设备的成本分析、退货商品统计报表、作业人力的使用率分析等。

二、配送的业务模式类型

(一) 按照功能不同分类

1. 基于销售的配送模式

基于销售的配送模式集商流和物流于一体。这种配送模式的行为主体是生产企业或销售企业，配送仅作为这些主体的商流活动中的一种促销手段。从表面上看，配送中心独立地从事商品的进货、存储、保管、分拣、配送等活动，但这些活动只是商品销售活动的延伸，其实质是一种营销手段或营销策略。

基于销售的配送模式在批发业、连锁经营业、大型加工企业、零部件制造业等领域应用比较广泛，是一种充分发挥专业流通企业功能的配送模式。这种配送模式的特征是，专业流通企业拥有自己的仓库、装卸搬运设备、相对稳定的资源、相对稳定的客户。

但是，构建这种配送模式需要投入较多的人力、设备和资金。因此，只有具有一定经济实力和规模的企业才会采用这种配送模式。

2. 基于供应的配送模式

基于供应的配送模式从事的配送活动是一种纯粹的物流活动，其物流活动是与商流活动相分离的。这种配送模式是从制造商或转运站接受所有权属于客户的商品，然后代客户存储，按客户提出的要求进行分拣，并按要求将商品配送至指定的地点。因此，采用这种模式的流通企业通常自己拥有仓库、堆场、车辆等物流设施和设备，并具备专业管理经验和专业技能，其本身不直接参与商品交易活动，而是专门为客户提供配送业务。

采用这种配送模式，业务活动单纯、专一，占压资金较少，经营风险也比较小。它最大不足在于其本身不直接掌握货源，因此其对商品储量的调节能力较差，往往受到客户的制约。

3. 基于资源集成的配送模式

这是一种以资源集成为基础，集商流、物流、信息流和资金流四流合一的配送模式。采用这种配送模式首先要依据供方的交货通知来完成运输、报关、检验、检疫和入库作业，然后按照需方的要求完成分拣、加工、配料、装车、运输、送货作业。

（二）按照经营权限和服务范围的不同分类

1. 配销模式

配销模式又称为商流、物流一体化的配送模式。配送的组织者既从事配送活动等物流活动，又从事商品销售等商流活动，其配送主体通常是专业流通企业。

配销模式的特点在于流通组织者直接负责货源组织和商品销售，因而能形成储备资源优势，有利于扩大营销网络和经营业务范围，同时也便于满足客户的不同需求。但这种模式由于其组织者既要参与商品交易，又要组织物流活动，因此，投入的资金、人力、物力较多。所以，配送主体需要有一定的经济实力，而且需要有较强的组织和经营能力。具体如图 7-1 所示。

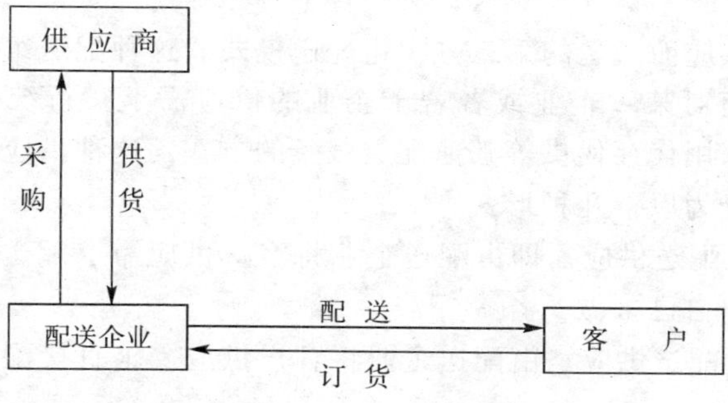

图 7-1 配销模式图

2. 物流模式

物流模式是指商流、物流相分离的配送模式。如图 7-2 所示，该模式物流和商流活动分别由不同主体承担，企业的收益主要来源于配送服务费。这种模式的流通企业大多是由储运企业改制而成。配送组织者不直接参与商品的交易活动，不经销商品，只为客户提供配送服务。

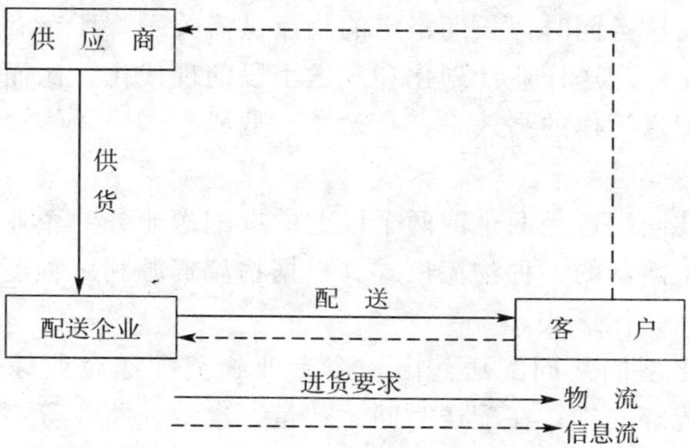

图 7-2 物流模式图

物流模式的主要特点在于其业务活动仅限于开展配送业务，业务比较单一，有利于提高专业化的物流服务水平；占用流动资金少，经营风险小。

（三）按照配送业务活动主体的不同分类

1. 企业自营配送模式

企业自营配送是工商企业为了生产或销售的需要，独自出资建立自己的物流配送系统，对本企业所生产或所销售的产品进行配送。

2. 第三方物流的配送运作模式

（1）为企业销售而配送的第三方物流化配送模式。为企业销售而配送的第三方物流化配送模式是工商企业将其销售物流业务外包给独立核算的第三方物流公司或配送中心运作。企业采购供应物流配送业务仍由企业供应物流管理部门承担。

（2）为企业供应而配送的第三方物化配送模式。这种配送组织管理模式，是由社会物流服务商对某一企业或者若干企业的供应需求实行统一订货、集中库存、准时配送或采用代存代供等其他配送服务的方式。这种供应配送按客户送达要求的不同可以分为以下几种形式。

①“门到门”配送供应。即由配送企业将客户供应需求配送到客户“门口”，以后的事情由客户自己去做。

②“门到库”配送供应。由配送企业将客户供应需求直接配送到企业内部各个环节的仓库。

③“门到线”配送供应。由配送企业将客户的供应需求直接配送到生产线。

（3）供应—销售一体化的第三方物流配送模式。第三方物流在完成服务企业销售配送的同时，又承担客户物资商品内部供应的职能，也就是说，第三方物流既是客户企业产品销售的物流提供者，又是客户企业的物资商品供应代理人。

这种供应—销售一体化的第三方物流配送模式是配送经营中的一种重要形式，它不仅有利于形成稳定的物流供需关系，而且有利于工商企业专注于生产销售等核心业务的发展。同时，长期稳定的物流供需关系，还有利于实现物流配送业务的配送中心化、配送作业计划化和配送手段的现代化，从而保持物流渠道的畅通稳定和物流配送运作的高效率、高效益、低成本。

3. 共同配送模式

简单来讲，共同配送是两个或两个以上的有配送业务的企业相互合作对多个客户共同开展配送活动的一种物流模式。根据物流资源利用程度，共同配送大体上可分为以下几种具体形式。

（1）系统优化型的共同配送。由一个专业物流配送企业综合各家客户的要求，对各个客户统筹安排，在配送时间、数量、次数、路线等诸方面做出系统最优的安排，在客户可以接受的前提下，全面规划、合理计划地进行配送。

（2）车辆利用型共同配送。车辆利用型共同配送又分为车辆混载运送型共同配送、利用客户车辆型共同配送、返程车辆利用型共同配送三种形式。

① 车辆混载运送型共同配送。这是一种较为简单易行的共同配送方式，仅在送货时尽可能安排在一个配送车辆上实行多货主商品的混载。

② 利用客户车辆型共同配送。利用客户采购零部件或采办原材料的车辆进行产品的配送。

③ 返程车辆利用型共同配送。为了不跑空车，让物流配送部门与其他企业合作，装载回程货或与其他企业合作进行往返运输。

（3）接货场地共享型共同配送。接货场地共享型共同配送是多个客户联合起来设立配送的接收点或货物处置场所，以接货场地共享为目的的共同配送的形式。这样不仅解决了场地的问题，也大大提高了接货水平，加快了配送车辆运转速度，而且接货地点集中，可以集中处置废弃包装材料、减少接货人员数量。

（4）配送中心、配送机械等设施共同利用型共同配送。在一个城市或一个地区中有数个不同的配送企业时，为节省配送中心的投资费用，提高配送运输的效率，多家企业共同出资合股建立配送中心共同配送或多家企业共同利用已有的配送中心、配送机械等设施，对不同配送企业客户实行共同配送。

第三节 配送组织与作业流程

一、配送组织

（一）配送组织工作的基本程序和内容

1. 物流作业配送线路的选择
2. 拟订配送计划
3. 下达配送计划
4. 配货和进货组织工作
5. 配送发货管理
6. 费用结算管理

（二）配送组织工作应注意的要点

1. 全面掌握用户的需求情况
2. 建立稳定的资源基地和客户需求
3. 加强配送的计划管理
4. 调整建立与配送相适应的组织结构
5. 科学地组织好配送
6. 争取各方面的协作和支持

(三）配送组织的模式

1. 集权式组织模式和分权式组织模式

集权式组织模式是指在整个企业中只有一个配送部门，对整个公司的配送业务实行集中管理，统一调配各个仓库、配送节点和供货厂商的供需关系。比如在一些连锁经营企业中，所有门店的商品配送都是由公司统一组织货源并送货的。

分权式组织模式是指配送业务由企业的各分部或产品组或不同地区分别管理和执行。这种模式在大型的企业集团或跨国公司中更为常见。

总体看来，集权式组织模式对市场反应速度和柔性较差，但能够有效地控制配送成本；分权式组织模式对客户要求的反应迅速，但是成本较高。

2. 选择配送组织模式时应考虑的因素

(1) 公司的规模；

(2) 产品特点及产品的销售地区；

(3) 生产所需物资的采购地区；

(4) 集权式配送组织模式提供的客户服务标准能否达到所要求的水平。

现在有很多企业采用的是适当的集权与分权相结合的方式。同质性高、需求量大的产品或原材料由企业统一组织配送；而各分部之间差异较大的产品或需求量波动大的零星产品，以及配送时间短、临时发生的配送要求，则由各分部自行组织货源及配送。

二、配送作业流程

配送作业流程及其内容的设计是配送活动开展的前提，它直接关系到配送物流系统运作效率与服务水平，因此，我们在开展配送业务时，必须对配送活动的基本功能要素和不同类型配送作业流程有初步的了解。

(一) 配送活动的基本功能要素

配送活动一般主要由备货、储存、订单处理、分拣配货、车辆配装、配送运输、送达服务、配送加工、车辆回程几个基本功能要素组成。其具体工作内容如下：

1. 备货

不管配送活动是在配送中心进行，还是在仓库、商店、工厂等物流据点进行，配送的前置作业环节即第一道作业环节就是备货，它发挥的是配送的集货功能。如果没有备货，不能筹措配送所需商品，配送就成了无源之水。特别是配送中心，备货环节是必不可少的作业环节。

一般备货工作包括客户需求测定、筹集货源、订货或购货、集货、进货及有关货物的数量质量检查、结算交接等。

2. 储存

配送储存是按一定时期的配送经营要求，形成的对配送的资源保证。不管是工商企业配送，还是物流企业配送，一般都采取集中储存的形式。

在商品配送的储存环节，也应做好相应的库存管理工作。配送储存阶段的库存管理包括：进货入库作业管理、在库保管作业管理、库存控制三大部分。

3. 订单处理

订单处理是指配送企业从接受客户订货或配送要求开始到商品发运交到客户手中为止的整个配送作业过程中有关订单信息的处理工作。具体包括：接受客户订货或配送要求，审查订货单证，核对库存情况，下达货物分拣、配组、输送指令，填制发货单证，登记账簿，回应或通知客户，办理结算、退货处理等一系列与订单密切相关的工作活动。

4. 分拣配货

分拣及配货是完善送货、支持送货的准备性工作，是决定整体配送系统水平的关键要素。

5. 车辆配装

在单个客户配送数量不能达到车辆的有效载运负荷时，就要集中不同客户的配送商品进行搭配装载，以充分利用运能、运力，这就需要配装。通过配装可以大大提高配送水平、降低送货成本，所以，配装是配送系统中具有现代特点的功能要素，也是现代配送不同于传统送货的重要区别。

6. 配送运输

它属于运输中的末端运输、支线运输，一般使用卡车作运输工具。配送运输的路线是多条的、复杂的，在城市内进行小区域运输比较多。配送运输管理的重点是合理做好配送车辆的调度计划。

7. 送达服务

将配好的商品运输到客户处还不算配送工作的完结，因为商品送达后与客户接货时还有移交、完成结算等相关手续，以及确定卸货地点、卸货方式、安装调试等送达服务工作，这是配送与运输的主要区别之一。

8. 配送加工

配送加工是流通加工的一种，但配送加工有它不同于一般流通加工的特点，即配送加工一般只取决于客户要求，其加工的目的较为单一。

9. 车辆回程

在执行完配送的任务之后，车辆返回。在一般情况下，车辆回程往往是空驶，这是影响配送效益、增加配送成本的主要因素之一。为提高配送效率及效益，配送企业在规划配送路线时，要尽量减少空车驶返，提高车辆利用率。

（二）配送的一般作业流程

随着商品种类日益丰富，消费需求呈现出个性化、多样化、多品种、小批量、多批次的特征，而多客户的配送服务方式能有效地实现流通终端的资源配置。由于这种类型的配送活动服务对象繁多，配送作业流程复杂，将这种配送作业流程确定为通用、标准的流程，最具有代表性。配送的一般作业流程如图7-3所示。

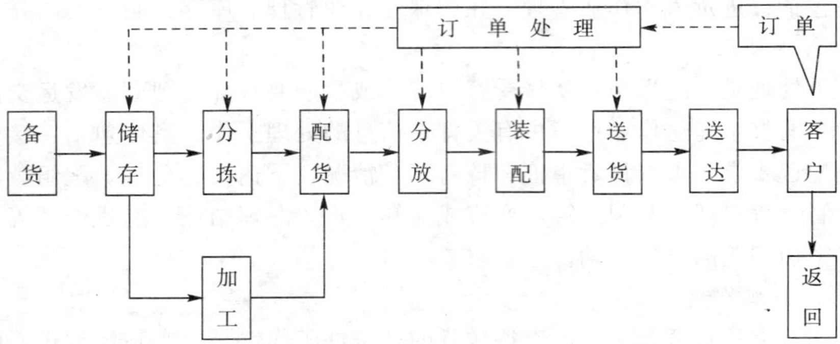

图7-3 配送的一般作业流程

不同商品因其性质、形态、包装不同，采用的配送方法和配送作业流程也不一样。有些商品的配送不存在配货、分放、配装问题，如燃油料等；有些商品则需进行分割、捆扎等流通加工，如木材、钢材等。因此，不同的商品有不同的配送作业流程模式，配送活动作业环节不可能千篇一律，都有各自的流程、装备工作方法等。

习题七

(1) 什么是配送？它有哪些特点？

(2) 配送有哪些类型？各自具有什么特点？

(3) 电子商务的出现与发展对配送产生何种影响？

(4) 配送的基本业务环节有哪些？

(5) 基本的配送模式有哪几类？

(6) 配送的作业流程是什么？

案例导读　美国沃尔玛的物流配送运作

沃尔玛公司是全美零售业务年销售收入居第一位的著名企业，素以精确掌握市场、快速传递商品和最好地满足客户需要著称。它之所以能取得如此辉煌的业绩，其中一个极为重要的因素就是沃尔玛拥有自己庞大的物流配送系统，并实施了严格有效的物流配送管理制度，确保了公司在效率和规模成本方面的最大竞争优势，也保证了公司的顺利扩张。

1. 设立配送组织

从建立沃尔玛折扣百货公司之初，公司就意识到有效的商品配送能保证公司达到最大销售量和最低成本的存货周转。唯一使公司获得可靠供货保证并提高效率的途径就是建立自己的配送组织，包括送货车队和仓库。随着沃尔玛的成长，公司意识到配送中心不仅使公司可大量进货，而且通过要求供应商将商品大量集中送到配送中心，再由公司统一接收、检验、配货、送货，比让供应商将商品分散送至各分店更经济。于是在 1969 年，沃尔玛的第一个配送中心建成了，当时即可集中处理公司所销售的 40%商品，提高了公司大量采购商品的能力。

到 20 世纪 80 年代末，沃尔玛的配送中心已增至 16 个；20 世纪 90 年代初，达到了 20 个，总面积约 160 万 m^2。整个公司销售 8 万种商品，85%的商品由这些配送中心供应。

2. 采用集中配送的作业方式

在配送运作时，大宗商品通常经由铁路送达自己的配送中心，再由公司卡车送至分店。每店一周约收到 1～3 卡车商品。60%的卡车在返回自己配送中心途中又捎回从沿途供应商处购买的商品。这样的集中配送可为公司节约大量金钱，据统计，20 世纪 70 年代初公司的配送成本只占销售额的 2%，比一般大型零售公司低了近一半。同时集中配送还为各分店提供了更快捷、更可靠的送货服务，并使公司能更好地控制存货。

3. 完全实现自动化作业

沃尔玛的配送运作完全实现了自动化。每个配送中心约 10 万 m^2，相当于 23 个足球场，占地约 6000 万 m^2。中心的商品从牙膏、卫生纸、玩具到电视、自行车等应有尽有。每种商品都有条码，由十几千米长的传送带传送商品，用计算机追踪每件商品的储存位置及运送情况，每天能处理约 20 万箱的商品配送。

配送中心的一端是装货月台，可供 30 辆卡车同时装货；另一端是卸货月台，有 135 个车位。每个配送中心有 600～800 名员工 24 小时连续作业，每天有 160 辆货车开进来卸货，150 辆车装好货物开出。配送中心每年处理商品在配送中心停留的时间总计不超过 48 小时，99%的订单正确无误。

4. 完善自己的配送组织

沃尔玛公司为了更好地进行配送工作，非常注意完善自己企业的配送组织。其中一个重要的举措便是公司建立了自己的车队进行商品的配送，以保持其灵活性，为一线商店提供最好的服务。例如，沃尔玛通常为每家分店的送货频率是每天一次，而其竞争对手凯玛特平均每 5 天一次，塔吉特平均每 3～4 天一次，沃尔玛的分店通过计算机向总部订货，平均只要两天就可以到货。如果急需，则第二天即可到货，这一速度同业中无人可及。这使沃尔玛享有高于竞争对手的极大优势，货架总能保持充盈，并随时掌握到货时间，其运输成本也总是低于竞争对手。

可以说，物流配送业务运作的成功保证了沃尔玛公司从一个区域性连锁公司发展为跨国性连锁公司，而且一直保持着低成本效率，业绩不断增长，确保了公司的健康发展，是公司成功的一个重要“武器”。

案例思考

（1）配送的意义有哪些？

（2）配送与送货的区别有哪些？

（3）不合理配送的表现形式有哪些？提高配送经济效益合理化的途径有哪些？

第八章 配送中心

【学习目标】 通过本章的学习，要求理解配送中心的定义；掌握配送中心的分类和功能；掌握配送中心规划的程序；熟悉配送中心选址的程序；明确影响配送中心选址的主要因素；掌握配送中心区域布局的主要内容。

第一节 配送中心概述

一、配送中心的定义

“配送中心”一词不断出现在各个领域，虽然有些国家已经用标准化方式给“配送中心”下了明确的定义，但国内外至今对此还没有一个统一的表述，因此，弄清“配送中心”的定义，对于正确开展配送、正确进行配送中心的规划建设，是非常重要的。

国家《物流术语》标准的定义是：从事配送业务的物流场所或组织。它应基本符合下列要求：主要为特定的客户服务；配送功能健全；完善的信息网络；辐射范围小；多品种、小批量；以配送为主、储存为辅。

日本《市场用语词典》认为：配送中心是一种物流结点，它不以储藏仓库这种单一形式出现，而是发挥配送职能的流通仓库，也称作基地、据点或流通中心。配送中心的目的是降低运输成本，减少销售机会的损失，为此建立设施、设备并开展经营、管理工作。

《物流手册》对“配送中心”的定义是：配送中心是从供应者手中接受多种大量的货物，进行倒装、分类、保管、流通加工和情报处理等作业，然后按照众多需求者的订货要求备齐货物，以令人满意的服务水平进行配送的设施。

王之泰在《物流学》一书中对“配送中心”定义如下：配送中心是从事货物配备（集货、加工、分货、拣选、配货）和组织对客户的送货，以高水平实现销售或供应的现代流通设施。

本书认为“配送中心”的定义应是指：以组织或从事货物配送（集货、包装、加工、配货和送货）为主要职能的现代流通型经济实体。它以盈利为目的，通过构建厂商和客户之间紧密、高效的枢纽网络，直接或间接向社会供应货物或劳务，以满足客户需要的服务性经济组织。

这个定义的要点如下：

(1)“集货、配货”是配送中心主要的、独特的工作，是全部由配送中心完成的，是配送中心的核心盈利点。

(2)“送货”可视配送中心实力情况，或自主承担送货或利用社会运输企业完成送货，以降低物流成本，实现资源共享与配置优化。

(3)定义中的“流通”、“服务”强调了配送中心活动是社会再生产过程中不可缺的重要的供应和销售环节，属于再生产过程的流通阶段。

(4)“经济实体”、“经济组织”则突出了配送中心经营活动的目的是获取利润。

(5)“现代”更着重于和传统的商场、贸易中心、仓库等的区别。配送中心是以现代信息技术和装备为基础，兼有物流、商流、信息流功能的流通组织。

(6)“枢纽网络”是指配送中心应具有强大的桥梁、纽带、衔接和辐射功能，通过枢纽辐射网络，将地区市场、国内市场、国际市场和全球市场有机统一起来，形成网络经济。

二、配送中心在现代物流中的地位

1. 配送中心是物流功能系统化的体现

配送中心通过现代信息技术，有效地将物流的各种功能整合在一起，使各种功能之间协调运作、均衡运行，形成了一个十分精细而科学的运行系统。配送中心中硬件与软件的配合、人与机械的合理分工，保管、分类、拣选、传送、包装、加工等环节搭配的科学，综合效能发挥的充分，体现了物流功能系统化的特点，达到了相对完美的程度。

2. 配送中心是物流发展进入新阶段的具体表现

配送中心作为运输的结点，将干线运输与支线运输衔接起来，把运输的“线”变成了配送的“面”，把分散的物流结点编织成密密麻麻的“网”；配送中心把单一的运输、保管、装卸搬运、包装、流通加工和信息通讯有效地结合起来，使其由原来单一功能的提升，变成各项功能的整体发挥，从而使系统得到升华。配送中心是物流整体系统功能的缩影，集中反映了现代物流的综合效应和发展水平。配送中心使物流成本降低，效益增加，服务质量提高。也可以说，配送中心的出现是物流产业的一大跨越，是物流发展进入新阶段的具体表现。

3. 配送中心是现代物流技术的集成

配送中心货物的装卸搬运、传送、包装、分类、拣选、流通加工等采用自动化作业，效率高、速度快、精确度好。自动分类、分拣，条形码识别、手持终端利用、计算机控制等技术，把电力学、机械学、物理学、动力学、光学等多种科学技术有机地结合在一起，这种现代科学的有效利用和高度集成，把物流提升到了一个崭新的水平。

4. 配送中心是企业销售竞争的重要手段

在日益激烈的竞争环境中，企业为了赢得客户，满足客户日益强烈的多样化、个性化需求，维持市场份额，不得不提高其客户服务的质量和水平；而客户在市场竞争中为了节约物流费用，要求供货企业加大送货频率、减少送货数量，快速、及时、精细地送货。因此，生产企业和流通企业只有通过建设更多的配送中心来解决这一矛盾。配送中心虽然投入大，但可以减少人工成本、降低配货和送货差错率，避免运输环节的浪费。同时，利用配送中心又能够高效率、小批量、多批次地开展送货服务，因而配送中心作为企业之间销售竞争的一种手段，它越来越受到重视。

三、配送中心的分类

配送中心是一种新兴的经营管理形态，具有满足多量少样的市场需求及降低流通成本的作用，但是，由于企业的背景不同，其配送中心的功能、构成和运营方式就有很大区别，因此，在规划配送中心时应充分注意配送中心的类别及其特点。配送中心的具体分类如下：

（一）按配送中心的经营主体分类

1. 制造商型配送中心

制造商型配送中心是生产企业为自己产品的销售所建的配送中心。这种配送中心里的物品100%由自己生产制造，用以降低流通费用、提高售后服务质量，及时地将预先配齐的成组元器件运送到规定的加工和装配工位。如日本资生堂（日本化妆业最大的企业）的配送中心、美国加工业的配送中心（芝加哥 Deebler 配送中心、美国 Marykay Cosmtics 公司所属的配送中心）均为这种类型的配送中心。

2. 批发商型配送中心

批发商型配送中心是以批发商为主体所建立的配送中心。批发是货物从制造者到消费者手中的传统流通环节之一，一般按部门或货物类别的不同，把每个制造商的货物集中起来，然后以单一品种或适当的搭配向消费地的零售商进行配送。这种配送中心的货物来自各个制造商，它所进行的一项重要的活动是对货物进行汇总和再销售，而它的全部进货和出货都是面向社会配送的，所以社会化程度较高。

3. 零售商型配送中心

零售商型配送中心是指零售企业为了减少流通环节、降低物流成本所建的配送中心，它把来自不同进货者的货物在配送中心集中分拣、加工等，然后按其所属的店铺进行计划配送。如美国沃尔玛公司的配送中心就是典型的零售型配送中心。该配送中心是沃尔玛公司独资建立的，专为本公司的连锁店及时供货，从而确保各店稳定经营。该中心设在100家连锁店的中央位置，服务对象店的平均规模为1.2万平方米，中心经营商品达4万种，主要是食品和日用品，通常库存为4000万美元，旺季库存为7000万美元，年周转库存24次。在库存商品中，畅销商品和滞销商品各占50%，库存商品期限超过180天为滞销商品，各连锁店的库存量为销售量的10%左右。1995年该中心的销售额已达20亿美元。

4. 专业物流配送中心

专业物流配送中心是以第三方物流企业（包括传统的仓储企业和运输企业）为主体的配送中心。这种配送中心有很强的运输配送能力，地理位置优越，可迅速将到达的货物配送给客户。它为制造商或供应商提供物流服务，而配送中心的货物仍属于制造商或供应商所有，配送中心只是提供仓储管理和运输配送服务。这种配送中心的现代化程度往往较高，如日本西友座间物流中心。西友座间物流中心由西友总部投资建造，除了为本系统的店铺配送外，主要配送对象是便利店。座间物流中心向西友总部承包经营，专门从事物流配送业务。西友总部、座间物流中心、便利店三者之间以合同为约束手段，开展稳定的业务合作。

（二）按配送中心的功能分类

1. 储存型配送中心

这是一种有很强储存功能的配送中心。实践证明，储存一定数量的物资（包括原料和成品）是生产和流通得以正常进行的物资保障。从商品销售的角度来看，在买方市场条件下，由于企业在销售商品（包括生产企业自销其产品）的过程中，不可避免地会出现迟滞现象，因此，客观上需要有储存环节予以支持；从生产的角度看，在卖方市场条件下，生产企业常常要储存一定数量的生产资料，以此保证生产连续运转和应付急需。在这种情况下，同样需要设立储存环节予以支持。这样的配送中心多起源于传统的仓库。国内外不乏这种类型的配送中心，如中国物资储运总公司天津物资储运公司唐家港仓库即是国内储存型配送中心的雏形，而瑞士GIBA－GEIGY公司所属的配送中心、美国福来明公司的食品配送中心则是国外储存型配送中心的典型。

2. 流通型配送中心

这种配送中心基本上没有长期储存功能，仅以暂存或随进随出方式进行配货、送货。其典型配送方式是，大量货物整进并按一定批量零出，采用大型分货机分货，进货时直接进入分货机传送带，分送到各客户货位或直接分送到配送汽车上，货物在配送中心里仅会少许停滞。例如日本的阪神配送中心，中心内只有暂存空间，大量储存则依靠一个大型补给仓库。

3. 加工型配送中心

这种配送中心具有加工功能，它是根据客户的需要或者市场竞争的需要，对配送货物进行加工之后再配送的配送中心。在这种配送中心内，有分装、包装、初级加工、集中下料、组装产品等加工活动。

世界著名连锁服务店肯德基和麦当劳的配送中心，就是属于这种类型的配送中心。在工业、建筑领域，生混凝土搅拌的配送中心也是属于这种类型的配送中心。

（三）按配送中心承担的流通职能分类

1．供应型配送中心

供应型配送中心执行供应的职能，是专门为某个或某些客户（例如连锁店、联合公司）组织供应的配送中心。例如，为大型连锁超市组织供应的配送中心、代替零件加工厂送货的零件配送中心等。供应型配送中心的主要特点是，配送的客户有限并且稳定，客户要求的配送范围也比较确定，属于企业型客户。因此，配送中心集中库存的品种比较固定，配送中心的进货渠道也比较稳定，可以采用效率比较高的分拣式配送方法。

2．销售型配送中心

销售型配送中心执行销售的职能，是以销售经营为目的、以配送为手段的配送中心。销售型配送中心大体有两种类型：一种是生产企业将自身产品直接销售给消费者的配送中心，在国外，这种类型的配送中心很多；另一种是流通企业自主经营的配送中心，以扩大销售为目的，我国目前拟建的配送中心大多属于这种类型，国外的例证也很多。

销售型配送中心的客户一般是不确定的，而且客户的数量很大，每一个客户购买的数量又较少，属于消费者型客户。这种配送中心很难像供应型配送中心一样实行计划配送，计划性较差。

销售型配送中心的库存结构也比较复杂，一般采用拣选式配送方法，销售型配送中心只有采用共同配送方法才能够取得比较好的经营效果。

（四）按配送区域的范围分类

1．城市配送中心

以城市为配送范围的配送中心，由于城市范围一般处于汽车运输的经济里程，这种配送中心可直接将物品配送到最终客户。所以，这种配送中心往往和零售经营相结合，运距短、反应能力强，因而在从事多品种、少批量、多客户的配送方面较有优势。《物流手册》一书中介绍的“仙台批发商共同配送中心”便是属于这种类型，我国已建的“北京食品配送中心”也属于这种类型。

2．区域配送中心

以较强的辐射能力和库存准备，向省（州）际、全国乃至国际范围的客户配送的配送中心。一般而言，这种配送中心配送规模较大，客户企业规模较大，配送批量也较大，而且，往往配送给下一级的城市配送中心，也配送给营业场所、商店、批发商和企业客户，零星配送不是其主要配送形式。这种类型的配送中心在国外十分普遍，《国外物资管理》杂志曾介绍过的阪神配送中心、美国马特公司的配送中心、蒙克斯帕配送中心等都属此类。

（五）按配送货物的属性分类

根据配送货物的属性，可以分为食品配送中心、日用品配送中心、医药品配送中心、化妆品配送中心、家用电器配送中心、电子（3C）产品配送中心、书籍产品配送中心、服饰产品配送中心、汽车零件配送中心以及生鲜处理中心等。

（六）按配送中心的自动化程度分类

根据配送中心作业的自动化程度、管理的信息化程度，配送中心可以分为人力化配送中心，计算机管理配送中心，自动化、信息化配送中心以及整合化、智能化配送中心。

综上所述，配送中心的分类见表 8－1。

表 8－1　配送中心的分类

<table>
<tr><th>分类方法</th><th>配送中心类别</th><th>分类方法</th><th>配送中心类别</th></tr>
<tr><td>按配送中心的经营主体分类</td><td>制造商型配送中心
批发商型配送中心
零售商型配送中心
专业物流配送中心</td><td rowspan="3">按配送货物的属性分类</td><td rowspan="3">食品配送中心
日用品配送中心
医药品配送中心
化妆品配送中心
家用电器配送中心
电子（3C）产品配送中心
书籍产品配送中心
服饰产品配送中心
汽车零件配送中心
生鲜处理中心</td></tr>
<tr><td>按配送区域的范围分类</td><td>城市配送中心
区域配送中心</td></tr>
<tr><td>按配送中心承担的流通职能分类</td><td>供应型配送中心
销售型配送中心</td></tr>
<tr><td>按配送中心的功能分类</td><td>储存型配送中心
流通型配送中心
加工型配送中心</td><td>按配送中心的自动化程度分类</td><td>人力化配送中心
计算机管理配送中心
自动化、信息化配送中心
整合化、智能化配送中心</td></tr>
</table>

四、配送中心的作用

从上述各种配送中心的分类可以看出，配送中心在区域经济发展和企业经营业务中的作用是十分明显的，具体来说可以归纳为以下几个方面：

1. 使供货适应市场需求变化

各种商品的市场需求在时间、季节、需求量上都存在大量随机性，而现代化生产、加工无法完全在工厂、车间环节满足适应这种情况，必须依靠配送中心来调节、适应生产与消费之间的矛盾与变化。

2. 经济高效地组织储运

商品从生产企业到销售市场之间存在复杂的储运环节。要依靠多种交通、运输、库存手段才能解决，传统的以产品或部门为单位的储运体系明显存在不经济和低效率的问题。建立区域、城市配送中心，能批量进发货物，能组织成组、成批运输和集中储运，有利于降低物流系统成本，提高物流系统效率。

3. 提供优质的保管、包装、加工、配送、信息服务

现代物流活动由于货物的理化性质复杂多样，交通运输的多方式、长距离、长时间、多终点，以及地理与气候的多样性，对保管、包装、加工、配送、信息提出了很高的要求，只有集中建立配送中心，才有可能提供更加专业化、更加优质的服务。

4. 促进地区经济的快速增长

配送中心和交通运输设施一样，是经济发展的保障，是吸引投资的环境条件，也是拉动经济增长的内部因素，配送中心的建设可以从多方面带动经济的健康发展。

5. 对于连锁经营是实现规模效益的关键

连锁经营商品供应配送中心化，不仅可以帮助连锁店减少交易费用、库存费用，降低流通费用，实现规模经营效益，同时，统一配送还可以使连锁店专心于店铺销售额和利润的增长，不断开发外部市场、拓展业务。此外，还加强了连锁企业与供方的关系。

6. 降低生产企业成本，提升其销售竞争力

对于大型生产企业集团，开展原材料供应配送可以降低企业总的库存水平，降低原材料供应成本，有效保证生产供应；开展销售配送，不仅有利于降低销售成本、改善销售服务，提高企业产品销售竞争力，更为重要的是可降低产品需求企业的产品库存与进货成本，实现“零库存”，进而与产品需求企业形成供应链合作战略伙伴关系，提高企业销售竞争力乃至企业综合竞争能力。

第二节　配送中心规划

配送中心规划是指从空间和时间上对配送中心的新建、改建和扩建进行全面系统的规划。

配送中心建设反映了一个企业在赢得时间与地点效益方面所做的努力，在一定程度上还反映了企业实力。更为重要的是，设计规划的合理性将对配送中心的设计、施工和运行，配送中心作业的质量和安全，以及所处地区或企业的物流合理化产生直接和深远的影响。如果考虑不周将会造成巨大损失，即使在规划时是最优的方案，但由于日后的经营环境和条件发生变化，也可能导致配送中心效率低下。因此，作为一个决策者，在投资建设配送中心或改建配送中心之前，必须要进行详细的规划设计，遵循一定的程序进行。

一、配送中心的规划设计原则

在规划设计配送中心时，必须切实掌握以下四项原则：

1. 系统工作原则

配送中心的工作包括验货、搬运、储存、装卸、分拣、配货、送货、信息处理以及与供应商、配送点的连接等。如何使各环节之间均衡、协调地运转是极为重要的，关键是做好物流量的分析和预测，把握物流的最合理流程。由于运输的路线和物流据点交织成网络，配送中心的选址也非常重要。

配送中心的选址，应符合城市规划和商品储存安全的要求，适应商品的合理流向，交通便利，具有良好的运输条件、区域环境和地形、地质条件，具备给水、排水、供电、道路、通讯等基础设施。

2. 价值工程原则

在激烈的市场竞争中，对配送的及时准点和缺货率低等方面的要求越来越高；而在满足服务高质量要求的同时，又必须考虑物流成本。特别是建造配送中心耗资巨大时，必须对建设项目进行可行性研究，并作多方案的技术、经济比较，以求最大的企业效益和社会效益。

3. 工艺、设备管理科学化的原则

近年来，配送中心均广泛采用电子计算机进行物流管理和信息管理，大大加速了商品的流转，提高了经济效益和现代化管理水平。与此同时，要合理地选择、组织、使用各种先进的机械化、自动化物流设备，以充分发挥配送中心多功能、高效益的特点。

4. 发展的原则

规划配送中心时，无论是建筑物、信息处理系统的设计，还是机械设备的选择，都要考虑到有较强的应变能力，以适应物流量的扩大、经营范围的拓展。如在规划设计第一期工程时，应将第二期工程纳入总体规划，并充分考虑到扩建时业务工作的需要。

二、配送中心规划的内容

配送中心的建设是一项投资巨大的系统工程，其系统规划包括许多方面的内容，如图 8－1 所示。配送中心规划应从物流系统规划与设计、信息系统规划与设计、运营系统规划与设计三个方面进行。物流系统规划与设计包括设施布置规划与设计、物流设备规划与设计以及作业方法规划与设计；信息系统规划与设计也就是对配送中心信息管理与决策支持系统的规划与设计；运营系统规划与设计包括对组织机构、人员配置、作业标准和规范等的规划与设计。通过系统规划，实现配送中心的高效化、信息化、标准化和制度化。

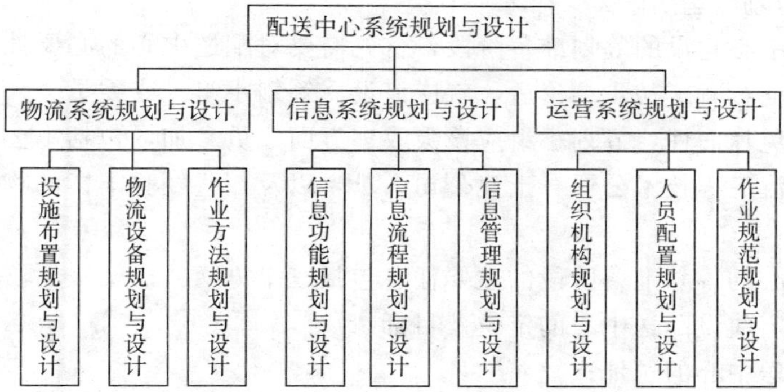

图 8-1　配送中心规划的基本内容

三、配送中心系统规划的程序

配送中心的系统规划程序可以分为五个主要阶段，即筹划准备阶段、总体规划阶段、方案评估阶段、详细设计阶段和系统实施阶段，如图 8-2 所示。

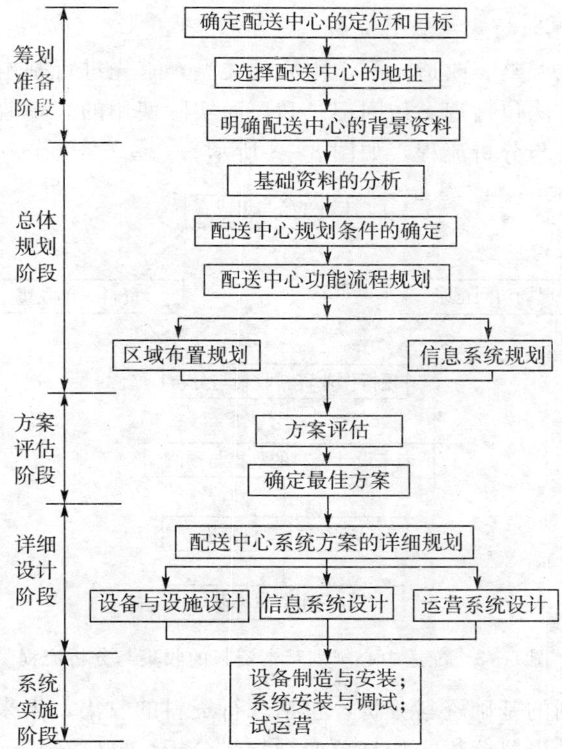

图 8-2　配送中心的系统规划程序

（一）筹划准备阶段

在配送中心建设的筹划准备阶段，首先需要对配送中心的必要性和可行性进行分析和论证，有了初步结论后，就应该设立筹划小组（或委员会）进行具体规划，为了避免片面性，筹划小组应该吸收多方面成员参加，包括本公司、物流咨询公司、物流工程技术公司、土建公司人员，以及一些经验丰富的物流专家或顾问等。

配送中心的筹划准备阶段的主要任务包括三个方面：

（1）确定建设配送中心的定位及目标；

（2）配送中心的选址；

（3）明确配送中心的背景条件。

（二）总体规划阶段

在配送中心的总体规划阶段，需要对配送中心的基础资料进行详细分析，确定配送中心的规划条件，在此基础上进行基本功能和流程的规划、区域布置规划和信息系统规划，根据规划方案制订项目进度计划、投资预算和经济效益分析等。配送中心总体规划阶段的主要任务包括：

1. 配送中心规划的基础资料分析

根据欲建（或调整、改造）配送中心的类型，首先进行基本资料的收集和调查工作。调查的方法包括现场访问记录和厂商实际使用的表单收集。配送中心规划基本资料的收集与分析流程，如图 8-3 所示。

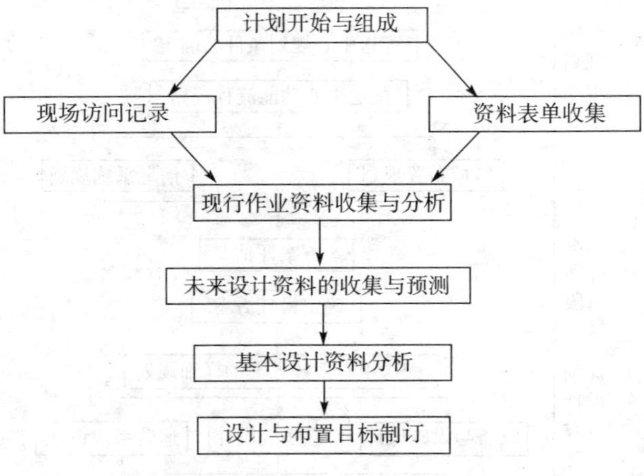

图 8-3　配送中心规划基本资料的收集与分析流程

配送中心规划的基础资料分析，包括现行资料的收集、未来设计资料的收集与预测、基本设计资料分析，如订单变动趋势分析、EIQ 分析、物品特性与储运单位分析等，通过分析，可以确定配送中心的规划条件，为配送中心的规划提供设计依据。

2. 配送中心规划条件的确定

经过对基础资料的收集分析后，对原有物流系统的现状已经充分掌握，新的配送中心的规划条件就可以设定了。一般新的配送中心的规划，面临以下几项课题：

（1）增强营运能力，能力的扩充不一定是全面增加设备或空间，主要是打破瓶颈。

（2）服务水准的提升，这需要软、硬件人员的全面配合，也需要整个物流系统的变更与整合。

（3）为了解决人力缺乏问题，应积极实现配送合理化、省力化，或设备机械化、自动化。

（4）为了应付多品种、小批量、高频率的物流环境，应规划设置弹性化、智能型的物流系统。

（5）配合企业的营运策略，扩增配送中心的功能，或增建配送中心。

3. 配送中心的功能流程

根据配送中心的规划条件和基础资料的分析结果，确定将配送中心的功能和作业流程，如进货、保管、流通加工、拣取、分货、配货等作业按顺序做成流程图，而且初步设定各作业环节的相关作业方法。

4. 配送中心的平面布置

确定各业务要素所需要的占地面积及其相互关系，考虑到物流量、搬运手段、货物状态等因素，作成位置相关图。在平面布置时，还要考虑到将来可能发生的变化，要留有余地。

5. 信息系统规划

包括规划配送中心信息系统的功能、流程和网络结构。

6. 运营设计

设计内容包括作业程序与标准，管理方法和各项规章制度，对各种票据的处理及各种作业指示图，设备的维修制度与系统异常事故的对策设计以及其他有关配送中心的业务规划与设计等。

7. 制订进度计划

对项目的基本设计、详细设计、土建、机器的订货与安装、系统试运转、人员培训等，都要制订初步的进度计划。

8. 建设成本的概算

以基本设计为基础，对于设计研制费、建设费、试运转费、正式运转后所需作业人员的劳务费等，作出费用概算。

（三）方案评估阶段

在基本设计阶段往往产生几个可行的系统方案，应该根据各方案的特点，采用各种系统评价方法或计算机仿真方法，对各方案进行比较和方案评估，从中选择一个最优的方案进行详细设计。

（四）详细设计阶段

在详细设计阶段，在对总体方案进行完善设计的基础上，决定作业场所的详细配置，对配送中心所使用的各种设备、能力等进行详细设计，并对办公及信息系统、运营系统进行详细设计等。本阶段的主要任务包括：

1. 设备制造厂的选定

设备制造厂的选定一般通过投标竞争的方式选择。选定制造厂后，应和制造工厂一起对配送中心基本设计的指导思想进行认定，取得共识，并考虑和采纳厂方的新方案和意见，制订下一步的计划。

2. 详细设计

在详细设计阶段，要编制具体的实施条目和有关设备形式的详细计划，主要有以下方面：

（1）装卸、搬运、保管所用的机械和辅助机械的型号规格；

（2）运输车辆的类型、规格；

（3）装卸搬运用的容器形状和尺寸；

（4）配送中心内部详细的平面布置与机械设备的配置方案；

（5）办公与信息系统的有关设施规格、数量等；

（6）信息系统的设计；

（7）运营系统的设计。

大规模的配送中心是由许多参加单位共同进行系统规划与实施的。为了保证系统的统一性，就要制定共同遵守的规则，如通讯信号的接口、控制方式等。

（五）系统实施阶段

为了保证系统的统一性以及系统目标与功能的完整性，应对参与设计施工各方所设计的内容从性能、操作、安全性、可靠性、可维护性等方面进行评价和审查，在确定承包工厂前应深入现场，对该厂生产环境、质量管理体制等进行考察，如发现问题应提出改善要求。在设备制造期间也需进行现场了解，对质量和交货日期等进行检查。

四、配送中心的规划方法

配送中心的规划主要包括商品需求预测、配送中心设施的选址及设备选用、配送运输规划、顾客服务水平指标的设定等，在配送中心的经营方面，随着相关因素的增加，必须做好相互之间的协调。

（一）影响配送中心规划的主要因素

配送中心的规划要素就是影响配送中心系统规划的基础数据和背景资料，主要包括如下几个方面。

E——Entry：指配送的对象或客户。

I——Item：指配送商品的种类。

Q——Quantity：指配送商品的数量或库存量。

R——Route：指配送的通路。

S——Service：指物流服务水平。

T——Time：指物流的交货时间。

C——Cost：指配送商品的价值或建造的预算。

1. 配送的对象或客户——E

配送中心的服务对象或客户不同，配送中心的订单形态和出货形态就会有很大不同。例如为生产线提供JIT配送服务的配送中心和为分销商提供服务的配送中心，其分拣作业的计划、订单传输方式、配送过程的组织有很大的区别；同是销售领域的配送中心，面向批发商的配送和面向零售商的配送，其出货量的多少和出货的形态也有很大不同。

2. 配送的商品种类——I

配送中心处理的商品品项数差异性非常大，多则上万种以上，少则数百种甚至数十种，由于品项数的不同，其复杂性与困难性也有所不同；在配送中心所处理的商品种类不同，其特性也完全不同。如目前比较常见的配送商品有食品、日用品、药品、家电品、3C货物、服饰货物、录音带货物、化妆品、汽车零件及书籍货物等，分别有其商品的特性，配送中心的厂房硬件及物流设备的选择也完全不同。食品及日用品的进出货量较大，而3C货物的商品尺寸大小差异性非常大，家电商品的尺寸较大。

3. 商品的配送数量或库存量——Q

商品出货数量的多少和随时间变化的趋势会直接影响到配送中心的作业能力和设备的配置。例如一些季节性波动、年节的高峰等问题，都会引起出货量的变动。配送中心的库存量和库存周期将影响到配送中心的面积和空间的需求。因此应对库存量和库存周期进行详细的分析。一般进口商型的配送中心因进口船期的原因，必须拥有较长库存周期的库存量（约2个月以上）；而流通型的配送中心，则完全不需要考虑库存量但必须注意分货的空间及效率。

4. 物流通路——R

物流通路与配送中心的规划也有很大的关系。常见的几种通路模式如下：

工厂→配送中心→经销商→零售商→消费者

工厂→经销商→配送中心→零售商→消费者

工厂→配送中心→零售商→消费者

工厂→配送中心→消费者

因此规划配送中心之前，首先必须了解物流通路的类型，然后根据配送中心在物流通路中的位置和上下游客户的特点进行规划，才不会造成失败的案例。

5. 物流的服务水平——S

配送中心的工作目标就是提高企业的物流服务水平，但物流服务水平的高低恰恰与物流成本成正比，也就是物流服务品质愈高则其成本也愈高；但是站在客户的立场，总是希望以最经济的成本得到最佳的服务；所以原则上物流的服务水准，应该是合理的物流成本下的服务品质，也就是物流成本不会比竞争对手高，而物流的服务水准比对方高一点即可。

物流服务水平的主要指标包括：订货交货时间；商品缺货率；增值服务能力等。应该针对客户的需求，确定一个合理的服务水准。

6. 物流的交货时间——T

所谓物流的交货时间是指从客户下订单开始，包括订单处理、库存检查、理货、流通加工、装车、及卡车配送到达客户手上的这一段时间称为物流的交货时间。在物流服务品质中，物流的交货时间非常重要，因为交货时间太长或不准时都会严重影响零售商的业务，因此交货时间的长短与是否守时成为物流业者的重要评估项目。

7. 配送商品的价值或建造的预算——C

在配送中心规划时，除了考虑以上的基本要素外，还应该注意研究配送商品的价值和建造预算。

（二）配送中心规划方法

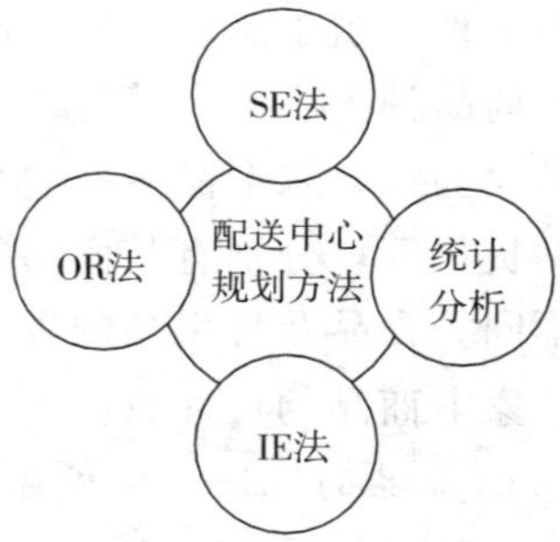

图 8-4 配送中心规划方法

如果为了提高顾客服务水平，采用即时配送而增加配送次数，配送成本一定会上升；反之，如果为了降低配送成本，把客户的商品积少成多进行配送，虽减少了配送次数进而降低了配送成本，却也降低了顾客服务水平。只有不断调整平衡各影响因素，配送中心才能达到配送费用最低、服务水平最高的最佳状态。什么样的基准才是最合适的呢？根据企业的目的、环境不同，对配送中心规划效果及费用进行分析，选定一个符合目标的基准。选定基准最有效的方法，一般认为是运筹学法（OR 法）。除此之外，还有 SE 法（系统设计法）、统计分析法、IE 法（工业工程法）等方法。这些方法统称为配送中心规划方法，如图 8-4 所示。

利用上述方法不仅可以解决配送中心规划问题，还可以解决物流中的很多问题。表 8-2 是配送中心各种规划方法的适用范围，应针对配送中心规划时的具体规划内容选择相适宜的规划方法。

表 8-2 配送中心各种规划方法的适用范围

配送中心规划方法 \ 配送中心规划内容		商品需求预测	配送中心总体设计	制订运输计划	制订配送计划	运输工具的选择	自备车辆规划	物流设施配置规划	物流设施规模设定	库存配置规划	物流作业改善计划	物流成本分析	顾客服务水平
SE 法			0										
统计分析法	时间系列分析法	0								0		0	0
	多变量解析法	0											
	其他统计方法	0											
IE 法											0		
运筹学法	模拟实验法	0	0	0					0	0			0
	网络理论法		0										
	最佳选址决定法								0				
	经济计算设备法						0	0	0				
	等行列理论法								0				
	LP 等数理规划法								0				
	库存管理理论法									0			
	启发式法									0			

第三节 配送中心选址与布局

一、配送中心选址的程序

配送中心的选址直接影响配送中心各项活动的成本，同时也关系到配送中心的正常运作和发展，因此，配送中心的选址和布局必须建立在充分调查分析的基础上，综合考虑自身经营的特点、商品特性及交通状况等因素，详细分析现状并做好预测。配送中心的选址可参照图 8-5 所示的程序进行。

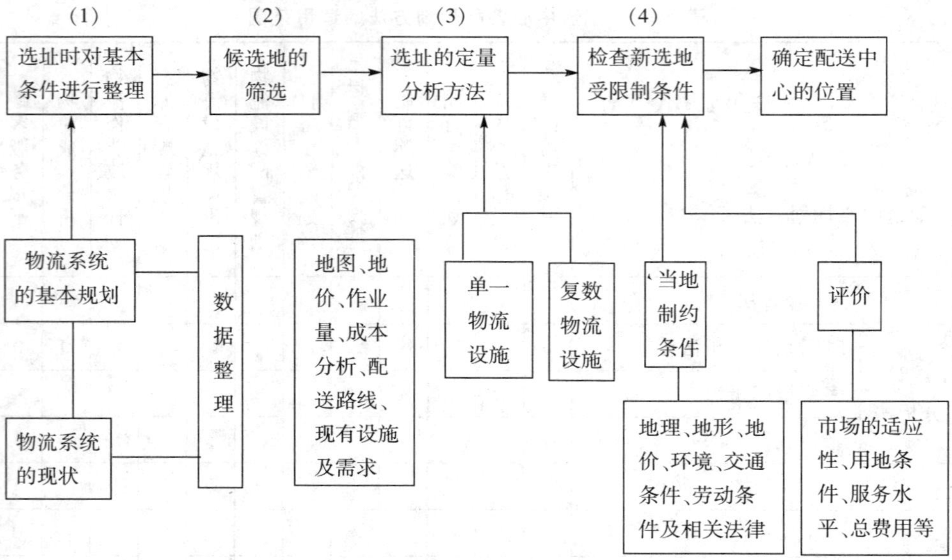

图 8－5　配送中心选址的程序

二、影响配送中心选址的主要因素

配送中心选址时应该考虑的主要因素有：客户的分布、供应商的分布、交通条件、土地条件、自然条件、行政条件等。

（一）客户的分布

配送中心选址时首先要考虑的就是所服务客户的分布，对于零售商型配送中心，其主要客户是超市和零售店，这些客户大部分分布在人口密集的地方或大城市。为了提高服务水准及降低配送成本，配送中心多建在城市边缘接近客户分布的地区。

（二）供应商的分布

另外，配送中心的选址应考虑供应商的分布地区。因为物流的商品全部是由供应商所供应的，如果物流接近供应商，则其商品的安全库存可以控制在较低的水平。但是国内一般进货的运输成本是由供应商负担的，因此配送中心选址有时不重视此项因素。

（三）交通条件

交通条件是影响物流的配送成本及效率的重要因素之一，交通运输的不便将直接影响车辆配送的进行。因此必须考虑对外交通的运输通路以及未来交通与邻近地区的发展状况等因素。地址宜紧临重要的运输线路，以方便配送运输作业的进行。考核交通方便程度的条件有：高速公路、国道、铁路、快速道路、港口、交通限制规定等方面。一般配送中心应尽量选择在交通方便的地方，如果以铁路及轮船来当运输工具，选址则要考虑靠近火车编组站、港口等。

（四）土地条件

对于土地的使用，必须符合相关法规及城市规划的限制，配送中心应尽量选在物流园区或经济开发区。建设用地的形状、长宽、面积与未来扩充的可能性，与规划内容有密切的关系，因此在选择配送中心地址时，有必要参考规划方案中仓库的设计内容，在无法完全配合的情形下，必要时需修改规划方案的内容。

另外，还要考虑土地大小与地价，考虑现有地价及未来增值状况，配合未来可能扩充的需求程度，决定最合适的面积大小。

（五）自然条件

在物流用地的评估中，自然条件也是必须考虑的，事先了解当地自然环境有助于降低建设的风险。例如自然环境中的湿度、盐分、降雨量、台风、地震、河川等条件，有的地方靠近山边湿度比较高，有的地方湿度比较低，有的地方靠近海边盐分比较高，这些都会影响商品的储存品质，尤其是服饰产品或 3C 产品等对湿度及盐分都非常敏感。另外，降雨量、台风、地震及河川等自然灾害，对于配送中心的影响也非常大，必须特别留意并且避免被侵害。

（六）人力资源条件

在仓储配送作业中，最主要的资源需求为人力资源。由于一般物流作业仍属于劳动密集的作业形态，在配送中心内部必须要有足够的作业人力，因此在决定配送中心位置时必须考虑劳工的来源、技术水准、工作习惯、工资水平等因素。

人力资源的评估条件有附近人口情况、上班交通状况、薪资水准等几项。如果物流的选址位置附近人口不多且交通又不方便时，则不容易招募基层的作业人员；如果附近地区的薪资水准太高，也会影响到基层作业人员的招募。因此必须调查该地区的人力、上班交通及薪资状况。

（七）政策环境

政策环境条件也是物流选址评估的重点之一，尤其是物流用地取得困难的现在，如果有政府政策的支持，则更有助于物流业者的发展。政策环境条件包括企业优惠措施（土地提供、减税）、城市规划（土地开发、道路建设计划）、地区产业政策等。最近，许多交通枢纽城市如深圳、武汉等地都在规划设置现代物流园区，其中除了提供物流用地外，也有关于税赋方面的减免政策，有助于降低物流业者的营运成本。

配送中心设计者必须充分研讨上述条件，根据这些条件决定设施规模和选址。最佳的选址是由所希望的条件来决定的，因此可将所希望的条件按照优先顺序，标记在地图上，反复研讨，在理想的区域范围内，限定候选地。

三、配送中心选址方法

(一)配送中心选址所需数据

配送中心建在什么地方，选用哪些设施，成本如何，一般通过计算求得。将运输配送费、物流设施费模型化，利用约束条件及目标函数建立数学公式，求出其中费用最小解。由此得出最佳选址方案，但是必须准确预测和分析计算公式中的作业量和成本这两个数据。

1. 作业量

配送中心作业量主要有以下各项：

① 工厂到配送中心的运输量；

② 配送给顾客的商品数量；

③ 配送中心的库存量；

④ 不同配送路线的作业量。

这些作业量在不同的时间段、不同的季节、不同的月份有不同的波动，必须研讨选址时采用什么水平的数量。另外，除现状数据外，还必须设定设施运营后的预测值。

2. 费用

同配送中心选址相关联的费用有以下几项：

① 工厂到配送中心之间的运费；

② 将货物配送给顾客的配送费；

③ 设施、用地所需费用及相关的人工费、业务费等。

3. 其他

准备一份标有客户位置、现有设施的配置、工厂的位置等相关资料的地图，根据地图整理出各候选地的配送路线、配送距离等数据。另外，必备车辆、作业人员、装卸搬运方式、装卸搬运设备费用等也应同成本分析结合起来设定。

(二)配送中心选址的定量分析

配送中心的选址方法到目前为止，主要有两种方法：一种是单一配送中心选址法，用于从一个指定的配送中心到多个客户配送的情况；另一种是复数配送中心选址法，用于多个配送中心同时给多个客户配货的情况。这里介绍第一种方法。

假设一个配送中心向多个顾客配货，配送中心位置显然应该建在运输费用最低的地方，如图 8－6 所示，有 n 个顾客，各自坐标为（x_i，y_i），配送中心的坐标点为（x_0，y_0），从配送中心到顾客 i 的总运输费用为：

$$H=\sum_{i=1}^{n} d_i w_i a_i=\sum_{i=1}^{n} w_i a_i \sqrt{(x_0-x_i)^2+(y_0-y_i)^2}$$

式中：a_i——从配送中心到顾客 i 每单位量、单位距离所需要的运费；

w_i——配送中心到顾客 i 的运输量；

d_i——从配送中心到顾客 i 的直线距离，$d_i=\sqrt{(x_0-x_i)^2+(y_0-y_i)^2}$。

希望求出配送费用最小，即让 $\frac{\mathrm{d}H}{\mathrm{d}x_0}=0$，$\frac{\mathrm{d}H}{\mathrm{d}y_0}=0$；求出的点（$x_0$，$y_0$）就是最适当的选址点。

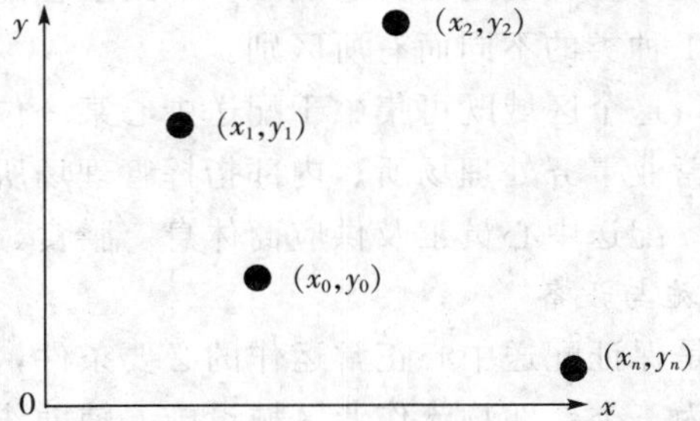

图 8-6 单一配送中心与多个顾客

四、配送中心内部布局

（一）配送中心的构成

1. 配送中心的作业区域

配送中心的作业区域分为基本作业区和周边辅助活动区。其中，基本作业区是指进行装卸搬运、入库上架、订单拣取、出库拣选、发货等基本配送作业活动的区域；周边辅助活动区指办公室、计算机中心等。

（1）接货区。该区域完成接货等入库前的工作，如接货、卸货、清点、检验、分类等各项准备工作。接货区的主要设施包括进货铁路或公路、装卸货站台以及暂存验收检查区域。

（2）储存区。该区域储存或分类储存所进的商品，属于静态区域，进货在此要有一定时间的放置。和不断进出的接货区相比，该区域所占面积较大，在许多配送中心里往往占总面积的一半左右。对某些特殊配送中心（如水泥、煤炭配送中心）而言，储存区面积甚至占总面积的一半以上。

（3）理货、备货区。该区域进行分货、拣货、配货作业，目的是为送货做准备。该区域面积随配送中心不同而有较大变化，如对多品种、少批量、多批次的配送中心而言，分货、拣货、配货工作复杂，该区域所占面积很大；但在另一些配送中心，该区域面积却又甚小。

（4）分放、配装区。在这个区域里，按客户需要，将配好的商品暂放、暂存，等待外运，或根据每个客户商品状况决定配车方式、配装方式，然后直接装车或运到发货站台装车。该区域用于暂存货物，时间短，周转快，所占面积相对较小。

（5）外运发货区。在这个区域里将准备好的商品装入外运车辆发出，该区的结构和接货区类似，有站台、外运线路等设施。有时候外运发货区和分放、配装区还联为一体，可将分好的商品直接通过传送装置送入装货场地。

（6）流通加工区。许多配送中心还设有加工区，在该区域内进行分装、包装、切裁、下料、混配等各种类型的流通加工。加工区在配送中心中所占面积较大，但设施装置随加工种类的不同而有所区别。

（7）管理指挥区。这个区域既可集中于配送中心某一位置，也可分散设置于其他区域中，主要是营业事务处理场所、内部指挥管理场所、信息场所等。

（8）劳务活动区。配送中心员工及供应商休息、膳食、盥洗的场所。

2. 配送中心的设施与设备

配送中心的设施是保证配送中心正常运作的必要条件，一个完整的配送中心包含的设施基本上分为三类：即物流作业区域设施、辅助作业区域设施和厂房建筑周边设施。在系统规划阶段，物流设备规划主要以要求的设备功能、数量和选用的型号等内容为主。

（1）物流作业区域设施与设备。配送中心主要物流作业活动离不开物流设施与设备，而且不同功能的物流设施与设备要求与之相适应的厂房布置与面积。物流作业区的主要物流设备有：容器设施、储存设备、订单拣取设备、物料搬运设备和流通加工设备等。

（2）辅助作业区域设施。辅助作业设施是保证配送中心正常进行的辅助性设施，如文件保管等办公设备，信息系统设施、网络设施，员工休息、膳食等劳务设施。

（3）厂房建筑周边设施。厂房建筑周边设施主要是水电、动力、土建、空调、消防等设施。

3. 配送中心的信息系统

信息化、网络化、自动化是配送中心的发展趋势，信息系统已经成为配送中心的重要组成部分。通过对配送中心业务流程的分析、各项作业活动及活动间的相关性分析，综合考虑配送中心的管理、业务部门信息传递以及作业的高效率的需要，建立相应的信息系统。此外，在规划配送中心信息系统时，还要充分考虑配送中心的类型、功能、管理方式及组织结构。以配销模式的配送中心为例，其信息系统如图 8－7 所示。

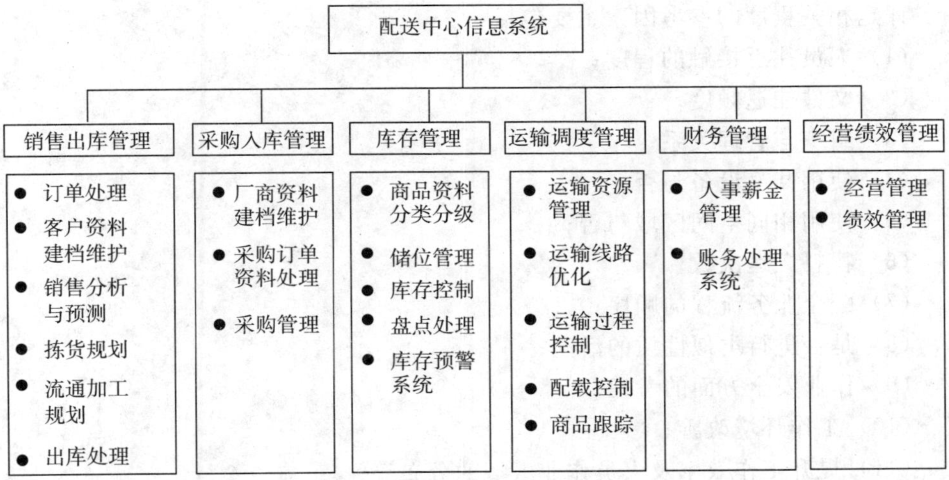

图 8－7　配销模式的配送中心信息系统示意图

（二）配送中心区域布置规划

在完成配送中心功能、作业流程、设施设备选用及信息系统等规划后，下一步的工作就是进行空间区域的布置工作。区域布置的主要内容有：活动关系的分析；作业空间规划；各区域位置的设计。

1. 活动关系的分析

配送中心的各类作业区域之间存在着相关关系，如有些是程序上的关系；有些是组织上的关系；有些是功能上的关系。有些作业区域之间相关性很强，有些相关性弱。因此，在进行区域布置规划时，必须对各区域之间的关系加以分析，明确各区域之间的相关程度，作为区域布置规划的重要参考。确定各区域之间相关程度可采用关联分析法。

关联分析法的步骤是：

（1）划分区域（设施）关联的等级与原因；

（2）用图或表来表示区域（设施）之间的关联关系；

（3）按照关系紧密程度确定相邻布置的原则；

（4）根据面积或其他因素进行调整。

各作业区域间的活动相关关系可以从以下几个方面考虑：

（1）程序性的关系：因物流、信息流而建立的关系。如人员往返接触的程度、文件往返频度等；

（2）组织与管理上的关系：同一部门的功能区域应紧密布置；

（3）功能上的关系：区域间因功能需要形成的关系，如相同功能的区域应尽量紧密布置；

（4）环境上的关系：因操作环境、安全考虑方面需保持的关系。

评定相关程度的参考因素主要包括：

（1）人员往返接触的程度；

（2）文件往返频度；

（3）组织与管理关系；

（4）使用共享设备与否；

（5）使用相同空间区域与否；

（6）物料搬运次数；

（7）配合业务流程的顺序；

（8）是否进行类似性质的活动；

（9）作业安全方面的考虑；

（10）工作环境改善；

（11）提升工作效率及人员作业区域的分布等。

根据以上相关要素，对任意两个区域的相关性进行评价，一般将区域间的相关程度分为六个等级：绝对重要 A（Absolutely important）、特别重要 E（Especially important）、重要 I（Important）、一般 O（Ordinary）、不重要 U（Unimportant）、不宜靠近×。区域关联关系如图 8-8 所示。

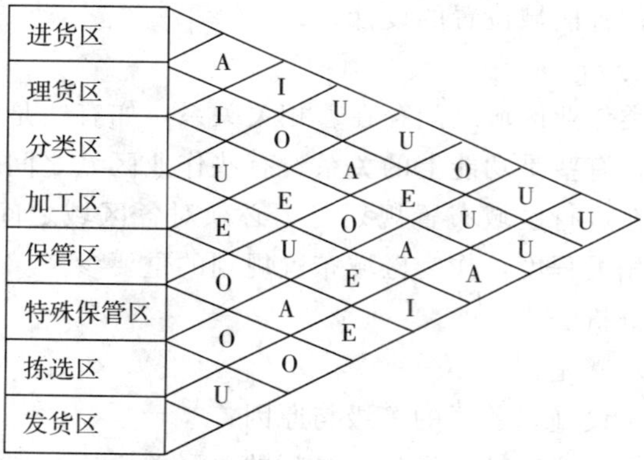

图 8-8　配送中心区域相关性分析图

2. 作业空间规划

（1）通道空间的布置规划。通道的合理安排和宽度设计将直接影响物流效率。在布置配送中心时首先应对通道的位置和宽度进行设计。在进行通道布置时，要考虑影响通道布置的因素，结合拟布置的通道类型合理布置规划。

①影响库房通道位置布置和宽度的因素。主要有道路形式，设备的型号、尺寸、能力和旋转半径，商品的尺寸，商品批量尺寸，储存区到进出口及装卸区的距离，防火墙的位置，行列空间，设备的位置，底板负载能力，电梯、斜道位置

及进出的方便性等。

②通道分类。主要通道有工作通道、人行通道、电梯通道、其他通道。

③通道设计。设计顺序是：主作业通道和出入口——辅助作业通道——其他通道和参观通道。通道宽度应根据不同作业区域、人员或车辆行走速度、单位时间通行人数、搬运物品的体积等因素确定。

（2）进出货区的作业空间规划与布置。商品在进出货时需要拆装、理货、检查或暂存以待入库存储或装车配送。为此在进出货站台上应留有空间作为暂存区或理货区。为了使站台与车辆高度能满足装卸货的顺利进行，进出货站台需要连接设备。若使用可拆装式连接设备时，需要 1m～2.5m 的空间，若使用固定式连接设备时，需要 1.5m～3.5m 的空间。为使车辆及人员畅通进出，在暂存区和连接设备之间应有出入通道。进出货区的作业空间规划与布置，如图 8－9 所示。

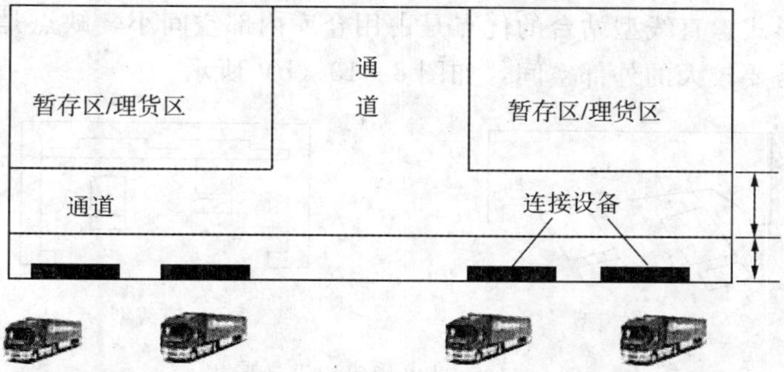

（使用可拆装式连接设备，s=1m~2.5m；使用固定式连接设备，s=1.5m~3.5m；若通道上使用人力搬运，r=2.5m~4m）

图 8－9 进出货区的作业空间规划与布置

①进出货站台的设计类型：进出货共用站台，如图 8－10 所示。进出货共用站台可以有效提高空间和设备的使用率，但管理较困难，容易出现“进”与“出”相互影响的情况，特别是在进出货高峰时段。

进出货相邻、分开使用站台，如图 8－11 所示。这种形式不会使进出货相互影响，可以共用设备，但空间利用率低。

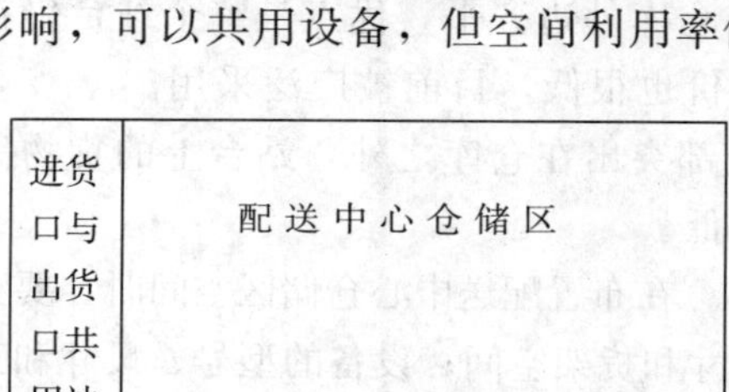

图 8－10 进出货共用站台

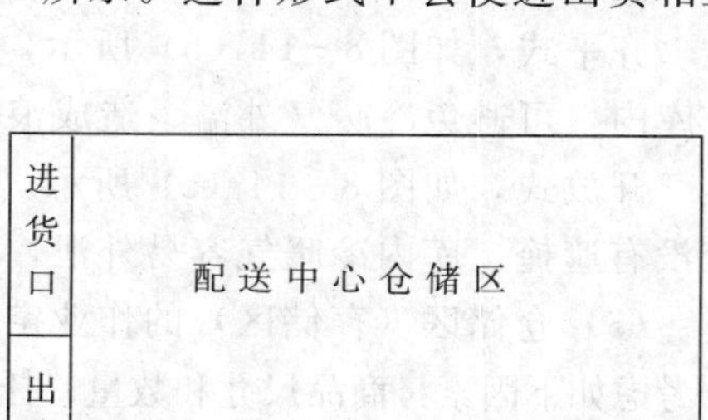

图 8－11 进出货相邻、分开使用站台

进出货完全独立站台，两者不相邻，如图 8－12 所示。这种形式是进出货作业完全独立的站台设计，不但空间分开而且设备也独立。

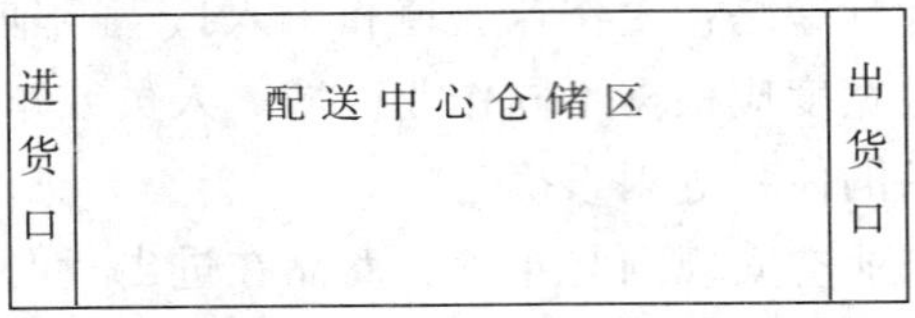

图 8－12　进出货完全独立站台

多个进出货站台。这种形式站台有多个进出货口，进出货频繁，且空间足够。

②站台的设计形式。站台的设计形式有锯齿型和直线型两种。锯齿型站台的优点是车辆旋转纵深较浅，但占用仓库内部空间较深，图 8－13（a）所示为锯齿型站台设计形式。直线型站台的优点是占用仓库内部空间小，缺点是车辆旋转纵深较大，且需要较大的外部空间，如图 8－13（b）所示。

(a)锯齿型　　(b)直线型

图 8－13　进出货码头设计形式

在设计进出货空间时，除考虑提高作业效率和充分利用空间外，还必须考虑安全问题。尤其是设计车辆和站台之间的连接部分时，必须考虑防止大风、雨水进入货柜或仓库内部。同时，还应考虑避免库内冷暖空气外溢。为此，停车站台有以下三种设计形式：

内围式，如图 8－14（a）所示，把站台围在库区内，安全性高，有利于防止风雨侵袭和冷暖气外溢。这种形式造价较高。

齐平式，如图 8－14（b）所示，站台与仓库外边齐平，优点是整个站台仍在仓库内，可避免冷暖气外溢、造成浪费，造价也很低，目前被广泛采用。

开放式，如图 8－14（c）所示，站台全部突出在仓库之外，站台上的货物完全没有遮掩，库内冷暖气容易外泄，安全性低。

（3）仓储区（存储区）的作业空间规划。在布置配送中心仓储区空间时，要充分考虑如下因素：商品尺寸和数量；托盘的尺寸和货架空间；设备的型号、尺寸和工作半径；通道宽度、位置和需要空间；柱间距离；建造尺寸和形式；进出货口形式；其他服务设施（消防设施、排水设施等）的位置。然后，根据商品储存的形式即选择托盘平置堆放、使用托盘货架、使用轻型托盘货架的储存形式，求出存货所占空间的大小。

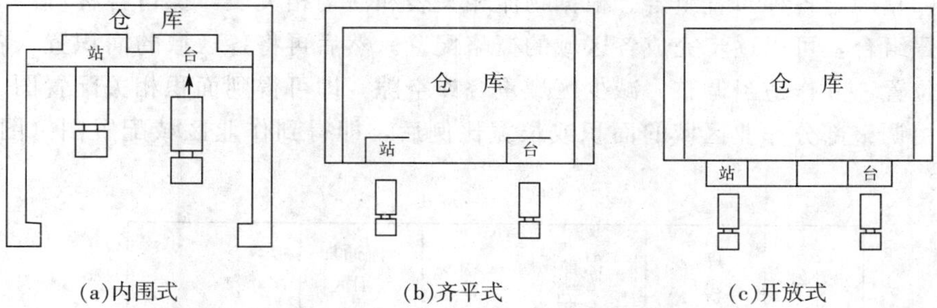

图 8-14 停车站台设计形式

(4) 拣货区的作业空间规划。拣货作业是配送中心核心作业环节，也是最费时的工作。拣货作业的合理布置可以提高整个配送中心的运作效率。根据配送中心类型及经营商品特性，拣货方式可分为仓储区和拣货区共用托盘货架、仓储区和拣货区共用的零星拣货方式、仓储区与拣货区分开的零星拣货方式和分段拣货的少量拣货方式等。

3. 各区域位置的设计

配送中心各区域位置的设计可以用绘图方法直接绘成平面布置图；也可以将各功能区域按面积制成相应的卡片，在配送中心总面积图上进行摆放，以找出合理方案；还可以采用计算机辅助平面区域布置技术进行平面布置。平面布置可以作出几种方案，最后通过综合比较和评价选择一个最佳方案。配送中心各区域布置的方法和步骤如下：

(1) 物流作业区域的布置：

① 决定配送中心对外的联外道路形式：确定配送中心联外道路、进出口方位及厂区配置形式。

② 决定配送中心厂房空间范围、大小及长宽比例。

③ 决定配送中心内由进货到出货的主要物流路线形式即决定其物流模式，如U形、双排形等。

④ 按物流相关表和物流路线配置各区域位置：首先将面积较大且长宽比例不易变动的区域先置入建筑平面如自动仓库、分类输送机等作业区内；再按物流相关表中物流相关程度的大小安排其他区域的布置。

(2) 行政活动区域的配置。一般配送中心行政办公区均采用集中式布置，虽与物流仓储区分隔，但也应进行合理的配置。由于目前一般配送中心仓储区采用立体化设备较多，其高度需求与办公区不同，故办公区布置应进一步考虑空间的有效利用，如采用多楼层办公室、单独利用某一楼层、利用进出货区上层的空间等方式。

行政活动区域内的配置方法：首先选择与各部门活动相关性最高的部门区域

先行置入规划范围内，再按活动相关表，将其他部门区域依次置入布置范围内。

(3) 确定各种布置组合。根据物流相关表和活动相关表，探讨各种可能的区域布置组合，可以逐步完成各区域的概略配置。然后再将各区域的面积置入各区相对位置，并作适当调整，减少区域重叠或空隙，即可得到面积相关配置图。最后经由调整部分作业区域的面积或长宽比例后，即得到作业区域配置图（图 8－15)。

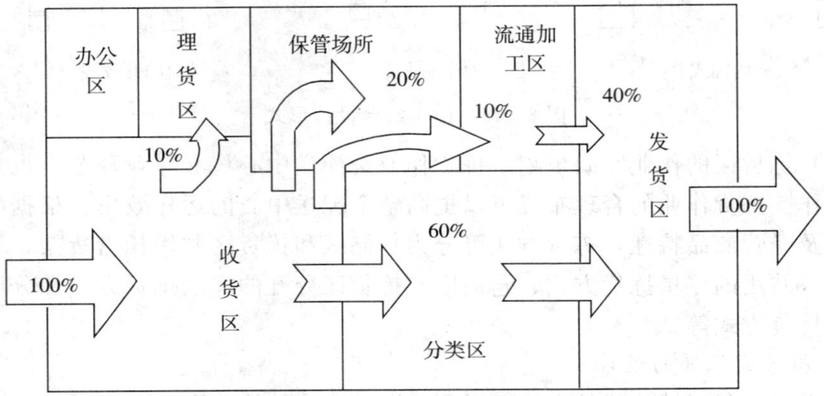

图 8－15　作业区域配置图

习题八

(1) 如何理解配送中心的内涵?

(2) 配送中心的功能主要有哪些?

(3) 你知道目前配送中心有哪些分类吗?

(4) 简述配送中心系统规划的程序。

(5) 影响配送中心规划的主要因素有哪些?

(6) 影响配送中心选址的主要因素有哪些?

(7) 简述配送中心区域布置的主要内容。

案例导读　美国加州食品配送中心

美国加州食品配送中心是全美第二大批发配送中心，建于 1982 年，建筑面积 10 万平方米，工作人员 2000 人左右，共有全封闭型温控运输车 600 多辆，1995 年销售额达 20 亿美元。经营的商品均为食品，有 43000 多个品种，其中有 98％的商品由该公司组织进货，另有 2％的商品是该中心开发加工的商品，主要是牛奶、面包、冰淇淋等新鲜食品。该中心实行会员制，各会员超市因店铺的规模大小不同、所需商品配送量的不同，而向中心交纳不同的会员费。会员店在日常交易中与其他店一样，不享受任何特殊的待遇，但可以参加配送中心定期的利润处理。该配送中心本身不是盈利单位，可以不交营业税。所以，当配送中心获得利润时，会采取分红的形式，将部分利润分给会员店。会员店分得红利的多少，将视在配送中心的送货量和交易额的多少而定，多者多分红。

该配送中心主要实行电子计算机管理。业务部通过电子计算机获取会员店的订货信息，及时向制造商和储运部发出要货指示单，制造商和储运部再根据要货指示单的先后缓急安排配送的先后顺序，将分配好的货物放在待配送口等待发运。配送中心 24 小时运转，配送半径一般为 50 千米。

该配送中心与制造商、超市协商制定商品的价格，主要依据是：(1) 商品数量与质量；(2) 付款时间，如在 10 天内付款可以享受 2%的价格优惠；(3) 配送中心对各大超市配送商品的加价率，根据商品的品种、档次不同以及进货量的多少而定，一般为 2.9%～8.5%。

案例思考

(1) 美国加州食品配送中心属于何种类型的配送中心?

(2) 该配送中心的基本业务流程是什么?

(3) 美国加州食品配送中心采用何种经营模式? 它对降低配送成本有何帮助?

第九章 配送计划与作业管理

【学习目标】 通过学习本章，要求明确制订配送计划的主要依据；掌握配送路线优化的方法；理解配送中心作业流程；了解改善搬运的原则与方法；掌握储存作业的策略与方法；理解和掌握订单处理的流程；熟悉和掌握配送运输的基本作业流程。

第一节 配送计划

一、制订配送计划的必要性

配送计划是对计划期内配送商品的种类、数量，配送系统的资源、车辆、人员、库存、配送路线等所作的预见和安排。它从预测配送需求开始，包括车辆调配、人员配置、路线规划等过程，及时将企业的配送资源配置到各项配送作业中，从而实现合理的配送作业。

制订配送计划的目的是实现配送管理的合理化，消除配送中的作业浪费、时间浪费，减少商品损失，提高设备、设施、运输工具的使用效率，从而削减配送费用，使配送工作能够按最高效率的路线和行车时间表进行。

配送是直接面对客户的活动，周密的配送作业计划是提高配送效率的保障，是提高配送服务水平的必要条件。

配送是一个多环节的作业，配送效率的提高是在各个环节密切配合、协调一致的情况下实现的。如果没有周密的计划，对配送的每一个环节、每一个部门的工作不作出明确的规定，而是在执行配送作业时，各部门各自为政、各行其是，难免会出现配送作业的混乱、低效率和配送不及时，从而降低配送服务水平。

配送一般都是在小范围内（比如一个城市内），为分散在不同地方的多家客户少量、高频率地运送客户所需要的商品，用于配送的运输工具一般都是小型卡车，也有使用小型船舶、非机动车等配送工具的情况。如何安排和控制配送运输这一环节存在一定的难度，需要优化配送路线，控制时间，合理安排车辆、人员，对交通事故、交通堵塞、临时送货等突发事件采取应变措施。

由于上述众多的问题，在配送过程中，事先订好的计划被打破的情况经常发生。途中改变计划，某家客户的货可以不送了，需要在客户那里再装运别的货物，类似这样的情况也常常会发生。因此，制订配送计划时，需要以配送活动不可能完全按计划行事的思想为前提，对配送进行管理。

二、制订配送计划的主要依据

（一）配送计划制订的依据

1. 客户订单

客户订单对配送商品的品种、规格、数量、送货时间、送达地点、收货方式等都有要求。因此客户订单是拟订配送计划的最基本的依据。

2. 客户分布、送货路线、送货距离

客户分布是指客户的地理位置分布。客户位置离配送据点的距离长短、配送据点到达客户收货地点的路径选择，直接影响到配送成本。

3. 配送货物的体积、形状、重量、性能、运输要求

配送货物的体积、形状、重量、性能、运输要求，是决定运输方式、车辆种类、载重、容积、装卸设备的制约因素。

4. 运输、装卸条件

道路交通状况、送达地点及其作业地理环境、装卸货时间、气候等对输送作业的效率也起相当大的约束作用。

（二）配送计划制订的影响因素

1. 配送对象（客户）
2. 配送物品种类
3. 配送数量或库存量
4. 配送物品价值
5. 物流渠道
6. 物流服务水平
7. 物流交货期

三、配送计划的主要内容

配送计划的主要目的是为具体的配送作业提供指导，因此配送计划的内容就是根据客户的要求，拣配客户订货的品种、规格和数量，安排恰当的运输工具、运输路线和运输量，以便将商品安全、及时地送给客户。也就是要确定在特定的时间、特定的场所，要做什么、谁去做和怎么做等问题。具体来看，配送计划的主要内容包括以下几个方面：

(1) 按日排定客户所需要的品种、规格、数量、送货时间、送达地点、接货人等，并弄清客户的详细地址，可以在运输路线图上标明，也可以在出货的单据

或表格中列出。

(2) 按客户需要的时间，确定配送作业准备的提前期。

(3) 确定每天从各配送点发运的商品的具体品种、规格、数量。

(4) 按计划的要求选择配送服务的具体组织方式，确定配送路线。

(5) 列出详细配送计划表以供审批、执行和备案。

配送计划表的格式见表 9-1。

表 9-1 配送计划表

配送点（或部门） 年 月 日

序号	客户名称	订购商品品名	商品规格	配送数量	配送时间	送达地点	接货人	运输工具及数量
合计								

第二节 配送作业

一、配送中心作业流程

不同的配送中心在特性或规模上不一样，其营运涵盖的作业项目也不完全相同，但其基本作业都有进货作业、搬运作业、储存作业、盘点作业、订单处理作业、拣选作业、补货作业、出货作业、配送作业等，作业流程如图 9-1 所示。

通常，向上游供应商发出订单以后，供应商会根据订单的要求很快组织供货，配送中心再组织有关人员接货。供应货车到达码头，经“进货”作业确认进库商品后，便将商品“储存”入库，为确保在库商品受到良好的保护管理，要定期或不定期的“盘点”检查。当配送中心收到并汇总门店的订单后，要首先确定配送商品的种类和数量，然后查询配送中心现有库存中是否有所需的现货，这就是“订单处理”作业。如果有现货，则转入“拣货”作业；如果拣货区现货数量低于标准，则必须由储存区来“补货”；如果整个储存区的存量也低于标准，则要及时通知采购部门，由采购部门向供应商发出订单进行订货。从配送中心拣出的商品经整理后即可准备“出货”，等到一切出货工作就绪，司机便可将商品装上配送车，“配送”到各个客户点交货。另外，在所有作业的进行中，都涉及“搬运”作业，在图 9-1 中以虚线表示，后面将详细介绍搬运作业。

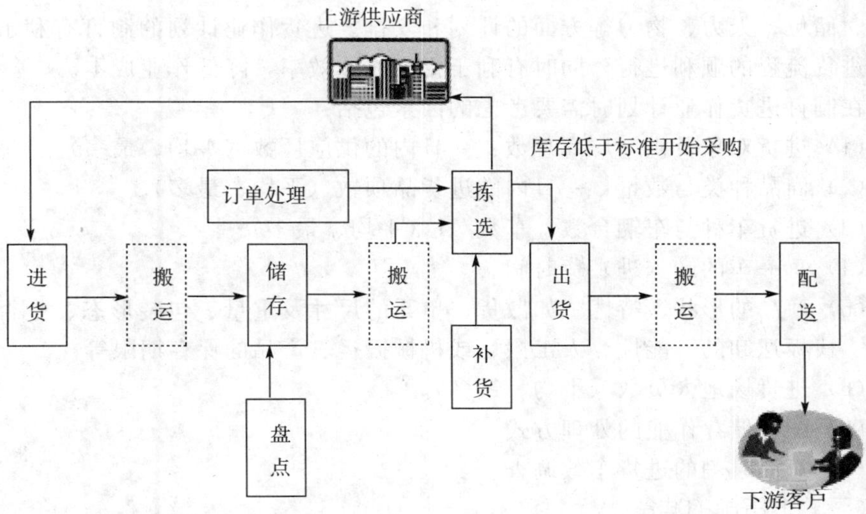

图 9-1　配送中心作业流程

二、进货作业

进货作业是整个配送中心作业的开始，进货作业的效率和质量直接影响着整个配送作业流程。进货作业包括把商品做实体上的接收，从货车上将商品卸下，核对该商品的数量及状态（数量检查、品质检查、开箱等），记录相关信息等。一般进货作业基本流程与内容如图 9-2 所示。

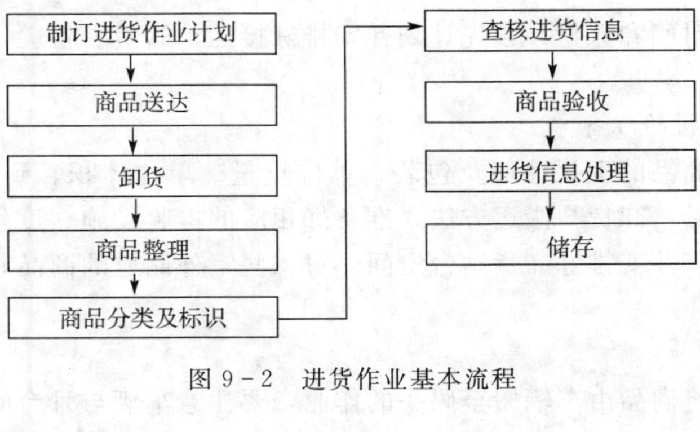

图 9-2　进货作业基本流程

（一）进货作业计划的制订

进货作业计划制订的基础和依据是采购计划、实际的进货单据，以及供应商的送货规律与送货方式。进货作业的制订必须依据订单所反映的信息，掌握商品到达的时间、品类、数量及到货方式，尽可能准确预测出到货时间，以尽早作出卸货、储位、人力、物力等方面的计划和安排。进货作业计划的制订有利于保证整个进货流程的顺利进行，同时有利于提高作业效率，降低作业成本。

在制订进货作业计划时需要考虑的因素包括：

(1) 进货对象及供应厂商总数：一日内的供应厂数（平均、最多）。

(2) 商品种类与数量：一日内的进货品项数（平均、最多）。

(3) 进货车种与车辆台数：车数/日（平均、最多）。

(4) 每一车的卸（进）货时间。

(5) 商品的形状、特性。如散货、单元的尺寸及重量、包装形态、是否具危险性、栈板迭卸的可能性、人工搬运或机械搬运、产品的保存期限等。

(6) 进货场地人员数（平均、最多）。

(7) 配合储存作业的处理方式。

(8) 每一时刻的进货车数调查。

（二）进货前的准备

在商品到达配送中心之前，必须根据进货作业计划，在掌握入库商品的品种、数量和到库日期等具体情况的基础上做好进货准备，准备工作的主要内容有：

1. 储位准备

根据预计到货的商品特性、体积、质量、数量和到货时间等信息，结合商品分区、分类和储位管理的要求，预计储位，预先确定商品的理货场所和储存位置。

2. 人力的安排

依照到货时间和数量，预先计划并安排好接运、卸货、检验、搬运货物的作业人员。

3. 设备器材的准备

根据到货商品的理化性能及包装、单位重量、单位体积、到货数量等信息，确定检验、计量、卸货与搬运方法，准备好相应的检验设施、度量衡、卸货及码货工具与设备，并安排好卸货站台空间。对一些室外储放的商品，还需准备相应的苫垫用品。

（三）卸货

卸货即是将商品由车辆搬至码头的作业，要注意车辆与月台间的间隙，一般为作业安全与方便起见，卸货码头常采用下列四种设施：可移动式楔块、升降平台、车尾附升降台和吊勾。

（四）商品的编号标识

由于进货作业是配送中心作业的第一阶段，为了让后续作业能够迅速正确地进行，并使商品品质及作业水准得到妥善维持，在进货阶段就将商品做好清楚有效的编号，是一项不可缺少的手续。编号就是将商品按其分类内容，进行有次序的编排，用简明的文字、符号或数字代替商品的名称、类别及其他有关信息的一种方式。

（五）商品的分类

如果只有商品编号而不事先将商品进行区分，作业员仍然要费力寻找目标，因而还要有条理地保管商品。分类，就是将多种不同事物按其性质或其他条件分别逐次区分，将它们归纳于不同类别，作有系统的排列。

商品分类的方式主要有：

（1）为适应商品储存保管需要，而按照商品特性分类。

（2）为配合商品使用而按照商品使用目的、方法及程序分类，如将需要流通加工者划分为一类，将直接原料划分为一类，将间接原料划分为一类。

（3）为适应商品采购的便利，而按照交易行业分类。

（4）为便利商品账务处理，按照会计科目分类，如将价值很高者划分为一大类，将价值低廉者划分为一大类。

（5）按照商品状态，如商品的内容、形状、尺寸、颜色、重量等分类。

（6）按照信息方面分类，如商品送达地别、顾客别等分类。

大体来说，出货前的分类以第六种较多，而进货的分类则不一定，视公司的性质、要求来做选择。

（六）商品验收检查

商品的验收工作，包括品质的检验和数量的点收。验收工作有两种不同的情形：第一种情形是先点收数量，再通知负责检验的单位办理检验工作；第二种情形是先由检验部门检验品质，认为完全合格后，再通知仓储部门，办理收货手续，填写收货单。

验收商品时，可根据下列几项标准进行检验：采购合约或订购单所规定的条件；以比价议价时的合格样品为依据；采购合约中的规格或者图解；各种商品的国家品质标准。

有了验收标准后就可根据标准着手验收，大致可将商品验收方法分为两个方面：

（1）在品质检验方面，包括物理试验、化学分析及外形检查等。

（2）在数量的点收方面，除核对商品号码外，还可依据采购合约规定的单位，用度量衡工具，逐一衡量其长短、大小和轻重。验收时可以按照商品验收处理程序表（表 9－2）来处理。

表 9-2 商品验收处理程序表

进货验收的情况		a. 商品数量正确吗	b. 品质检验合格吗	c. 能够维修吗	d. 供应商愿意付维修费吗	e. 配送中心急需这批货吗	决策的类别	f. 退回这批商品	g. 使用这些商品但寻求新供应商	h. 维修缺点并使用之	i. 从别处寻求紧急供应商
问题形态	1	○	○	○	○	○				√	
	2	○	○	○	○	●				√	√
	3	○	○	●		○		√			
	4	○	○	●		●		√			
	5	○	○	○		○				√	
	6	○	○	○		●		√			
	7	○	●			○		√			√
	8	○	●			●		√			
	9	●	○	○		○				√	
	10	●	○	○		●		√			
	11	●	○	●		○			√		
	12	●	○	●		●		√			
	13	●	●			○			√		
	14	●	●			●		√			

注：○=是，●=否，√=采取此项行动。

（七）进行商品入库信息处理

到达配送中心的商品，经过验收后，必须填写验收单，并将有关入库信息及时准确地录入库存商品信息系统，完成进货的全部作业。

三、搬运作业

搬运即是将不同形态的散装、整体原料，半成品或成品，在平面或垂直方向加以提起、放下或移动，可能是要运送，也可能是要重新摆置物料，而使商品能适时、适量移至适当的位置或场所存放。搬运活动的主要目的见表 9-3。

表 9－3 搬运活动的主要目的

序号	目 的	内 容
1	提高生产力	顺畅的搬运系统，能够消除瓶颈以维持及确保生产水准，有效利用人力，减少闲置设备
2	降低搬运成本	减少每位劳工及每单位商品的搬运成本，并减少延迟、损坏及浪费
3	提高库存周转率，以降低存货成本	有效率的搬运，可加速商品移动、缩减搬运距离，进而缩短总作业时间，使得存货存置成本及其他相关成本皆得以降低
4	改善工作环境，增加人员、商品搬运安全	良好的搬运系统，能使工作环境大为改善，不但能保证商品搬运的安全，减少保险费率，而且能提高员工的工作情绪
5	提高商品品质	良好的搬运可以减少商品的毁损，提高商品品质水准，减少客户抱怨
6	促进配销成效	良好的搬运，可增进系统作业效率，能缩短商品总配销时间，提高客户服务水准，对公司营运成效助益很大

（一）搬运的改善

考虑商品搬运成本时，有两个基本原则：

（1）距离原则——距离越短，移动越经济。

（2）数量原则——移动的数量越多，每单位移动成本越低。

因此，搬运工作的改善，可针对下列五项因素进行考虑：

（1）搬运对象；

（2）搬运距离；

（3）搬运空间；

（4）搬运时间；

（5）搬运手段。

以下就该五项因素分别说明，讨论其对于搬运作业的重要性，并将其改善原则与方法整理于表 9－4。

表 9－4 改善搬运的原则与方法

	因素	目标	想法	改善原则	改善方法
搬运	搬运对象	减少总重量、减小总体积	减小重量体积	尽量废除搬运	调整厂房布置
				减少搬运量	合并相关作业
	搬运距离	减小搬运总距离	减少回程	废除搬运	调整厂房布置
				顺道行走	
			回程顺载	掌握各点相关性	调整单位相关性布置
			缩短距离	直线化、平面化	调整厂房布置
			减少搬运次数	单元化	栈板、货柜化
				大量化	利用大型搬运机
					利用中间转运站
	搬运空间	降低搬运使用空间	减少搬运	充分利用三度空间	调整厂房布置
			缩小移动空间	降低设备回转空间	选用合适、不占空间、辅助设施少的设备
				协调错开搬运时机	时程规划安排
	搬运时间	缩短搬运总时间	缩短搬运时间	高速化	利用高速设备
				争取时效	搬运均匀化
			减少搬运次数	增加搬运量	利用大型搬运机
		掌握搬运时间	估计预期时间	时程化	时程规划安排
	搬运手段	利用经济高效的手段	增加搬运量	机械化	利用大型搬运机
					利用机械设备
				高速化	利用高速设备
				连续化	利用输送带等连续设备
			采用有效管理方式	争取时效	搬运均匀化
					循环、往复搬运
			减少劳力	利用重力	使用斜槽、滚轮输送带等重力设备

（二）搬运单位

商品移动的基本单位有三种形式：散装、个装或单元包装。散装是最简单且最廉价的商品搬运方法，每次的运送量较大。个装往往是体积很大的商品，大多数移动都需要大型搬运机或补助设施来移运。个装也可累积到某些单元数量后再运，如栈板、笼车、盒子与篮子等都是单元载重。单元载重的好处在于可以保护货品并降低每单位的移动成本及装卸成本，让搬运作业运行得更加完善、经济。大多数单元包装都采取标准化的形式，其大小、形态与设计一致，可以节省成本。

四、储存作业

储存作业主要任务在于把将要使用或出货的商品保存，且需经常做库存品的检查控制，不仅要善于利用空间，也要注意存货的管理。尤其是配送中心的储存与传统仓库的储存因营运形态不同，更要注意空间运用的弹性及存量的有效控制。

（一）储存作业的策略与方法

储存保管的目标是：做到使用空间的最大化；有效利用劳动力及设备；可以在任何时间方便地存取商品；安全经济地搬运商品；良好地保护和管理商品。

储存的一般策略是：依照商品特性来储存，大批量使用大储区，小批量使用小储区；安全储于高位的商品使用高储区；笨重、体积大的商品储存在较坚固的层架及接近出货区；重量轻的储存于有限的载荷层架；将相同或相似的商品尽可能储放在一起；跑量慢的或小、轻及容易处理的商品使用较远储区；周转率低的商品尽量远离进货、出货区域；周转率高的商品尽量放于接近出货区及层架较低的区域等。良好的储存策略可以缩短出入库移动的距离和作业时间，甚至能够充分利用储存空间。

储存方法主要有：定位储存、随机储存、分类储存和分类随机储存。这四种方法的比较见表 9-5。

表 9-5　储存方法比较

分类	定义	优点	缺点	使用范围
定位储存	每一项储存商品都有固定储位，商品不能互用储位	1. 每项商品都有固定储放位置，拣货人员容易熟悉商品储位 2. 商品的储位可按周转率大小安排，以缩短出入库搬运距离 3. 可针对商品的特性作储位安排调整，将相互影响减至最小	储位必须按各项商品的最大在库量设计，因此储区空间平时的使用效率较低	厂房空间大、多种少量商品的储放

（续表）

分类	定义	优点	缺点	使用范围
随机储存	每一种商品被指派储存的位置都是经由随机的过程所产生的，而且可经常改变；也就是说，任何品项可以被存放在任何可利用的位置	由于储位可共用，因此只要按所有库存商品最大在库量设计即可，储区空间的使用效率较高	1. 商品出入库管理及盘点工作的困难度较大 2. 周转率高的商品可能被储放在离出入口较远的位置，增加了出入库的搬运距离 3. 具有相互影响特性的商品可能相邻储放，造成商品的伤害或发生危险的可能性	种类少或体积较大的商品
分类储存	所有的储存商品按照一定特性加以分类，每一类商品都有固定存放的位置，而同属一类的不同商品又按一定的法则来指派储位	1. 便于畅销品的存取，具有定位储放的各项优点 2. 各分类的储存区域可根据商品特性再作设计，有助于商品的储存管理	储位必须按各项商品最大在库量设计，因此储区空间平均使用效率低	商品相关性大者；周转率差别大者；商品尺寸相差大者
分类随机储存	每一类商品有固定存放的储区，但在各类的储区内，每个储位的指派是随机的	可收分类储放的部分优点，又可节省储位数量、提高储区利用率	商品出入库管理及盘点工作的困难度较大	兼具分类储放及随机储放的特色，其储存空间量介于两者之间

（二）储位指派法则

储存策略是存储区规划的基本原则，同时还必须配合储位指派法则才能决定储存作业运作的模式。伴随储存策略产生的储位指派法则，可归纳出如下几项：

（1）与随机储存策略、共用储存策略相配合的靠近出口法则：将刚到达的商品指派到离出入口最近的空储位上。

（2）与定位储存策略、分类（随机）储存策略相配合的法则：

① 以周转率为基础法则：按照商品在仓库的周转率（销售量除以存货量）来排定储位。首先依周转率由大自小排序，再将此序列分为若干段，通常分为三至五段，同属于一段中的商品列为同一级，依照定位或分类储存法的原则，指定储存区域给每一级的商品，周转率愈高应离出入口愈近，如图 9－3 所示。

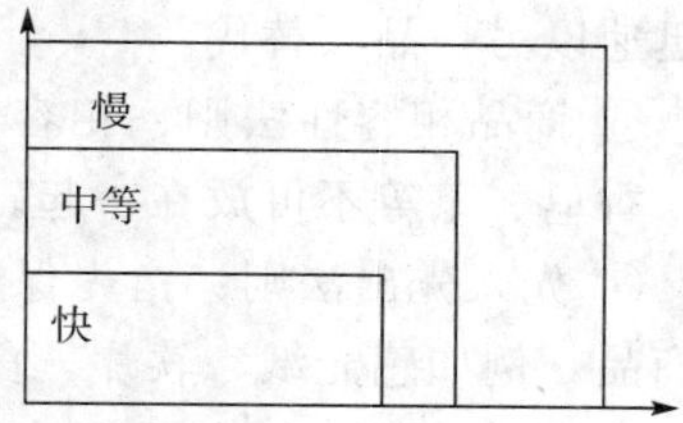

图 9－3　依周转率划分储区

另外，当进货口与出货口不相邻时，可依进、出仓次数来做存货空间的调整，表 9－6 为 A、B、C、D、…、H 八种商品进出仓库的情况，当出入口分别在仓库的两端时，可依商品进仓及出仓的次数比率，来指定其储存位置，图 9－4 为此八种商品的配置图。

表 9－6　A、B、C、D、…、H 八种商品进出仓库的情况

商品	进货量	进仓次数	出货批量	出仓次数	进仓次数/出仓次数
A	40 栈板	40	1.0 栈板	40	1.0
B	200 箱	67	3.0 箱	67	1.0
C	1000 箱	250	8.0 箱	125	2.0
D	30 栈板	30	0.7 栈板	43	0.7
E	10 栈板	10	0.1 栈板	100	0.1
F	100 栈板	100	0.4 栈板	250	0.4
G	800 箱	200	2.0 箱	400	0.5
H	1000 箱	250	4.0 箱	250	1.0

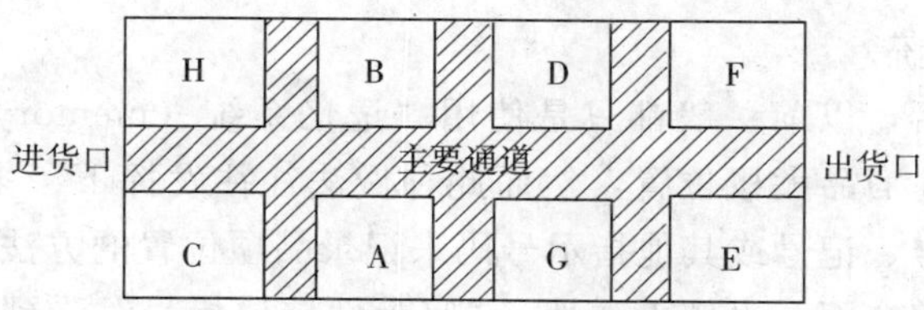

图 9－4　进出口分离的储位指派

② 商品相关性法则：商品相关性大者在订购时经常被同时订购，所以应尽可能存放在相邻位置。

③ 商品同一性法则：指把同一商品储放于同一保管位置的原则。

④ 商品类似性法则：指将类似品比邻保管的原则，此原则依据商品同一性原则。

⑤ 商品互补性法则：指互补性高的商品也应存放于邻近位置，以便缺料时可迅速以另一品项替代。

⑥ 商品相容性法则：相容性低的商品绝不可放置一起，以免损害品质，如烟、香皂、茶等不可放在一起。

⑦ 先入先出法则：指先保管的商品先出库，此原则一般适用于寿命周期短的商品，例如感光纸、软片、食品等。

⑧ 叠高法则：指像堆积木般将商品叠高。但要注意的是，在先入先出等库存管理限制条件很严时，一味往上叠并非最佳的选择，应考虑使用合适的料架或积层架等保管设备，以使叠高原则不至于影响出货效率。

⑨ 面对通道法则：指商品面对通路来保管，便于作业员将可识别的标号、名称进行简单辨识。这是配送中心内能流畅运行及活性化的基本原则。

⑩ 商品尺寸法则：在布置仓库时，应考虑商品单位大小及相同商品所形成的整批形状，以便能提供适当空间满足某一特定需要。所以在储存商品时，储存空间必须有大小变化，用以容纳一切不同大小的商品和不同的容积。

⑪ 重量特性法则：按照商品重量不同来决定储放商品于保管场所的高低位置。

⑫ 商品特性法则：商品特性不仅涉及商品本身的危险及易腐性质，同时也可能影响其他的商品，因此是配送中心布置设计考虑的必要因素。

⑬ 住居表示法则：指把保管商品的位置给予明确表示的法则。此法则主要目的在于将存取单纯化，并能减少其间的错误。尤其在临时人员、高龄作业员较多的配送中心，此法则更为必要。

⑭ 明（表示）性法则：指利用视觉，使保管场所及保管商品能够容易被识别的法则。

良好的储存策略与储位指派法则相互配合，可大量减少拣取商品所移动的距离。

（三）储位系统

设计好储区后，以前一般都只是使用“记忆系统（memory system）”来帮作业员简单地记住商品大概位置，然而此种做法往往发挥不了多大功效。而后，又使用品名、序号、记号或其他指示号码来记录品项位置的方法，但其只考虑品项本身代号，不够全面，也较无弹性。“暗示性储位标号”受到推广发展，其意义就是要能指出物流中心的每一个点，让员工能很肯定地指出什么东西被放在什么地方，使每个品项皆有一“地址”，以便需要时被迅速找到。例如，标签号码：103—15—723，其意义及采用如下（图 9－5）：

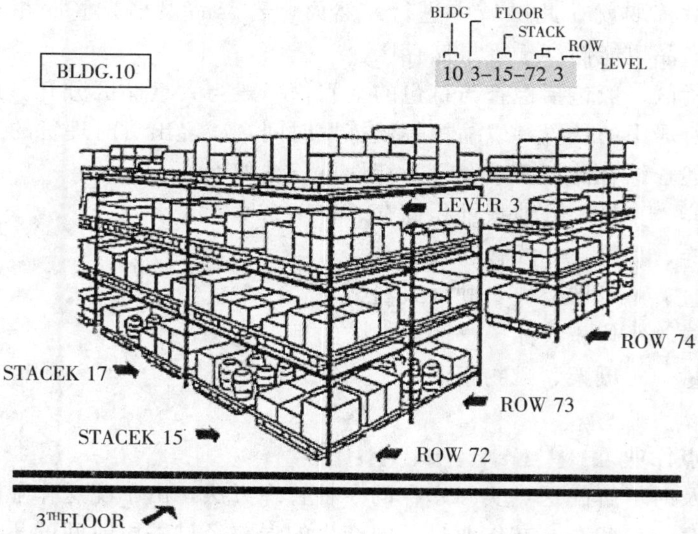

图 9-5 典型储位系统

“10—BLDG.”指厂房建筑物储存区域，由“1”开始标号。

“3—FLOOR”指厂房楼层级。

“15—STACK”指较长列，又称“Cross Row”，一般设定该标号不超过“50”，即STACK排数由左至右不超过50。

“72—ROW”指较短列，即以料架区分，又称“Main Row”，因1～50保留给较长列（排）编号，一般由“51”开始标号。

“3—LEVEL”指每一料架由下向上数的层数。

（四）储存形式

按照储存量分类，储存可以分为以下几类：

1. 大批储存（large lot bulk storage）

一般指3个栈板以上的存量。大批储存皆以栈板运作，多采用地板积存或自动仓库储存的方式。

2. 小批储存（small lot storage）

小批储存一般指小于一个栈板的储存，一般以箱为出货拣取单位。在储存区的小批量物品，一般被存放于栈板料架、棚架、贮物柜等。

3. 中批储存（medium lot storage）

中批储存一般指1～3个栈板量，可以栈板或箱为出货拣取单位。多采用栈板料架或地板堆积的方式。

4. 零星储存（retail storage）

零星储存或拣取区，皆是使用贮物柜或棚架储存小于整包的物品的地方。一般来说，订货拣取就在此区域中进行。然而，若产品很小、整批并不占用大空间，则整批产品也能储存于零星储存区。

零星拣货区一般包括检查与打包的空间，一般与大量储区分开。此储区最好置于低楼层及居中的位置，以缩短等候拣取时间，减轻出货时理货的工作。

综上所述，结合储存要求及设备特性可归纳如下：

（1）少样、多量——地板堆积储存、自动仓库。

（2）多样、少量——栈板料架。

（3）多量、不可堆叠——驶入式料架。

（4）多样、小体积产品——棚架、贮物柜。

（5）少量——棚架、贮物柜。

五、盘点作业

盘点是及时了解配送点实际库存的一种管理方法，由于配送作业中商品处于不断的进、存、出状态，在作业过程中产生的误差经过一段时间的累积会使库存资料反映的数据与实际数量不相符。有些商品因存放时间太长或保管不当使其质量受到影响。为了对库存商品的数量进行有效的控制，并查清在库商品质量状况，必须对各储存场所进行清点、核查。盘点的结果可以说是一份配送经营绩效的成绩单。它不仅反映配送过程中的真实存货情况，而且反映配货货损率、差错率等管理水平。因此，盘点结果和账面资料比较分析所获得的配送商品流动信息对指导配送企业经营决策有着十分深远的意义。

关于盘点作业的内容、程序、方法参照“第四章第二节仓储存储作业”，这里不再赘述。由于配送中心及其网络进出货频繁，盘点中误差在所难免，这里着重讲述盘点结果的处理。

可以通过六项指标来考察库存管理中存在的问题：

1. 盘点数量误差＝实际库存数－账面库存数

2. 盘点数量误差率＝盘点数量/ 实际库存数

3. 盘点品项误差率＝盘点误差品项数/盘点实际品项数

当盘点数量误差率高、但盘点品项误差率低时，表示虽然误差的商品品项减少，但每一发生误差品项的数量却有提高的趋势。此时应检查负责这些品项的人员是否尽责，这些商品的置放区域是否得当，是否有必要加强管理。相反，当盘点数量误差率低、但盘点品项误差率高时，表示虽然整个盘点误差数量有下降趋势，但发生误差的商品品项却增多。误差品项太多将不利于后续的更新修改工作，还可能影响出货速度，因此要对此现象加强管制。

4. 平均每件盘差品金额＝盘差误差金额/盘差总件数

如果该指标大，表示高价位商品的误差发生率较高，可能是配送中心未实施商品重要管理的结果，对公司营运将造成不良影响。最好的改善方式是切实施行商品类别 ABC 分类管理。

5. 盘差次数比率＝盘点误差次数/盘点执行次数

如果该比率逐渐降低，表示不论是商品出入库的精确度或平时存货管理的方式都有很大的进步。

6. 平均每品项盘差次数率＝盘查次数/盘差品项数

若该比率高，表示盘点产生误差的情况大多集中在相同的品项，此时对这些品项必须提高警觉，深入研究导致这些情况出现的原因，并有针对性地采取措施。

六、订单处理

配送中心从接受客户订货开始到准备出货之间的作业阶段，均包括订单处理，订单处理作业包括有关客户、订单的资料确认，存货查询，单据处理乃至出货配送等内容。

（一）订单处理的步骤

订单处理可使用人工或资料处理设备来完成，其中，人工处理较具有弹性，但只适合少量的订单处理，一旦订单数量稍多，处理将变得缓慢且容易出错。使用计算机等资料处理设备，能提供较大速率及较低的成本，适合大量的订单处理。订单处理的具体步骤如图 9－6 所示。

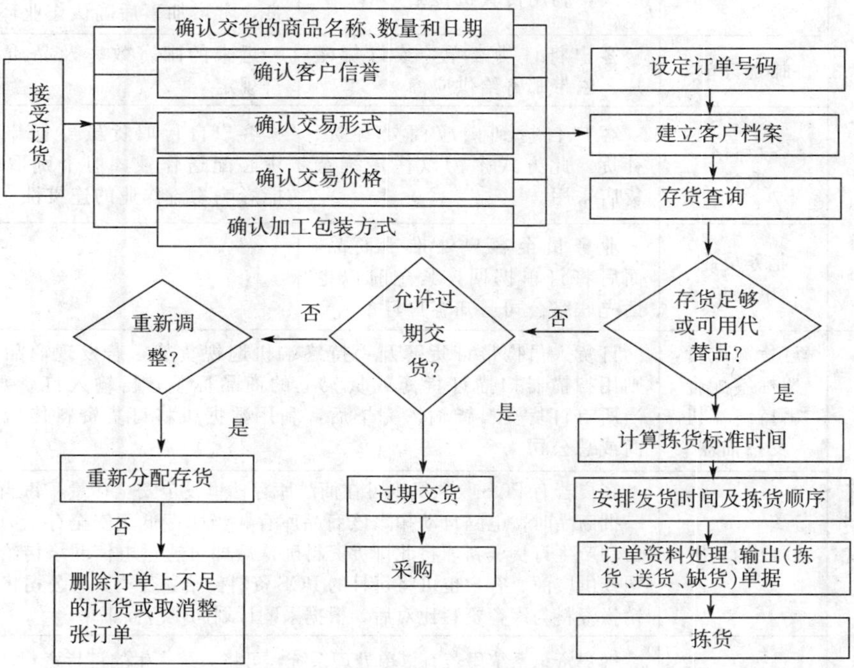

图 9－6　订单处理的具体步骤

（二）订单处理的作业内容

1. 接受订货的方式

接受订货有两种方式：传统订货方式和电子订货方式。其中又可细分为多种类型，具体见表 9－7。

表 9－7　接受订货的方式

<table>
<tr><th colspan="2">分类</th><th>操作方式</th><th>评价</th></tr>
<tr><td rowspan="7">传统订货方式</td><td>厂商铺货</td><td>供应商直接将商品放在车上，一家家去送货，缺多少补多少</td><td>此种方式较常使用于周转率较高的商品或新上市商品</td></tr>
<tr><td>厂商巡货、隔日送货</td><td>供应商派巡货人员前一天先至各客户处寻查需补充商品，隔天再予以补货的方式</td><td>此种方式的缺点是厂商可能会将巡货人员的成本加入商品的进价中，而且厂商易乱塞货，造成零售业者难以管理、分析自己所卖商品</td></tr>
<tr><td>电话口头订货</td><td>订货人员将商品名称及数量，以电话口述向厂商订货</td><td>但因客户每天订货的品项可能达数十项，而且这些商品常由不同的供应商供货，因此利用电话订货所费时间长且错误率高</td></tr>
<tr><td>传真订货</td><td>客户将缺货资料整理成书面形式，利用传真机传给厂商</td><td>利用传真机虽可快速传送订货资料，但其传送资料品质不良，常增加事后确认作业环节</td></tr>
<tr><td>邮寄订单</td><td>客户将订货表单，或订货磁片、磁带邮寄给供应商</td><td>近来的邮寄效率及品质已不符规定</td></tr>
<tr><td>客户自行取货</td><td>客户自行到供应商处看货、补货，此方式多为以往传统杂货店采用</td><td>客户自行取货虽可省却物流中心配送作业，但个别取货可能影响物流作业的连贯性</td></tr>
<tr><td>业务员跑单接单</td><td>业务员至客户处推销商品，而后将订单携回，紧急时以电话先联络公司通知客户订单</td><td></td></tr>
<tr><td rowspan="3">电子订货方式</td><td>订货簿或货架标签配合手持终端机及扫描器</td><td colspan="2">订货人员携带订货簿及手持终端机巡视货架，若发现商品缺货则用扫描器扫描订货簿或货架上的商品标签，再输入订货数量，当所有订货资料皆输入完毕后，利用数据机将订货资料传给供应商或总公司</td></tr>
<tr><td>POS 订货</td><td colspan="2">客户若有 POS 收款机则可在商品库存档里设定安全存量，每当销售一批商品时，电脑自动扣除该商品库存，当库存低于安全存量时，即自动产生订货资料，将此订货资料确认后即可透过电信网络传给总公司或供应商。客户也可将每日的 POS 资料传给总公司，总公司将 POS 销售资料与库存资料比对后，根据采购计划向供应商下单</td></tr>
<tr><td>订货应用系统</td><td colspan="2">客户资讯系统里若有订单处理系统，可将系统产生的订货资料，经由转换软件转成与供应商约定的共通格式，在约定时间将资料传送出去</td></tr>
</table>

一般而言，利用电子订货方式处理最快也最准确，而通过邮寄、电话或销售员携回的方式较慢。由于订单传递时间属于订货前置时间，它影响存货水平进而影响客户服务及存货成本，因而传递速度快、可靠性及正确性高的订单处理方式，不仅可大幅提升客户服务水准，对于存货相关的成本费用亦能有效地缩减。

但另一方面，电子订货方式前期投入的成本往往较为昂贵，因而究竟要选择哪一种订单接受方式，应比较成本与效益的差异来决定。

2. 确认品项数量及日期

这是对于订货资料项目的基本检查，即检查品名、数量、送货日期等是否有遗漏、笔误或不符配送中心要求的情形。尤其当要求送货时间有问题或出货时间已延迟的时候，更要再与客户确认一下订单内容或更正期望运送时间。采用电子订货方式接单，也需对接受的订货资料，加以检查确认，若透过 VAN 中心进行电子订货处理，可委托其进行一些基本的客户下单资料检查，对于错误的下单资料，要传回给客户修改，再重新传送。

3. 客户信用的确认

不论订单由何种方式传至配送中心，配销系统的第一步操作都是要查核客户的财务状况，以确定客户是否有能力支付该件订单账款，其做法多是检查客户的应收账款是否已超过其信用额度。

(1) 客户代号或客户名称输入时核检。当输入客户代号名称资料后，系统即加以核检客户的信用状况，若客户应收账款已超过其信用额度时，系统应加以警示，以便输入人员决定是否继续输入其订货资料或拒绝其订货。

(2) 订购品项资料输入时核检。若客户此次的订购金额加上以前累计的应收账款，超过其信用额度时，应将此笔订单资料锁定，以便主管审核，审核通过，此笔订单资料才能进入下一个处理步骤。

原则上顾客的信用调查由销售部门来负责，但有时销售部门为了争取订单并不太重视这种核检工作，因而也有些公司会授权由运销部门负责，一旦核检结果显示客户的信用有问题，运销部门再将订单送回销售部门再调查或退回。

4. 订单形式确认

配送中心虽有整合传统批发商的功能以及有效率的物流、资讯处理功能，但在面对众多的交易对象时，似乎仍因应客户的不同要求而有不同的做法，这反映到接受订货业务上，表现为多种的订单交易形态，亦即配送中心因应不同的客户或不同的商品有不同的交易处理方式。表 9－8 将各订单交易形式及相应处理方式进行了整理。

不同的订单交易形态有不同的订货处理方式，因而接单后必须再对客户订单或订单上的订货品项加以确认，以便系统针对不同形态的订单做出不同的处理。

表 9-8 订单交易形式及相应处理方式

分类	交易形式	处理方式
一般交易订单	正常、一般的交易订单。接单后按正常的作业程序拣货、出货、配送、收款结案的订单	接单后，将资料输入订单处理系统，按正常的订单处理程序处理，资料处理完后进行拣货、出货、配送、收款结案等作业
现销式交易订单	与客户当场直接交易、直接给货的交易订单。如业务员至客户处巡货、铺销所得的交易订单或客户直接至物流中心取货的交易订单	订单资料输入后，因其商品已交予客户，故订单资料不再参与拣货、出货、配送等作业，只记录交易资料，以便收取应收款项
间接交易订单	客户向物流中心订货，但由供应商直接配送给客户的交易订单	接单后，将客户的出货资料传给供应商由其代配。此方式客户的送货单可自行制作或委由供应商制作，应注意出货资料（送货单回联）的核对确认
合约式交易订单	与客户签订配送契约的交易，如签订某期间内定时配送某数量商品	约定的送货日来临时，将该配送资料输入系统处理以便出货配送；或一开始便输入合约内容的订货资料并设定各批次送货时间，以便在约定日期来临时系统自动产生送货的订单资料
寄库式交易	客户因促销、降价等市场因素而先行订购某数量商品，往后视需要再要求出货的交易	当客户要求配送寄库商品时，系统应核检客户是否确实有此项寄库商品，若有，则出此项商品，并且扣除此项商品的寄库量。注意此项商品的交易价格是依据客户当初订购时的单价计算
兑换券交易	客户使用兑换券所兑换商品的配送出货	将客户兑换券所兑换的商品配送给客户时，系统应查核客户是否确实有此兑换券回收资料，若有，依据兑换券兑换的商品及兑换条件予以出货，并应扣除客户的兑换券回收资料

5. 订货价格确认

不同的客户（大盘、中盘、零售）、不同的订购量，可能有不同的售价，输入价格时系统应加以核检。若输入的价格不符（输入错误或因业务员降价强接单等）时，系统应加以锁定，以便主管审核。

6. 加工包装确认

关于客户对订购的商品，是否有特殊的包装、分装或贴标等要求，或是有关赠品的包装等资料，皆需详加确认。

7. 设定订单号码

每一订单都要有其单独的订单号码，此号码系由控制单位或成本单位来指定，除了用于计算成本外，还可用于制造、配送等一切有关工作，且所有工作说明单及进度报告均应附此号码。

8. 建立客户档案

将客户状况详细记录，不但便于此次交易的进行，更有益于往后合作机会的增加。客户档案应包含订单处理用到的与物流作业相关的资料，包括：

(1) 客户姓名、代号、等级形态（产业交易性质）。

(2) 客户信用额度。

(3) 客户销售付款及折扣率的条件。

(4) 开发或负责此客户的业务员。

(5) 客户配送区域。

(6) 客户收账地址。

(7) 客户点配送路径顺序。因应区域、街道、客户位置，将客户分配于适当的配送路径顺序。

(8) 客户点适合的车辆形态。往往客户所在地点的街道有车辆大小的限制，因而需将适合配送该客户商品的车辆形态建于资料档中。

(9) 客户点下货特性。客户所在地点或客户下货位置，由于建筑物本身或周围环境特性（如地下室有限高或高楼层）影响，可能造成下货时有不同的要求、难易程度，在车辆及工具的调度上需加以考虑。

(10) 客户配送要求。客户对于送货有特定要求，如有协助上架、贴标等要求，亦应将其建于资料档案中。

(11) 过期订单处理指示。若客户能统一决定每次延迟订单的处理方式，则可事先将其写入资料档案以避免临时询问或紧急处理的不便。

9. 存货查询及依订单分配存货

(1) 存货查询。此程序在于确认有效库存是否能够满足客户需求，通常称为事先拣货（prepicking the order）。存货资料一般包括品项名称、SKU号码、产品描述、库存量、已分配存货、有效存货及期望进货时间。当输入客户订货的商品名称、代号时，系统查对存货相关资料，看此商品是否缺货，若缺货则应提供商品资料或此缺货商品的已采购未入库资讯，以便接单人员与客户协调是否改订替代品或是允许延后出货等权宜办法，以提高人员的接单率及订单处理效率。

（2）分配存货。将订单资料输入系统、确认无误后，最主要的处理作业在于如何将大量的订货资料，作最有效的汇总分类、调拨库存，以便后续物流作业的有效进行。存货的分配模式可分为单一订单分配及批次分配两种。

① 单一订单分配。多为线上即时分配，亦即在输入订单资料时，就将存货分配给该订单。

② 批次分配。累积汇总数笔的已输入订单资料后，再一次性分配库存。物流中心因订单数量多、客户类型等级多，且每天都有固定配送次数，因此通常采行批次分配模式以确保库存能作最佳的分配。

采取批次分配时，应注意订单的分批原则，即批次的划分方法。由于作业的不同，各配送中心的分批原则亦可能不同，总括来说有下面几种方法：

● 按接单时序处理：将整个接单时段划分成几个区段，将订单按接单先后分为几个批次处理。

● 按配送区域及路径处理：将同一配送区域及路径的订单汇总一起处理。

● 按流通加工要求处理：将要加工处理或需要相同流通加工处理的订单汇总一起处理。

● 按车辆要求处理：若配送商品需要特殊的配送车辆（如低温车、冷冻车、冷藏车）或客户所在地、下货位置对车辆有特殊要求，可汇总合并处理。

10. 计算拣取的标准时间

由于要有计划地安排出货时程，因而对于每一订单或每批订单可能花费的拣取时间应要事先掌握，即要计算订单拣取的标准时间：

阶段一：首先计算每一单元（如一栈板、一纸箱）的拣取标准时间，将此个别单元的拣取时间记录下来，则不论单元数量多少，都很容易推导出整个标准时间。

阶段二：有了单元拣取标准时间后，即可依每一品项订购数量，再配合每一品项的寻找时间，计算每一品项拣取的标准时间。

阶段三：最后再根据每一订单或每批订单的订货品项，以及一些纸上作业的时间，计算整张或整批订单的拣取标准时间。

11. 依订单排定出货时程及拣货顺序

如何安排出货时程及拣货先后顺序，通常会再依客户要求、拣取标准时间及内部工作负荷来拟定。

12. 存货不足问题的处理

若现有存货数量无法满足客户要求，且客户又不愿以替代品替代时，则应依客户意愿与配送中心政策来决定处理方式。

（1）客户意愿：

① 客户不允许过期交货（back－order），则删除订单上不足额订货，甚或取消订单。

② 客户允许不足额订货，等待有货时再予以补送。

③ 客户允许不足额订货，留待下一次订单一起配送。

④ 客户希望所有订货一起配达。

（2）配送中心政策。一些配送中心允许过期分批补货，另一些配送中心考虑到分批出货的额外成本而不愿意分批补货，则可能宁愿客户取消订单或要求客户延后交货日期。

配合上述客户意愿与配送中心政策，对于缺货订单的处理可归纳如下：

① 重新调拨：若客户不允许过期交货，而配送中心也不愿失去此客户订单时，则有必要重新调拨分配订单。

② 补送：若客户允许不足额订货等待有货时再予以补送，且配送中心政策亦允许，则采行补送方式；若客户允许不足额订货或整张订单可留待下一次订单一起配送，亦可采行补送处理。

③ 删除不足额订单：若客户允许不足额订单可等待有货时再予以补送，但配送中心政策并不希望分批出货，则要考虑删除订单上不足额订单；若客户不允许过期交货，且配送中心也无法重新调拨，只好考虑删除不足额订单。

④ 延迟交货：一是有时限延迟交货，客户允许一段时间的过期交货，且希望所有订单一起配送；二是无时限延迟交货，不论等多久客户皆允许过期交货，且希望所有订货一起送达，则等待所有订货到达再出货。

⑤ 取消订单：若客户希望所有订单一起送达且不允许过期交货，而公司也无法重新调拨时，则只能将整张订单取消。

13. 订单资料处理输出

订单资料经由上述的处理后，即可开始列印一些出货单据，以便展开后续的物流作业。

（1）拣货单（出库单）。拣货单据产生的目的在于提供商品出库指示资料，作为拣货的依据。拣货资料的形式配合配送中心的拣货策略及拣货作业方式来加以设计，以提供详细且有效率的拣货资讯。拣货单的列印应考虑商品储位，依据储位前后相关顺序列印，以减少人员重复往返取货，同时拣货数量、单位亦应详细标出。

（2）送货单。商品交货配送时，通常要附上送货单据给客户清点签收。因为送货单主要是给客户签收、确认出货资料，其正确性及明确性很重要。要确保送货单上的资料与实际送货资料相符，除了需在出货前清点外，出货单据的打印时间及一些订单异动情形如缺货品项或缺货数量等也需打印注明。

（3）缺货资料。库存分配后，对于缺货的商品或订单资料，系统应提供查询或报表列印功能，以便人员处理。

① 库存缺货商品：提供依商品别或供应商别查询的缺货商品资料，以提醒采购人员紧急采购。

② 缺货订单：提供依客户别或外务员别查询的缺货订单资料，以便人员处理。

七、拣选作业

拣选作业是依据客户的订货要求或配送中心的送货计划，尽可能迅速、准确地将商品从其储位或其他区域拣取出来，并按一定的方式进行分类、集中，等待配装送货的作业过程。

拣选作业的动力在于客户订单，拣选作业的目的就在于正确且迅速地集合客户所订的商品。要达到这一目的，必须根据订单分析采用适当的拣选设备，按拣选作业过程的实际情况，运用一定的方法策略组合，采取切实可行且高效的拣选方式提高拣选效率，缩短各项作业时间，提升作业速度与能力。同时，还要防止错误，避免送错货，尽量减少内部库存的料账不符及作业成本增加。可以说，拣选作业完成的结果，就是配送中心企业形象的象征。

因此，如何在无拣选错误率的情况下，将正确的商品以正确的数量在正确的时间及时配送给顾客，是拣选作业最终的目的及功能。

（一）拣选作业的过程

拣选作业是配送中心作业的核心环节。从实际运作过程来看，拣选作业是在拣货信息的指导下，通过行走和搬运拣取商品，按一定的方式将商品分类、集中，因此，拣选作业的主要过程包括四个环节，如图 9－7 所示。

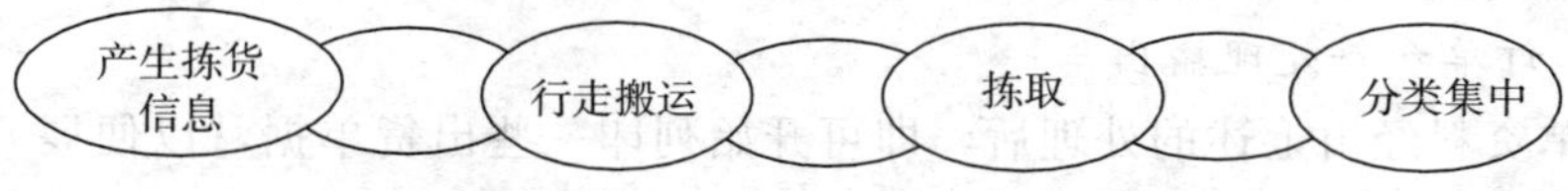

图 9－7　拣选作业的主要环节

1. 拣货信息的产生

拣货作业必须在拣货信息的指导下才能完成。拣货信息来源于顾客的订单或配送中心的送货单，因此，有些配送中心直接利用顾客的订单或配送中心的送货单作为人工拣货指示，即拣货作业人员直接凭订单或送货单拣取商品。这种信息传递方式无法准确标示所拣商品的储位，延长了拣货人员寻找商品的时间和拣货行走路径。国外大多数配送中心一般先将订单等原始拣货信息经过处理后，转换成“拣货单”或电子拣货信号，指导拣货人员或自动拣取设备进行拣货。

2. 行走和搬运

拣货时，拣货人员或自动拣取设备必须直接接触并拿取商品，从而形成拣货过程中的行走与商品的搬运。缩短行走和商品搬运距离是提高配送中心作业效率的关键。拣货人员可以步行或搭乘运载工具到达商品储存的位置，也可以由自动拣取设备完成。

3. 拣取

无论是通过人工或自动化设备方式拣取商品，都必须首先确认被拣商品的品名、规格、数量等内容是否与拣货信息传递的指示一致。它既可以通过人工目视读取信息确认，也可以利用无线传输终端机读取条码由电子计算机进行对比，后一种方式往往可以大幅度降低拣货的错误率。拣货信息被确认后，拣取的过程可以选择由人工或自动化设备完成。通常小体积、少批量、搬运重量在人力范围内且出货频率不是特别高时，可以直接采取人工方式拣取；对于体积大、重量大的货物可以利用升降叉车等搬运机械辅助作业；对于出货频率很高的可以采用自动分拣系统拣取。

4. 分类与集中

配送中心在收到多个客户的订单后，可以形成批量拣取，然后再根据不同的客户或送货路线分类集中，有些需要进行流通加工的商品还需根据加工方法进行分类，加工后再按一定方式分类出货。多品种分货的过程较复杂，难度也大，容易发生错误，必须在统筹安排形成规模效应的基础上，提高作业的精确性。在物品体积小、重量轻的情况下，可以采取人工分货，也可以采取机械辅助作业，或利用分货机自动将拣取出来的商品进行分类与集中。分类完成后，商品经过查对、包装便可以出货、装运、送货了。

（二）拣选作业方法

1. 按单拣选作业方法（图 9-8）

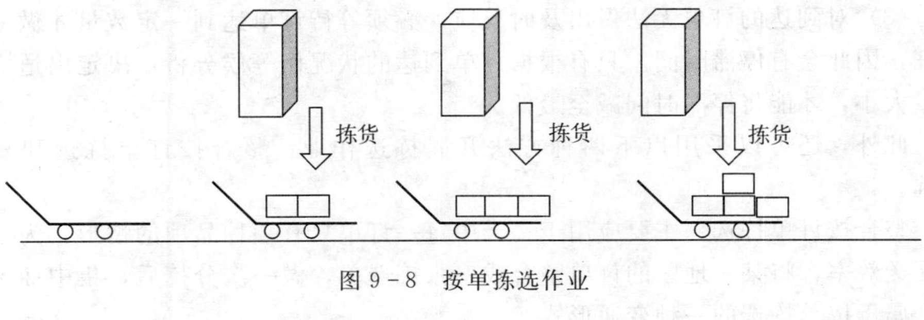

图 9-8 按单拣选作业

特点：

（1）按订单拣选，易于实施，而且配货准确度较高，不易出错；

（2）对各客户的拣选相互没有约束，可以根据客户需求的紧急程度调整配货先后次序；

（3）拣选完一个货单，商品便配齐，直接装上配送车辆，有利于简化工序，提高作业效率；

（4）客户数量不受限制，可在较大范围内波动，拣选作业人员数量也可随时调整，作业高峰时可临时增加作业人员，有利于开展即时配送。

（5）对机械化、自动化没有严格要求，不受设备水平限制。

2. 批量拣选作业方法（图 9-9）

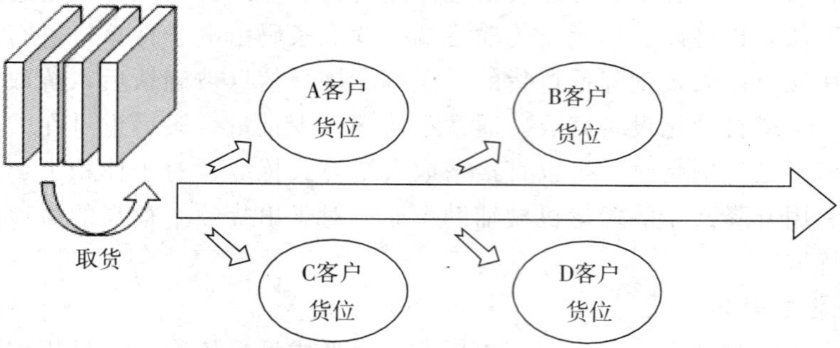

图 9-9　批量拣选作业

特点：

（1）由于是集中取出共同需要的商品，再按商品货位分放，这就需要在收到一定数量的订单后进行统计分析，安排好各客户的分货货位之后才能反复分货作业，因此，这种方法难度较高，计划性较强，与按单拣选相比错误率较高。

（2）由于是同时完成各客户的配送请求，可以同时对各个客户所需商品进行配送，因此有利于合理化调配车辆和规划配送线路，与按单拣选相比可以更好地发挥规模效益。

（3）对到达的订单无法做出及时反应，必须等待订单达到一定数量才做一次处理，因此会有停滞时间。只有根据订单到达的状况作等候分析，决定出适当的批量大小，才能将停滞时间减至最低。

此外，还可以采用以下两种方法开展拣选作业：整合按订单拣选和复合拣选。

整合按订单拣选：主要应用于一天中每一订单只有一种品项的情形，为了提高配送效率，将某一地区的订单整合成一张拣选单，做一次分拣后，集中捆包出库，属于按单拣选的一种变通形式。

复合分拣：是按单拣选与批量分拣的组合运用，指按订单品项、数量和出库频率决定哪些订单适合按单拣选，哪些订单适合批量拣选。表 9-9 是对各种拣选作业方法的比较。

表 9-9　拣选方式的比较

拣货方式	优　点	缺　点	适用场合
按单拣选	作业方法简单、订货前置期短、作业弹性大、作业员责任明确、作业容易组织、拣选后不必再进行分类作业	商品品种多时，拣选行走路径加长，分拣效率降低；拣货单必须配合货架货位号码	适合多品种、小批量订单场合
批量拣选	合计后拣货，效率较高；盘亏较少	所有种类实施困难；增加出货别的分货作业；必须全部作业完成后才能发货	适合少品种批量出货、且订单的重复订购率较高的场合
整合按订单拣选	提高了后期配送效率	拣选前需整合订单，配送后要进行订单分割	一天中每一订单只有一种品项的拣选方式
复合拣选	兼具按单拣选和批量拣选的优点	订单分割，整合工作量大，错误率高	订单密集且订单量大的场合

（三）拣选策略

拣选策略是影响拣选作业效率的重要因素。对不同的订单需求应采取不同的拣选策略。拣选策略主要有：分区策略、订单分割策略、订单分批策略及分类策略。

1. 分区策略

分区策略是将拣选作业场地作区域划分，按不同的分区原则，主要有四种分区方法：

（1）商品特性分区。根据商品原有的性质，将需要特别储存搬运或分离储存的商品进行区隔，以保证商品在储存期间的品质。

（2）拣选单位分区。将拣选作业区按拣选单位划分，如箱装拣选区、单品拣选区、或是具有特殊商品特性的冷冻品拣选区等，目的是使储存单位与拣选单位分类统一，以便分拣与搬运单元化，使分拣作业单纯化，一般拣选单位分区形成的区域范围是最大的。

（3）拣选方式分区。不同拣选单位分区，按拣选方法和设备的不同，又可分为若干区域，通常是按商品销售的 ABC 分类原则，即按出货量的大小和分拣次数的多少做 ABC 分类，然后选用合适的拣选设备和分拣方式。其目的是使拣选作业单纯一致，减少不必要的重复行走搬运。在同一单品拣选区中，按拣选方式的不同，又可分为台车拣选区和输送机拣选区。

（4）工作分区。在相同的拣货方式下，将拣选作业场地再作划分，由一个或一组固定的拣选人员负责分拣某区域内的商品。该策略的优点是拣选人员需要记忆的存货位置和移动距离减少，拣选时间缩短，还可以配合订单分割策略，运用多组拣选人员在短时间内共同完成订单的分拣，但要注意工作平衡问题。

接力式分拣就是工作分区的一种形式。其订单不作分割或不分割到各工作分区，拣选人员以接力的方式来完成所有的分拣动作。这种方式效率较高，但人力消耗较大。

以上的拣选分区可同时存在于一个配送中心内，或是单独存在。除接力式分拣外，在分区分拣完成后仍需将拣出的商品按订单加以集合。

2. 订单分割策略

当订单上订购的商品品项较多，或拣选系统要求及时快速处理时，为使其能在短时间内完成拣选处理，可将订单分成若干子订单交由不同拣货区域同时进行拣货作业，将订单按拣选区进行分解的过程称为订单分割。

订单分割一般是与拣选分区相对应的，对于采取拣选分区的配送中心，其订单处理过程的第一步就是要按区域进行订单的分割，将各个拣选区根据分割后的子订单进行分拣作业，各拣选区子订单拣选完成后，再进行订单的汇总。

3. 订单分批策略

订单分批是为了提高拣选作业效率而把多张订单集合成一批，进行批次分拣作业，其目的是缩短分拣时平均行走搬运的距离和时间。若将每批次订单中的同一商品品项加总后分拣，然后再把商品分类给每一个顾客订单，则形成批量分拣，它不仅缩短了分拣时平均行走搬运的距离，也减少了重复寻找货位的时间，使拣选效率得到提高。如果每批次订单数目过多，则必须耗费较多的分类时间，甚至需要有强大的自动分类系统的支持。

订单分批的原则如下：

（1）总合计量分批。合计拣选作业前所积累订单中每一商品项目的总量，再根据这一总量进行分拣以将分拣路径减至最短，同时也可以将储存区域的储存单位单纯化，但需要有功能强大的分类系统来支持。这种方式适用于固定点之间的周期性配送，可以将所有的订单在中午前收集，下午做合计量分批分拣单据的打印等信息处理，第二天一早进行分拣分类等作业。

（2）时窗分批。当从订单到达至拣选完成出货所需的时间非常紧迫时，可利用此策略开启短暂而固定的时窗，如 5 分钟或 10 分钟，再将此时窗中所到达的订单做成一批，进行批量分拣。这一方式常与分区及订单分割策略联合运用，特别适合到达时间短且平均的订单形态，同时订购量和品项数不宜太大。

（3）固定订单量分批。订单分批按先到先处理的基本原则，当累计订单量到达设定的固定量时，再开始进行拣选作业。适合的订单形态与时窗分批类似，但这种订单分批的方式更注重维持较稳定的作业效率，而在处理的速度上较前者慢。

(4) 智能型分批。利用计算机，将分拣路径相近的订单分成一批同时处理，可大量缩短拣选行走搬运距离。采用这种订单分批方式的配送中心通常将前一天的订单汇总后，通过计算机在当天下班前产生次日的拣选单据，因此对紧急插单作业处理较为困难。

4. 分类策略

当采用批量拣选作业方式时，拣选完成后还必须进行分类，因此需要相配合的分类策略。分类方式大致可分为两类：

(1) 分拣时分类。在分拣的同时将商品按各订单分类，这种分类方式常与固定订单量分批或智能型分批原则联用，需要使用计算机辅助台车作为拣选设备，以加快分拣速度，同时避免错误发生。较适用于商品少量多样的情形，且由于拣选台车不可能太大，所以每批次的客户订单不宜过大。

(2) 分拣后集中分类。分批按合计量分拣后再集中分类。一般有两种方法，一种方法以人工作业为主，将商品搬运到空地上进行分发，每批次的订单量及商品数量不宜过大，以免超出人员负荷；另一种方法利用分类输送机系统进行集中分类，是较为自动化的作业方式。当订单分割越细、分批批量品项越多时，常使用后一种方法。

以上方法可以单独使用也可联合运用，也可以不采取任何策略，直接按订单拣选。

八、补货作业

补货作业包括从保管区域（reserve area）将商品移到另一个为了做订单拣取（order picking）而设定的动管拣货区域（home area），然后将此迁移作业做书面处理。一般以托盘为单位的补货，其主要作业流程如图 9－10 所示。即使是以箱为保管单位的补货，流程也大致相同。

（一）补货方式

与拣货作业息息相关的即是补货问题。补货作业一定要小心地计划，不仅要确保存量，而且要将其安置于方便存取的位置。常见的补货方式有以下几种：

1. 整箱补货：由料架保管区补货至流动棚架动管区

此补货方式保管区为料架储放，动管拣货区为两面开放式的流动棚。拣货时，拣货人员在流动棚拣取区拣取单品放入浅箱（篮）中，交由输送机运至出货区。当拣取后，发现动管区的存货已低于标准时要进行补货。其补货方式为作业员至料架保管区取货箱，以手推车载箱至拣货区，从流动棚架后方（非拣取面）补货。此补货方式较适合体积小且少量多样出货的商品。

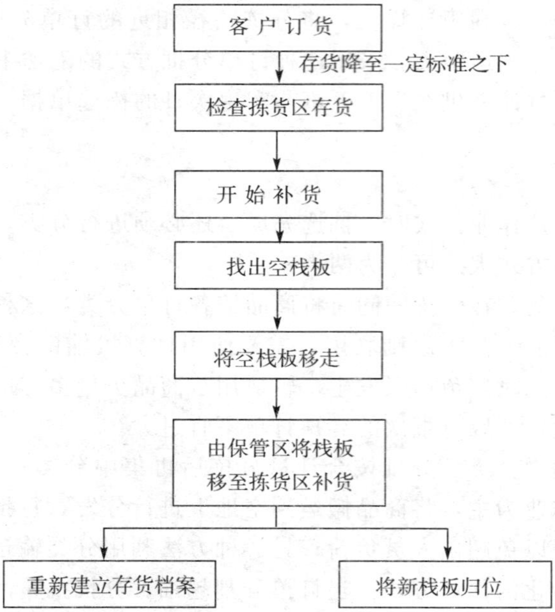

图 9－10　一般补货主要作业流程图

2. 整托盘补货（一）：由地板堆叠保管区补货至地板堆叠动管区

此补货方式保管区为以托盘为单位的地板平置堆叠储放，动管区亦为以托盘为单位的地板平置堆叠储放，不同之处在于保管区面积较大，储放商品量较多，而动管区面积较小，储放商品量较少。拣取时，拣货人员在拣取区拣取托盘上的货箱，放至中央输送机出货，或者使用堆高机将托盘整个送至出货区（当拣取大量品项时）。当拣取后，发现动管拣取区的存货低于标准时，则要进行补货，其补货方式为：作业员以堆高机由托盘平置堆叠的保管区搬运托盘至同样是托盘平置堆叠的拣货动管区。此补货方式较适合体积大或出货量多的商品。

3. 整托盘补货（二）：由地板堆叠保管区补货至托盘料架动管区

此补货方式保管区为以托盘为单位的地板平置堆叠储放，动管区则为托盘料架储放。拣取时，拣货人员在拣取区搭乘牵引车拉着推车移动拣货，拣取后再将推车送至输送机轨道出货。一旦发现拣取后动管区的库存量低于标准，则要进行补货，其补货方式为作业员使用堆高机很快地至地板平置堆叠的保管区搬回托盘，送至动管区托盘料架上储放。此补货方式较适合体积中等或出货量中等（以箱为单位）的商品。

4. 料架上层→料架下层

此补货方式保管区与动管区属于同一料架，也就是将一料架上两手方便拿取之处（中下层）做动管区、不容易拿取之处（上层）做保管区。进货时可将动管区放不下的多余货箱放至保管区。对动管拣取区的商品进行拣货，当动管区的存货低于标准时，则利用堆高机将上层保管区的商品搬至下层动管区补货。此补货方式较适合体积不大、每品项存货量不多，且出货量多属中小量（以箱为单位）的商品。

（二）补货时机

补货作业的发生与否要视动管拣货区的货量是否符合要求而定。补货时机的掌握有如下三种方式：

（1）批次补货：于每天或每一批次拣取前，先计算出商品的总拣取量，再对照查看动管拣货区的商品量，在拣取前一特定时点补足商品。批次补货较适合单日内作业量变化不大、紧急插单不多，或是每批次拣取量大但事先掌握的情况。

（2）定时补货：将一天划分为数个时段，补货人员于时段内检视动管拣货区各商品存量，若不足即马上将商品补满。定时补货较适合分批拣货时间固定且要求紧急处理的情况。

（3）随机补货：指定专门补货人员，随时巡视动管拣货区商品存量，不足就随时补货的方式。随机补货较适合每批次拣取量不大，紧急插单多以至于单日内作业量不易事前掌握的情况。

例如：英国 BOOTS 公司动管拣货区是将相同品项商品在两个相邻栈板储放，而保管区则分两处进行两阶段的补货。第一保管区为高层料架仓库，第二保管区为动管区旁的临时保管处所。进行第一阶段补货时，先由第一保管区高层料架提取一栈板量商品放置于动管区旁的第二保管区，等动管拣货区内某一品项的其中一个栈板拣取完毕后，将空栈板移出，后面栈板往前推出，再由第二保管区将补货栈板移进动管拣货区。具体如图 9－11 所示。

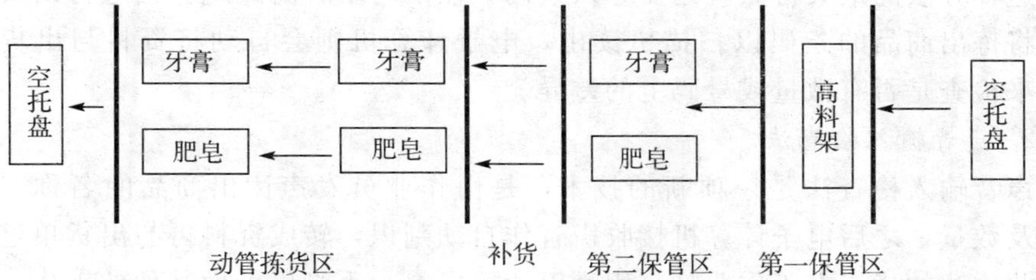

图 9－11 英国 BOOTS 公司采取的复合制补货方式

九、出货作业

将拣取分类完成的商品做好出货检查，装入妥当的容器，做好标识，根据车辆趟次或厂商等指标将商品运至出货准备区，最后装车配送。这一连串过程即为出货作业的内容。要想做好出货作业管理，必须做好以下几点：

（一）选择分货方式

拣货作业完毕后，将商品按客户别或配送路线别做分类的工作，就是分货。

分货大多依客户别或配送路线别来分类。分货的方式一般有以下三种：

1. 人工处理

全由人工依订单或传票信息来进行分货，也就是不凭借任何电脑或自动化的辅助设备，在拣取作业完成后按订单或传票信息将各客户的订购商品放入已贴好各客户标签的货篮中。

2. 自动分类机

自动分类机是利用电子计算机及辨识系统来达成分类的目标，迅速、正确，尤其在拣取数量或分类数量众多时，更有较高的效率。

3. 旋转架分类

将旋转架的每一格位当成客户的出货篮，分类时只要在电子计算机里输入各客户的代号，旋转架即自动将其货篮转至作业员面前，让作业员将批量拣取的商品进行分类。

（二）进行出货检查

出货检查作业包括把拣取商品依客户、车次对象等做产品及数量的核对，实施产品状态及品质的检验。

出货检查最简单的做法就是以人工方式将商品一个个点数并逐一核对出货单，进而查验出货的品质水准及状态情况。就状态及品质检验而言，纯人工方式逐项或抽样检查的确有其必要性，但对于商品及数量核对来说，以纯人工方式检验就可能较无效率也较难将问题找出。从效率及效用方面考虑，出货检查在数量及号码检查的方法上已有许多突破，包括：

1. 商品条码检查法

这种方法的最大特点就是要导入条码，让条码跟着商品跑。当进行出货检查时，将拣出商品的条码以扫描机读出，电子计算机则会自动将资料与出货单比对，来检查是否有数量或号码上的差异。

2. 声音输入检查法

声音输入检查法是一项新的技术，是由作业员发声读出商品的名称（或代号）及数量，之后电子计算机接收声音作自动判识，转成资料再与出货单进行比对。此方法的优点在于作业员只用嘴巴读取资料，手脚仍可做其他的工作，自由度较高。但要注意的是，声音的发音要准，且每次发音字数有限，否则电子计算机辨识困难，可能产生错误。

3. 重量计算检查法

它是先利用自动加总出货单上的商品重量，而后秤出拣出商品的总重，再将两者互相比对的检查方式。如果能利用装有重量核检系统的拣货台车拣货，则在拣取过程中就能利用此法检查，拣货人员每拣取一样货品，台车上的计重器就会自动显示其重量做查对，如此可完全省去事后的检查工作，在效率及正确性方面更佳。

(三) 组织出货时的包装

包装也是配送作业中不可缺少的环节，依日本工业规格（JIS）将包装分为个装、内装及外装三种：

(1) 个装：指商品的个别包装，从提高商品价值以及为美观或保护商品考量，使用适当的材料或容器对商品加以包装。个装又可称为商业（销售）包装。

(2) 内装：指商品包装的内层，即考虑水、湿气、光热、冲击等对商品的影响，而使用适当的材料或容器对商品加以包装。

(3) 外装：指商品包装的外层，即将商品装入箱、袋、木桶、罐等容器，或在无容器状态下，将商品加以捆绑、施加记号及打包符号等。要注意，外装容器的规格也是影响物流效率的重要因素，其尺寸与栈板、搬运设备尺寸是否搭配直接关系到进出货作业的运行速率，且其荷重、耐冲、抗压能力亦关系到商品损坏程度。内装及外装又可统称为运输（工业）包装，对于运输商品的包装，通常不求装潢美观，只求坚固耐用，以免商品经长距离辗转运输而遭受损失。

(四) 出货状况的检查

有效掌握出货状况等于掌握了配送中心营运的效益，对于整体作业管理及服务客户有很大的帮助。这里通过列举出货状况调查表（表 9－10）与出货形式作业表（表 9－11），来了解商品及车辆的出货情形。

由配送中心的作业来看，在拣取方面一般有以栈板、箱、单品为单位的运作。同理，出货的形式也以栈板、箱、单品为单位来运作，因此针对不同的拣货及出货形式，必须采用不同的作业方式。

表 9－10 出货状况调查表

项目	平均值	极限值
一日内出货厂数	平均：	最多：
一日内出货品项数	平均：	最多：
配送车种	吨数：	
车辆台数/日	平均：	最多：
每一车的装货（出货）时间	平均：	最多：
出货运送点数	平均：	最多：
每一方面的出货捆包数	平均：	最多：
出货所需人员数	平均：	最多：
一日出货的总重或总体积	总重：	总体积：
出货距离	平均：	最远：
出货形式		

表 9－11 出货形式作业表

<table>
<tr><th></th><th>拣货单位</th><th>经由作业</th><th>出货单位</th></tr>
<tr><td rowspan="4">按单拣取</td><td>P</td><td>捆栈（上包装膜或绳索固定）</td><td>P</td></tr>
<tr><td>P</td><td>卸栈→捆包</td><td>C</td></tr>
<tr><td>C</td><td>捆包</td><td>C</td></tr>
<tr><td>B</td><td>装箱</td><td>C</td></tr>
<tr><td rowspan="7">批量拣取</td><td>P</td><td>捆栈（栈板物属同一客户）
卸栈→分类→迭栈→捆栈
（捡取的栈板物不属同一客户）</td><td>P</td></tr>
<tr><td>P</td><td>卸栈→分类→捆包</td><td>C</td></tr>
<tr><td>P</td><td>卸栈→拆箱→分类→包装</td><td>B</td></tr>
<tr><td>C</td><td>分类→捆包（整箱属同一客户）
拆箱→分类→装箱
（整箱不属同一客户）</td><td>C</td></tr>
<tr><td>C</td><td>拆箱→分类</td><td>B</td></tr>
<tr><td>B</td><td>分类→装箱</td><td>C</td></tr>
<tr><td>B</td><td>分类</td><td>B</td></tr>
</table>

注：P：栈板；C：箱子；B：单件。

十、配送运输

配送运输是指将客户所需要的商品通过运输工具从供应点送至客户手中的活动。它可能是从工厂等生产仓库直接送至客户，也可能通过批发商、经销商或配送中心、物流中心转送至客户手中。配送运输通常是一种短距离、小批量、高频率的运输形式。如果仅从运输的角度看，它是干线运输的一种补充和完善，属于末端运输、支线运输。它以服务客户为目标，以尽可能满足客户要求为优先。从日本配送运输的实践来看，配送的有效距离最好在 50km 半径以内，国内配送中心、物流中心，其配送经济里程大约在 30km 半径以内。

配送运输的一般作业流程如图 9－12 所示。

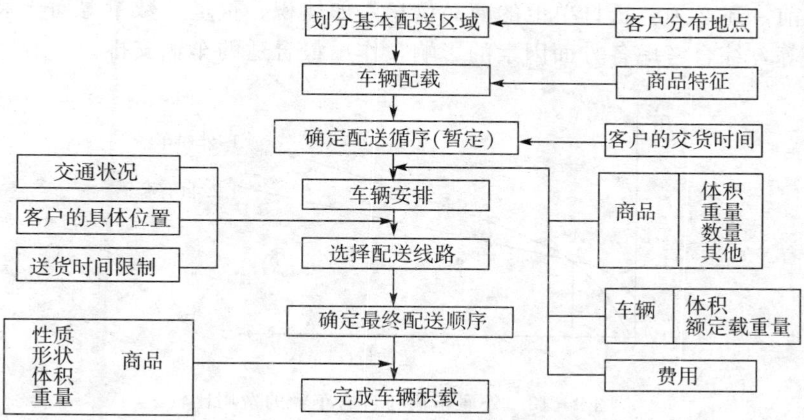

图 9-12 配送运输的一般作业流程

（一）划分基本配送区域

为使整个配送有一个可循的基本依据，应首先将客户所在地的具体位置做一系统统计，并将其在作业区域上进行整体划分，将每一客户囊括在不同的基本配送区域之中，以作下一步决策的基本参考。如按行政区域或交通条件划分不同的配送区域，在这一区域划分的基础上再作弹性调整来安排配送。

（二）车辆配载

由于配送商品品种、特性各异，为提高配送效率，确保商品质量，在接到订单后，首先必须将商品依特性进行分类，然后分别选取不同的配送方式和运输工具，如按冷冻食品、速食品、散装商品、箱装商品等分类配载；其次，配送商品也有轻重缓急之分，必须按照先急后缓的原则，合理组织运输配送。

（三）暂定配送先后顺序

在考虑各种影响因素，作出确定的配送方案前，应先根据客户订单要求的送货时间将配送的先后作业次序作一概括的暂定，为后面车辆积载做好准备工作，既可以有效地保证送货时间，又可以尽可能地提高运作效率。

（四）车辆安排

车辆安排要解决的问题是安排什么类型、吨位的配送车辆进行最后的送货。一般企业拥有的车辆种类有限，车辆数量亦有限，当本企业车辆无法满足要求时，可使用外雇车辆。在保证配送运输质量的前提下，是组建自营车队，还是以外雇车为主，视经营成本而定，具体如图 9-13 所示。图 9-13 中，曲线 1 表示外雇车辆的运送费用随运输量的变化情况；曲线 2 表示自有车辆的运送费用随运输量的变化情况。当运输量小于 A 时，外雇车辆费用小于自有车辆费用，所以应选用外雇车辆；当运输量大于 A 时，外雇车辆费用大于自有车辆费用，所以应选用自有车辆。无论是自有车辆还是外雇车辆，都必须事先掌握有哪些车辆可以供调派并符合要求，即这些车辆的容量和额定载重是否满足要求；其次，安排车辆之前，还必须分析订单上的商品信息，如体积、重量、数量等对于装卸的特别要求等，综合考虑各方面因素的影响，作出最合适的车辆安排。

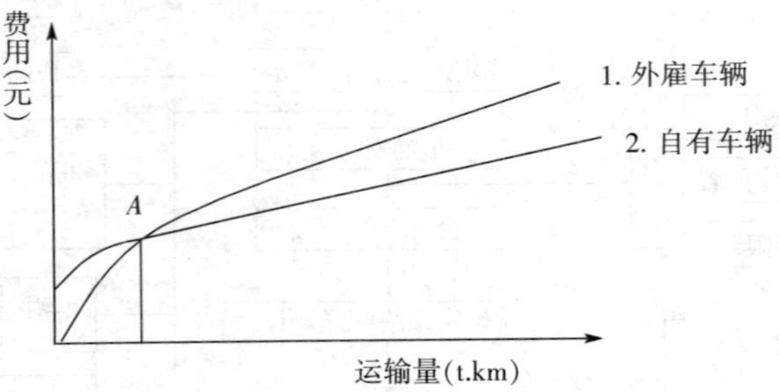

图 9－13　外雇车辆与自有车辆的费用比较

（五）选择配送线路

确定了每辆车负责配送的具体客户后，如何以最快的速度完成对这些商品的配送，即如何选择配送距离短、配送时间短、配送成本低的线路，需根据客户的具体位置、沿途的交通情况等作出优先选择和判断。除此之外，还必须考虑有些客户或其所在地的交通环境对送货时间、车型等方面的特殊要求，如有些客户不在中午或晚上收货，有些道路在高峰期实行特别的交通管制等。

（六）确定最终配送顺序

做好车辆安排、选择好适合的配送线路后，依据各车负责配送的具体客户的先后要求，确定客户的最终配送顺序。

（七）完成车辆积载

明确客户的配送顺序后，接下来就是如何将商品装车、以什么次序装车的问题，即车辆的积载问题。原则上，确定了客户的配送顺序后，只要将商品依“后送先装”的顺序装车即可。但有时为了有效利用空间，可能还要考虑商品的性质（怕震、怕压、怕撞、怕湿）、形状、体积及重量等作出弹性调整。此外，对于商品的装卸方法也必须依照商品的性质、形状、体积及重量等来做具体决定。

在以上各阶段操作过程中，需要注意：

（1）明确订单内容；

（2）掌握商品的性质；

（3）明确具体配送地点；

（4）适当选择配送车辆；

（5）选择最优的配送线路；

（6）充分考虑各作业点装卸货时间。

在配送中心，商品经由入库作业，然后经过储存、搬运等作业，最后再由出库作业送至消费者手中时，其中每一个环节的作业都对最后产生的物流效果产生影响。因此了解每个物流环节作业的内容及管理内容，对于配送中心的运作管理是非常重要的。

习题九

(1) 为什么要制订配送计划?
(2) 制订配送计划的主要依据及主要内容有哪些?
(3) 简述配送中心的作业流程。
(4) 商品编号的方法主要有哪几种?
(5) 简述储存作业的策略与方法。
(6) 一个较为完整的订单处理过程包括哪些内容?
(7) 简述拣选策略的选择。
(8) 简述配送运输的一般作业流程。

案例导读 百胜物流降低连锁餐饮企业运输成本之道

对于连锁餐饮这个锱铢必较的行业来说，靠物流手段节省成本并不容易。然而，作为肯德基、必胜客等业内巨头的指定物流提供商，百胜物流公司抓住运输环节大做文章，通过合理地运输安排，降低配送频率，实施歇业时间送货等优化管理方法，有效地实现了物流成本的“缩水”，给业内管理者指出了一条细致而周密的降低物流成本之路。

对于连锁餐饮业（QSR）来说，由于原料价格相差不大，物流成本始终是企业成本竞争的焦点。

据有关资料显示，在一家连锁餐饮企业的总体配送成本中，运输成本占到60%左右，而运输成本中的55%～60%又是可以控制的。因此，降低物流成本应当紧紧围绕运输这个核心环节。

合理安排运输排程

运输排程的意义在于，尽量使车辆满载，只要货量许可，就应该做相应的调整，以减少总行驶里程。

由于连锁餐饮业餐厅的进货时间是事先约定好的，这就需要配送中心就餐厅的需要，制作一个类似列车时刻表的主班表（运输排程表），此表是针对连锁餐饮业餐厅的进货时间和路线详细规划制订的。

众所周知，餐厅的销售存在着季节性波动，因此主班表至少有旺季、淡季两套方案。有必要的话，应该在每次营业季节转换时重新审核运输排程表。安排主班表的基本思路是，首先计算每家餐厅的平均订货量，设计出若干条送货路线，覆盖所有的连锁餐厅，最终达到总行驶里程最短、所需司机人数和车辆数最少的目的。

规划主班表远不止人们想象的那样简单。运输排程的构想最初起源于运筹学中的路线原理，到达终点有多条路径可供选择，每条路径的长度各不相同，要求找到最短的路线。目前市场上有一些软件公司能够以这些数学解题方法作为引擎，结合连锁餐饮业的物流配送需求，做出优化运输路线安排的软件。

在确定主班表以后，就要进行每日运输排程，也就是每天审视各条路线的实际货量，根据实际货量对配送路线进行调整，通过对所有路线进行逐一安排，可以去除几条送货路线，至少可以减少某些路线的行驶里程，最终达到增加车辆利用率、提高司机工作效率和降低总行驶里程的目的。

减少不必要的配送

对于产品保鲜要求很高的连锁餐饮业配送来说，尽力和餐厅沟通、降低不必要的配送频率，可以有效地降低物流配送成本。

如果连锁餐饮餐厅要将其每周配送频率增加 1 次，会对物流运作的哪些领域产生影响?

在运输方面，餐厅所在路线的总货量不会发生变化，但配送频率上升，结果会导致运输里程上升，相应地油耗、过路过桥费、维护保养费和司机人工费都要上升。在客户服务方面，餐厅下订单的次数增加，相应的单据处理作业也要增加。餐厅来电打扰的次数相应上升，办公用品（纸、笔、电脑耗材等）的消耗也会增加。在仓储方面，所要花费的拣货、装货的人工费会增加。如果涉及短保质期物料进货频率增加，那么连仓储收货的人工费都会增加。在库存管理上，如果涉及短保质期物料进货频率增加，由于进货批量减少，进货运费很可能会上升，处理的厂商订单及后续的单据作业量也会上升。

由此可见，配送频率增加会影响配送中心的几乎所有作业方面，最大的影响在于运输里程上升所造成的运费上升。因此，减少不必要的配送，对于连锁餐饮企业显得尤其关键。

提高车辆的利用率

车辆时间利用率也是值得关注的，提高卡车的时间利用率可以从增大卡车尺寸、改变作业班次、二次出车和增加每周运行天数四个方面着手。

由于大型卡车可以每次装载更多的货物，一次出车可以配送更多的餐厅，由此延长了卡车的在途时间，从而增加了其有效作业的时间，还能减少干路运输里程和总运输里程。虽然大型卡车单次的过路过桥费、油耗和维修保养费高于小型卡车，但其总体上的使用费用绝对低于小型卡车。

运输成本是最大项的物流成本，所有其他的物流职能都应该配合运输作业的需求。所谓改变作业班次就是指改变仓库或别的物流职能的作业时间，适应实际的运输需求，提高运输资产的利用率；否则朝九晚五的作业时间表只会限制发车和收货时间，从而限制卡车的使用。

如果配送中心实行 24 小时作业，卡车就可以利用晚间二次出车配送，大大提高车辆的时间利用率。在实际物流作业中，一般会根据餐厅在上午、下午、上半夜、下半夜 4 个时间段收货，制订仓储作业的配套时间表，从而将卡车利用率最大化。

尝试歇业时间送货

目前我国城市的交通限制越来越严格，卡车只能在夜间时段进入市区。由于连锁餐厅运作一般到夜间 24 点结束，如果赶在餐厅下班前送货，避开了城市交通高峰时间，既没有顾客的打扰，也没有餐厅运营的打扰。由于餐厅一般处在繁华路段，夜间停车也不用像白天那样有许多顾忌，可以有充裕的时间进行配送。由于送货窗口拓宽到了下半夜，使卡车可以二次出车，又提高了车辆利用率。

在餐厅歇业时段送货的最大顾虑在于安全。餐厅没有员工留守，司机必须拥有餐厅钥匙，掌握防盗锁的密码，餐厅安全相对多了一层隐患。卡车送货到餐厅，餐厅没有员工当场验收货物，一旦发生差错很难分清到底是谁的责任，双方只能按诚信的原则妥善处理纠纷。歇业时间送货要求配送中心和餐厅之间有很高的互信度，如此才能将系统成本降低。所以，这种方式并非在所有企业都可行。

案例思考

(1) 配送成本主要体现在那些方面?

(2) 百胜物流通过哪些手段降低物流成本?

(3) 该案例用到了哪些物流学原理? 给我们什么启示?

第十章 配送优化方法

【学习目标】 通过学习本章，要求掌握车辆配载的两种基本方法；掌握配送线路确定的基本原则，会使用配送线路确定的方法；能够用节约里程法解决简单的配送方案优化问题。

货物（商品）按订单分拣配货后，下一步就是货物运送。由于所配送的货物的特性和运送的目的地不一样，为节约运力、减少配送的吨千米数、降低配送费用，在货物运送前就要考虑货物的车辆配装与路线优化问题。

第一节 车辆配载方法

根据配送运输作业本身的特点及服务范围，配装工作所需车辆一般为汽车。在配装货物时，主要考虑的是配送货物的容重（或比重）、体积、包装形式，以及车辆的载重量、容积，使车辆的运力能得到有效利用。在大多数情况下，根据需配送货物的具体情况以及车辆情况，依靠经验或简单的计算公式来选择最优的装车方案。当然也可以通过数学建模并开发计算机软件进行货物配载，这样只要将配装车辆、货物、里程、费率等数据输入计算机，就可得到计算机自动输出的配装结果。这里重点介绍容重配装简单计算法和动态规划法这两种常用车辆配载方法。

一、容重配装简单计算法（容重法）

在货物运输车辆的装载中，一般容重大（或比重大）的货物（如钢板）往往在达到车辆载重量时，其容积空间剩余甚大。容重小（或比重小）的货物（如棉纱、服装等）看似满满的，但实际并未达到车辆的载重量，上述情况均会造成运力浪费。因此，采用容重法将两者进行配装是一种最常用的减少运力浪费的车辆配载方法。

例： A、B 两种货物需要配送，A 货物每件容重为 R_A kg/m³、体积为 V_A m³；

B货物每件容重为 $R_B$kg/m³、体积为 V_Bm³。车辆载重为 G 吨，最大容积为 Vm³。考虑A、B货物组合不等于车辆内部尺寸以及装车后可能存在无法利用的空间，设车辆有效装载容积为90%，计算最佳配装方案。

解：设货物A装入 X 件、货物B装入 Y 件，则：

$$X \times V_A + Y \times V_B = V \times 90\%$$

$$X \times R_A \times V_A + Y \times R_B \times V_B = G$$

解上述联立方程即得货物A装配件数为 X、货物B装配件数为 Y。

上述只有两种货物的配装。若在配装货种较多、车辆种类又较多的情况下，可以先从多种配送货物中选出容重最大和容重最小的两种进行配装，然后根据剩余的车辆载重与空间，在其他待装货物中，再选容重最大和容重最小的两种配装。依此类推，可求出配装结果。

在实际工作中，常常不可能每次都求出配装的最优解，所以，寻求最优解的近似解，将问题简单化，以节约计算量和时间，简化配装要求，加快装车速度，也可以获得综合的效果。解决配装最优化问题最简单的方法是先安排车辆装运容重大及容重小的两种货物，在装车时可先将容重大的装在下面，然后堆放容重小的货物。按计划或经验配装，所余容重居中的货物不再考虑配装而直接装车。

应当注意，配装只是配送时要考虑的一个方面。如果货物性质及装运方面有特殊要求，就不能仅从配装的满载满容角度来考虑和解决配装优化问题。此外，还需顾及到达客户后的卸货问题，将后卸货物装在车厢内部，将先到达客户的货物装在易卸易取的车厢边部，否则会影响整个配送速度、增加卸车费用，那就是不可取的。

二、动态规划法

设车辆的额定载重量为 G，可用于配送 n 种不同的货物，货物的重量分别为 W_1，W_2，W_3，…，W_n，每种货物分别对应一个价值系数 P_1，P_2，P_3，…，P_n，它们可以表示货物的重量、价值、运费、重要程度等。设 X_k 表示第 k 种货物的装入数量，则装货问题可表示为：

$$F_{\max}(X) = \sum_{k=1}^{n} P_k X_k$$

$$\sum_{k=1}^{n} W_k X_k \leqslant G \quad (k=1,\ 2,\ 3,\ \cdots,\ n)$$

我们可以采用运筹学中动态规划思想求解上述问题，即把每装入一件货物作为一个阶段，把装货问题转化为动态规划问题。动态规划问题求解过程是从最后一个阶段开始由后向前推进。由于装入货物的先后次序不影响最优解，所以，我们的求解过程可从第一阶段开始，逐步进行。

具体步骤如下：

第一步：装入第 1 种货物 X_1 件，其最大价值为：

$$F_1(W)=\max P_1X_1$$

式中：$0\leqslant X_1\leqslant[G/W_1]$，方括号表示取整数。

第二步：装入第 2 种货物 X_2 件，其最大价值为：

$$F_2(W)=\max\{P_2X_2+F_1(W-W_2X_2)\}$$

式中：$0\leqslant X_2\leqslant[G/W_2]$，方括号表示取整数。

……

第 n 步：装入第 n 种货物 X_n 件，其最大价值为：

$$F_n(W)=\max\{P_nX_n+F_{n-1}(W-W_nX_n)\}$$

式中：$0\leqslant X_n\leqslant[G/W_n]$，方括号表示取整数。

例：载重量为 8 吨的载货汽车，配送运输 4 种货物，第 l 种货物重量为 3 吨/件，第 2 种货物重量为 3 吨/件，第 3 种货物重量为 4 吨/件，第 4 种货物重量为 5 吨/件，试问这 4 种货物如何配装才能充分利用载货汽车的运输能力？

解：本例以货物重量作为价值系数，则 4 种货物的价值系数分别为 3、3、4、5，即 $P_1=3$、$P_2=3$、$P_3=4$、$P_4=5$。

按上述方法，将 4 种货物分成四个阶段进行计算，计算结果列成四个表格，分别为表 10－1、表 10－2、表 10－3 和表 10－4。阶段计算从价值最小的货物到价值最大的货物。

第一阶段：计算装入第 1 种货物的价值，见表 10－1。

表 10－1　第一阶段价值计算表

W	0	1	2	3	4	5	6	7	8
X_1	0	0	0	1	1	1	2	2	2
$F(W)$	0	0	0	3	3	3	6	6	6

表中 W 为车辆可利用载重量假设；X_1 为第一种货物装载件数；$F(W)$ 表示价值系数，如：$F_1(W)=P_1\times X_1=3\times X_1$。

第二阶段：计算装入第 2 种货物的价值，见表 10－2。

表 10－2　第二阶段价值计算表

车辆可利用载重量假设	第 2 种货物装入件数	装入第 2 种货物后，车辆的剩余载重量	装入第 2 种货物的价值与剩余载重量所装第 1 种货物的价值之和	装入第 2 种货物 X_2 件时，其最大价值
W	X_2	$W-W_2X_2$	$P_2X_2+F_1(W-W_2X_2)$	$F_2(W)$
0	0	0	0+0=0	0

（续表）

<table>
<tr><th>车辆可利用载重量假设</th><th>第 2 种货物装入件数</th><th>装入第 2 种货物后，车辆的剩余载重量</th><th>装入第 2 种货物的价值与剩余载重量所装第 1 种货物的价值之和</th><th>装入第 2 种货物 X_2 件时，其最大价值</th></tr>
<tr><td>1</td><td>0</td><td>1</td><td>0＋0＝0</td><td>0</td></tr>
<tr><td>2</td><td>0</td><td>2</td><td>0＋0＝0</td><td>0</td></tr>
<tr><td rowspan="2">3</td><td>0</td><td>3</td><td>0＋3＝3</td><td rowspan="2">3</td></tr>
<tr><td>1</td><td>0</td><td>3＋0＝3</td></tr>
<tr><td rowspan="2">4</td><td>0</td><td>4</td><td>0＋3＝3</td><td rowspan="2">3</td></tr>
<tr><td>1</td><td>1</td><td>3＋0＝3</td></tr>
<tr><td rowspan="2">5</td><td>0</td><td>5</td><td>0＋3＝3</td><td rowspan="2">3</td></tr>
<tr><td>1</td><td>2</td><td>3＋0＝3</td></tr>
<tr><td rowspan="3">6</td><td>0</td><td>6</td><td>0＋6＝6</td><td rowspan="3">6</td></tr>
<tr><td>1</td><td>3</td><td>3＋3＝6</td></tr>
<tr><td>2</td><td>0</td><td>6＋0＝6</td></tr>
<tr><td rowspan="3">7</td><td>0</td><td>7</td><td>0＋6＝6</td><td rowspan="3">6</td></tr>
<tr><td>1</td><td>4</td><td>3＋3＝6</td></tr>
<tr><td>2</td><td>1</td><td>6＋0＝6</td></tr>
<tr><td rowspan="3">8</td><td>0</td><td>8</td><td>0＋6＝6</td><td rowspan="3">6</td></tr>
<tr><td>1</td><td>5</td><td>3＋3＝6</td></tr>
<tr><td>2</td><td>2</td><td>6＋0＝6</td></tr>
</table>

第三阶段：计算装入第 3 种货物的价值，见表 10－3。

表 10－3　第三阶段价值计算表

车辆可利用载重量假设	第 3 种货物装入件数	装入第 3 种货物后，车辆的剩余载重量	装入第 3 种货物的价值与剩余载重量所装第 2 种货物的价值之和	装入第 3 种货物 X_3 件时，其最大价值
W	X_3	$W-W_3X_3$	$P_3X_3+F_2(W-W_3X_3)$	$F_3(W)$
0	0	0	0＋0＝0	0
1	0	1	0＋0＝0	0

（续表）

车辆可利用载重量假设	第3种货物装入件数	装入第3种货物后，车辆的剩余载重量	装入第3种货物的价值与剩余载重量所装第2种货物的价值之和	装入第3种货物 X_3 件时，其最大价值
2	0	2	0+0=0	0
3	0	3	0+3=3	3
4	0	4	0+3=3	4
	1	0	4+0=4	
5	0	5	0+3=3	4
	1	1	4+0=4	
6	0	6	0+6=6	6
	1	2	4+0=4	
7	0	7	0+6=6	7
	1	3	4+3=7	
8	0	8	0+6=6	8
	1	4	4+3=7	
	2	0	8+0=8	

第四阶段：计算装入第4种货物的价值，见表10-4。

表10-4 第四阶段价值计算表

车辆可利用载重量假设	第4种货物装入件数	装入第4种货物后，车辆的剩余载重量	装入第4种货物的价值与剩余载重量所装第3种货物的价值之和	装入第4种货物 X_4 件时，其最大价值
W	X_4	$W-W_4X_4$	$P_4X_4+F_3(W-W_4X_4)$	$F_4(W)$
8	0	8	0+8=8	8
	1	1	5+3=8	

寻求最优解方案与计算顺序相反，由第四阶段向第一阶段进行。

在第四阶段，当价值（载重量）最大值 $F_4(W)=8$ 时，分别对应 $X_4=0$ 和 $X_4=1$ 两组数据。

当 $X_4=1$ 时，即第4种货物5吨装入1件，其他3种货物只能装入3吨，也

就是 $W=3$。分别查第三、第二、第一阶段价值计算表，当 $W=3$ 时，分别对应 $X_3=0$、$X_2=0$、$X_1=1$ 和 $X_3=0$、$X_2=1$、$X_1=0$ 两组数据。因此，当 $X_4=1$ 时，有两组最优解：

① $X_1=1$，$X_2=0$，$X_3=0$，$X_4=1$；

② $X_1=0$，$X_2=1$，$X_3=0$，$X_4=1$。

也就是第 1 种、第 4 种货物各装入 1 件，或第 2 种、第 4 种货物各装入 1 件，两种装载方案都能满足载重量为 8 吨的最优化要求。

当 $X_4=0$ 时，则余项 $W-W_4X_4=8$，在第三阶段价值计算表中，查 $W=8$ 一栏，$F_3(W)=8$ 对应 $X_3=2$，也就是第 2 种货物装入 2 件也能满足载重量为 8 吨的最优化要求。这是第三组最优解。

第二节 配送线路的优化

配送线路是指各送货车辆向各个客户送货时所要经过的线路。配送线路合理与否对配送速度、成本、效益影响很大，采用科学合理的方法来优化配送路线，是配送活动中非常重要的一项工作。

配送路线一般可以由各种数学方法以及在数学方法基础上发展和演变出来的经验方法进行定量分析与定性分析来确定，但对复杂的配送线路的确定最好是利用线性规划的数学模型将其转换成计算机程序软件来求出最优配送路线方案。无论采用何种方法，只有明确试图达到的目标以及实现此目标的各种限制因素（即客观约束条件），才能找出最佳合理方案。

一、配送路线优化的基本步骤

（一）确定目标

目标是根据配送的具体要求、配送企业的实力及客观条件来确定的，有以下目标可供选择。

1. 效益最高

指计算时以利润最大化为目标。在选择效益最高为目标时，一般是以企业当前的效益为主要考虑因素，同时兼顾长远效益。效益是企业整体经营活动的综合体现，可以用利润来表示，因此，在计算时是以利润的数值最大化为目标值的。

由于效益是企业经营活动的综合反映，在拟定数学模型时，很难与配送路线之间建立函数关系，一般很少采用这一目标。

2. 成本最低

成本和配送路线之间有着比较密切的关系，尽管计算各配送路线的运送成本仍比较复杂，但相对效益目标而言却有所简化，比较实用。由于成本对最终效益起决定作用，选择成本最低为目标实际上还是选择以效益最高为目标。

3. 路程最短

如果成本和路程相关性较强、而和其他因素的相关性较小时，可以选择路程最短为目标，这可以大大简化计算，也可以避免许多不易计算的影响因素。需要注意的是，有时候路程最短并不见得成本就最低，如果道路条件、道路收费影响了成本，单以路程最短为最优解就不合适了。

4. 吨千米最小

吨千米最小常作为长途运输时选择的目标，在存在多个发货站和多个收货站且又是整车发货的情况下，选择吨千米最小为目标是可以取得满意结果的。在配送路线优化时一般不选择该目标，但在采用共同配送方式时，可以吨千米最小为目标。在“节约里程法”的计算中，所确定的配送目标是吨千米最小。

5. 准时性最高

准时性是配送的重要服务指标，以准时性为目标确定配送路线就是要将各客户的时间要求和路线先后到达的安排协调起来，有时难以顾及成本问题，甚至会增加成本来满足准时性要求。当然，在这种情况下成本也不能失控，应有一定限制。

6. 运力利用最合理

在运力非常紧张、运力与成本或效益又有一定相关关系时，为节约运力、充分运用现有运力，而不愿外雇车辆或新购车辆时，也可以运力安排合理为目标确定配送路线。

7. 劳动消耗最低

以油耗最低、司机人数最少、司机工作时间最短等劳动消耗为目标确定配送路线，主要是在特殊情况下（如供油异常紧张、油价非常高、意外事故引起人员裁减、某些因素限制了配送司机人数等）应用。

（二）确定配送路线的约束条件

以上目标在实现时都受到许多条件的约束，必须在满足这些约束条件的前提下才能取得成本最低或吨千米最小等目标。一般的配送约束条件有以下几项：

（1）满足所有收货人对货物品种、规格、数量的要求；

（2）满足收货人对货物发到时间范围的要求；

（3）在允许通行的时间内进行配送；

（4）各配送路线的货物量不得超过车辆容积和载重量的限制；

（5）在配送中心现有运力允许的范围内。

（三）选择优化方法进行优化

常用的配送线路优化方法有经验判断法、综合评分法和数学计算法。根据实际情况选择合适的方法对配送线路进行优化。

二、优化配送路线的方法

配送路线优化的方法有许多种，要根据配送货物的数量、特性、客户的地理位置、距离、交通状况、运送成本、客户对配送服务的时间要求等因素具体确定。下面介绍几种常见的优化方法。

1. 经验判断法

经验判断法是指利用行车人员的经验来选择配送路线的一种主观判断方法。一般是以司机习惯行驶路线和道路行驶规定等为基本标准，拟订出几个不同的方案，通过倾听有经验的司机和送货人员的意见，或者直接由配送管理人员凭经验做出判断。这种方法的关键取决于决策者对运输车辆、客户的地理位置与交通路线情况掌握程度以及决策者的分析判断能力与经验。尽管缺乏科学性，易受掌握信息的详尽程度限制，但运作方式简单、快速、方便。通常在配送路线的影响因素较多、难以用某种确定的数学关系表达，或难以以某种单项依据评定时采用。

2. 综合评分法

能够拟订出多种配送路线方案，并且评价指标明确，只是部分指标难以量化，或对某一项指标有突出的强调与要求，易采用综合评分的方式来确定配送路线。

综合评分法的步骤如下：

第一步，拟订配送路线方案；

第二步，确定评价指标；

第三步，对方案进行综合评分。

例：某配送企业设立配送路线方案评价的10项指标：①配送全过程的配送距离；②行车时间；③配送准时性；④行车难易；⑤动用车辆台次数；⑥油耗；⑦车辆状况；⑧运送量；⑨配送客户数；⑩配送总费用。每个评分标准分为5个档次并赋予不同的分值，即极差（0分）、差（1分）、较好（2分）、良好（3分）、最优（4分），满分为40分，然后在评分表上为配送路线方案评分，根据最后的评分情况，将各个方案进行比较，最后确定配送路线。表10－5是对一配送路线方案进行评分的情况。表10－5中的路线方案得分为32分，为满分得分（理想方案）的80%，各项指标平均得分为3.2分。总分：4＋4＋2＋3＋3＋3＋4＋4＋3＋2＝32。

表10－5 路线方案评分表

序号	评价指标	极差	差	较好	良好	最优
		0分	1分	2分	3分	4分
1	配送全过程的配送距离					√
2	行车时间					√
3	配送准时性			√		
4	行车难易				√	

（续表）

序号	评价指标	极差	差	较好	良好	最优
		0 分	1 分	2 分	3 分	4 分
5	动用车辆台次数				√	
6	油耗				√	
7	车辆状况					√
8	运送量					√
9	配送客户数				√	
10	配送总费用			√		

3. 数学计算法

如果配送路线的影响因素可用某种确定的数学关系表达时，则采用数学计算法对配送路线方案进行优化。下面介绍三种情况下的配送路线优化方法。

（1）配送货物由某一配送中心直送某客户。即由某一配送中心对一个客户的专门送货。从物流优化的角度看，直送客户的基本条件是其需求量接近于或大于可用车辆的额定载重量，需专门派一辆或多辆车一次或多次送货。因此，直送情况下，货物配送追求的是多装快跑，需选择最短配送路线，以节约时间、费用，提高配送效率。直送问题的物流优化，主要是寻找物流网络中的最短线路问题。目前解决最短配送路线问题的方法有很多，如破圈法、标号法等。

（2）配送货物由一个配送中心配送多个客户。配送货物由一个配送中心配送多个客户，也叫分送式配送，是指由一个供应点对多个客户的共同送货。其基本条件是所有客户的需求量总和不大于一辆车的额定载重量。送货时，由一辆车装着所有客户的货物，沿着一条精心选择的最佳路线依次将货物送到各个客户手中，这样既保证按量将客户需要的货物及时送到，又节约了车辆，节省了费用，缓解了交通紧张的压力，并减少了运输对环境造成的污染。在分送式配送中，节约里程法是优化配送路线较成熟的方法。

（3）多个配送供应点向多个客户的送货。多个配送供应点向多个客户的送货，它的宗旨是将货物从多个供应点分别送到多个客户手中，既满足客户对货物的配送需要，又满足各供应点存出货要求，并最终做到费用最省。这里多个供应点可以是多个配送中心也可以是供应商的多个配销仓库。这类问题一般采用图上作业法、线性规划法等方法解决。

下面仅以破圈法、标号法、逆推法、图上作业法说明配送路线的优化过程。节约里程法将在本章第三节作详细介绍。

（1）破圈法。货物从始点出发至终点，有两条以上路线，并交织成网状，形成回路圈。破圈法的做法就是在该运输网络中，任取一圈，从圈中去掉最大距离（或时间、费用）的边（路线），在余下的圈中，重复这个步骤直至无圈为止，即可求出最短路线。破圈法一般在运输路线网络图的基础上进行计算。

例：某批货物从配送中心 A_1 运到客户 A_6，具体路线如图 10－1 所示，试用破圈法优化其送货路线。

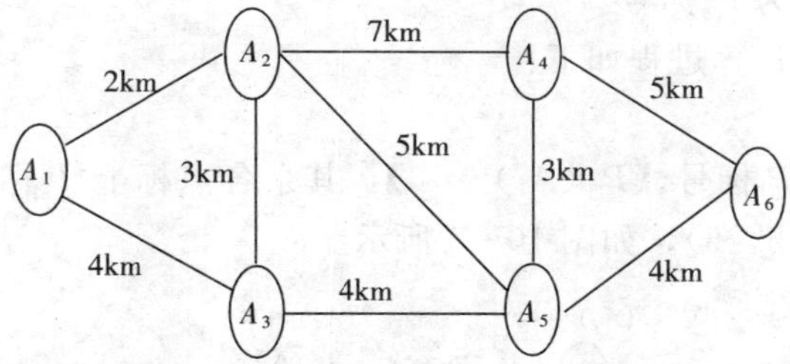

图 10－1　配送中心 A_1 运到客户 A_6 路线网络图

解：

第一步：$A_1-A_2-A_3$ 形成一个回路，去掉最长的线路 A_1-A_3；

第二步：$A_2-A_4-A_5$ 形成一个回路，去掉最长的线路 A_2-A_4；

第三步：$A_4-A_5-A_6$ 形成一个回路，去掉最长的线路 A_4-A_6；

第四步：A_2-A_5 之间不需破圈，直接连接。

经过上述四步骤，得最短运输路线：$A_1-A_2-A_5-A_6$，距离即里程为 11km，如图 10－2 所示。

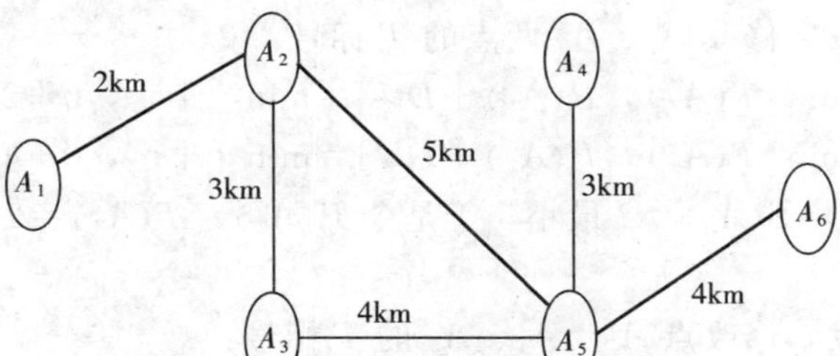

图 10－2　配送中心 A_1 运到客户 A_6 最短路线网络图

（2）标号法：

从顶点 A_1 开始，给每一个顶点一个数，称为标号。标号分为 T 标号和 P 标号两种。T 标号表示从始点 A_1 到达某一点 A_i 的最短路线的上界，也称临时标号；P 标号表示从始点 A_1 到达某一点 A_i 的最短路线的实际值，也称固定标号。已得到 P 标号的点不变，没有标上 P 标号的点，标上 T 标号。算法的每一步骤是把某一点的 T 标号改为 P 标号。具体计算步骤为：

第一步：给 A_1 标上 P 标号【$P(A_1)=0$】，其余各点标上 T 标号【$T(A_j)=+\infty$】。

第二步：设 A_j 是刚刚得到的 P 标号点，考虑所有从 A_i 出发到达的且仍是 T

标号的点 A_j，将这些点的 T 标号改为：min【T（A_j），P（A_1）$+D_{ij}$】，其中：D_{ij} 为 i、j 两点的距离（时间、费用）。

第三步：若整个物流网络最后要无 T 标号，否则在所有 T 标号的点中，将 T 标号最小的点改为 P 标号。

以上题为例，计算过程如下：

第一步：

给点 A_1 标上 P 标号【P（A_1）$=0$】，其余各点标上 T 标号【T（A_j）$=+\infty$】（$j=2$，3，4，5，6），如图 10－3 所示。

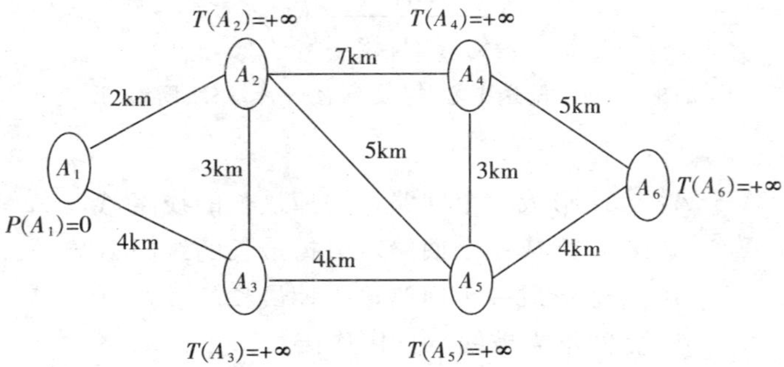

图 10－3　第一步骤计算图

第二步：

从点 A_1 出发，修改 A_2、A_3 两点的 T 标号：

T（A_2）$=\min[T(A_2), P(A_1)+D_{12}]=\min[+\infty, 0+2]=2$；

T（A_3）$=\min[T(A_3), P(A_1)+D_{12}]=\min[+\infty, 0+4]=4$；

在 T 标号中，$T(A_2)=2$ 最小，于是令 $P(A_2)=T(A_2)=2$。

第三步：

从点 A_2 出发，修改点 A_3、A_4、A_5 的 T 标号：

T（A_3）$=\min[T(A_3), P(A_2)+D_{23}]=\min[4, 2+3]=4$；

T（A_4）$=\min[T(A_4), P(A_2)+D_{24}]=\min[+\infty, 2+7]=9$；

T（A_5）$=\min[T(A_5), P(A_2)+D_{25}]=\min[+\infty, 2+5]=7$；

在 T 标号中，$T(A_3)=4$ 最小，于是令 $P(A_3)=T(A_3)=4$。

第四步：

从点 A_3 出发，修改点 A_5 的 T 标号：

T（A_5）$=\min[T(A_5), P(A_3)+D_{35}]=\min[7, 4+4]=7$，令 $P(A_5)=T(A_5)=7$。

第五步：

从点 A_5 出发，修改点 A_4、A_6 的 T 标号：

T（A_4）$=\min[T(A_4), P(A_5)+D_{45}]=\min[9, 7+3]=9$；

$T(A_6)=\min[T(A_6), P(A_5)+D_{56}]=\min[+\infty, 7+4]=11$；

在上述 T 标号中，$T(A_4)=9$ 最小，故令 $P(A_4)=T(A_4)=9$。

第六步：

从 A_4 点出发修改点 A_6 的 T 标号：

$T(A_6)=\min[T(A_6), P(A_4)+D_{46}]=\min[11, 9+5]=11$，令 $P(A_6)=T(A_6)=11$。

到此，A_1-A_6 最短路线已找到，总距离为 11km，即 $A_1-A_2-A_5-A_6$，如图 10－4 所示。

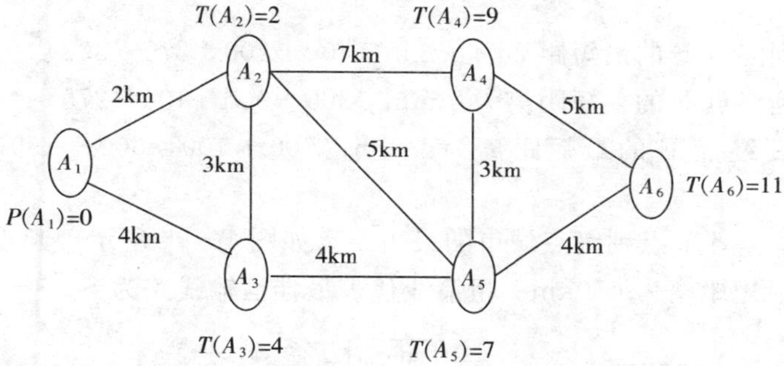

图 10－4 最终计算图

（3）逆推法：

例：S 城市某配送中心欲将一批货物用汽车送给 F 城市某一客户，该配送中心根据这两个城市之间可选择的行车路线的公路交通地图，绘制了公路网络图，如图 10－5 所示。图 10－5 中，圆圈称为节点，代表起点、目的地和与行车路线相交的其他城市；箭线称为分支，代表两个节点之间的公路，每一条公路都标明运输里程。请确定配送车辆的最佳运输路线。

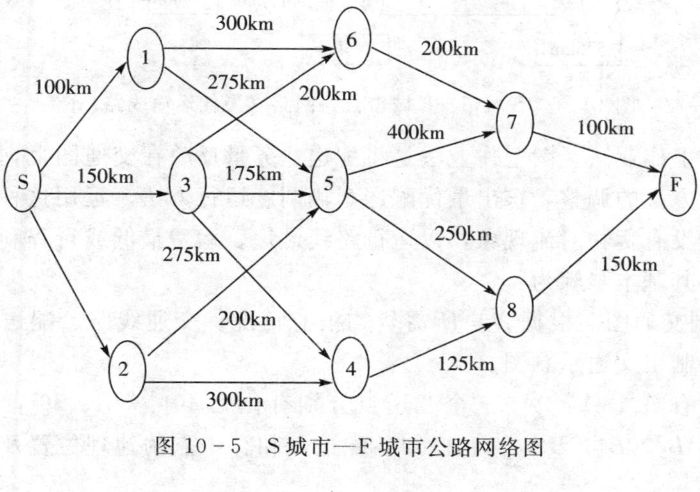

图 10－5 S 城市—F 城市公路网络图

计算过程如下：

从终点 F 城市开始，逆向计算。

节点 7 到终点 F 的最短距离为：100km；

节点 8 到终点 F 的最短距离为：150km；

节点 6 到终点 F 的最短距离为：200＋100＝300km；

节点 5 到终点 F 的最短距离为：min（100＋400，150＋250）＝400km；

节点 4 到终点 F 的最短距离为：150＋125＝275km；

节点 3 到终点 F 的最短距离为：min（300＋200，400＋175，275＋275）＝500km；

节点 2 到终点 F 的最短距离为：min（400＋200，275＋300）＝575km；

节点 1 到终点 F 的最短距离为：min（300＋300，400＋275）＝600km；

起点 S 到终点 F 的最短距离为：min（600＋100，500＋150，575＋175）＝650km；

通过计算，各节点到终点城市的最短距离如图 10－6 所示，起点 S 城市到终点 F 城市的最短距离为 650km。粗箭线代表最佳运输线路为 S—3—6—7—F。

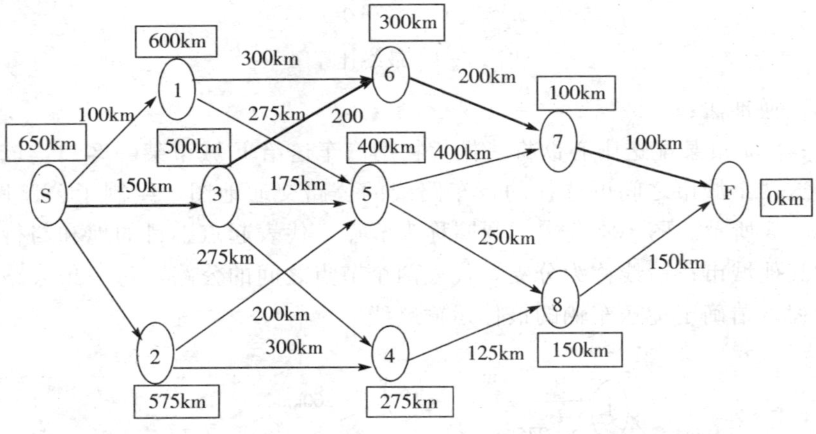

图 10－6　S 城市—F 城市公路网路（最佳运输线路）图

（4）图上作业法。图上作业法是将配送业务量反映在交通图上，通过对交通图初始调运方案的调整，求出最优配送车辆调度运行方法。运用这种方法时，要求交通图上没有货物对流现象，以运行路线最短、运费最低或行程利用率最高为优化目标。其基本步骤为：

① 绘制交通图。根据客户所需货物汇总情况、交通线路、配送点与客户点的布局，绘制出交通示意图。

例：设有 A_1、A_2、A_3 三个配送点分别有化肥 40t、30t、30t，需送往四个客户点 B_1、B_2、B_3、B_4，而且已知各配送点和客户点的地理位置及它们之间的道路通阻情况，据此绘制出相应的交通图，如图 10 - 7 所示。

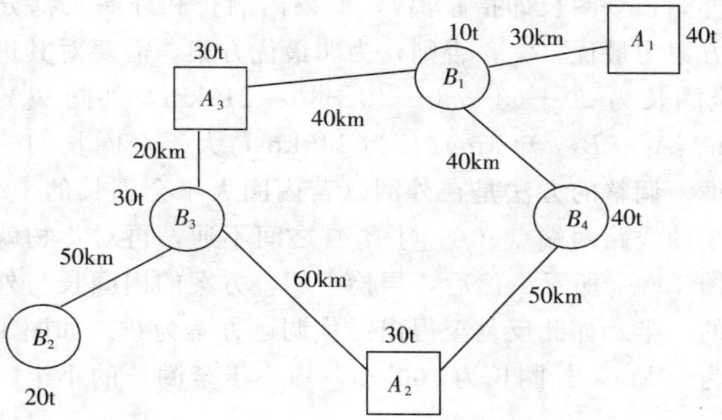

图 10 - 7 运距运量交通图

② 将初始调运方案反映在交通图上。任何一张交通图上的线路分布形态无非为成圈与不成圈两类。

对于不成圈的 A_1、B_2 的运输，按"就近调运"原则，很容易就得出调运方案。其中（$A_1 \to B_4$，70km）＜（$A_3 \to B_4$，80km），（$A_3 \to B_2$，70km）＜（$A_2 \to B_2$，110km），先假定按照（$A_1 \to B_4$），（$A_3 \to B_2$）线路方案运输。

对于成圈的 A_2、A_3、B_1、B_3、B_4 所组成的圈，可采用破圈法处理，即先假定某两点（A_2 与 B_4）不通（即破圈），再对货物就近调运，按照（$A_2 \to B_3$）（$A_2 \to B_4$）线路方案运输，数量不够的再从第二点调运，得出初始调运方案。具体如图 10 - 8 所示。

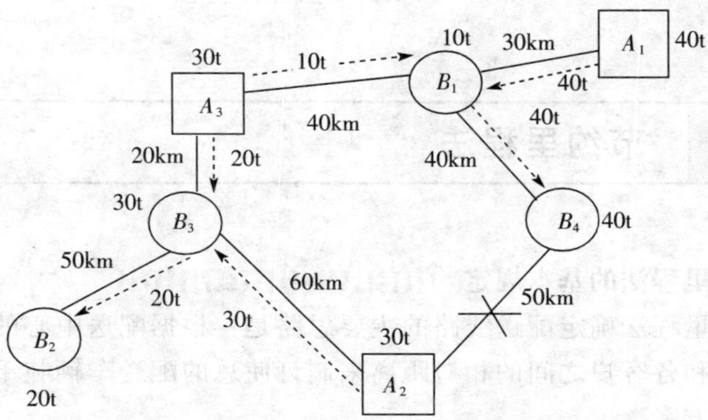

图 10 - 8 $A_2 \to B_4$ 破圈调运图

在绘制初始调运方案交通图时，凡是按顺时针方向调运的货物调运线路（如 A_3 至 B_1、B_1 至 B_4、A_2 至 B_3），其调运箭头线都画在圈外，称为外圈；否则，其调运箭头线如（如 A_3 至 B_3）都画在圈内，称为内圈，或者两种箭头相反方向标注也可。

③ 检查与调整。面对交通图上的初始调运方案，首先分别计算线路的全圈长、内圈长和外圈长（圈长即指距离），如果内圈长和外圈长都分别小于全圈长的一半，则该方案为最优方案；否则，为非最优方案，需要对其进行调整。如图 10－8 所示，全圈长为 20＋60＋50＋40＋40＝210km，外圈（$A_3 \rightarrow B_1$，40km；$B_1 \rightarrow B_4$，40km；$A_2 \rightarrow B_3$，60km）长为 140km，大于全圈长的一半，显然，需要缩短外圈长度。调整的方法是在外圈（若内圈大于全圈长的一半，则在内圈）上假定运量最小的线路两端点（A_3 与 B_1）之间不通，再对货物就近调运，可得到调整方案如图 10－9 所示。然后，再检查调整方案的内圈长与外圈长是否都分别小于全圈长的一半。如此反复至得出最优调运方案为止。如图 10－9 所示，计算可得内圈长为 70km，外圈长为 100km，均小于全圈长的小半，可见，该方案已为最优方案。

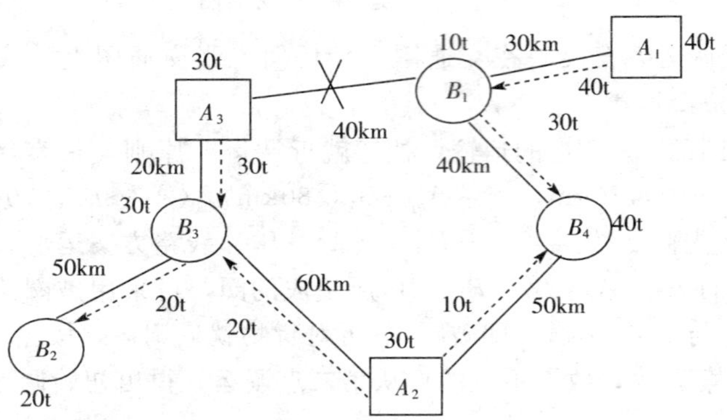

图 10－9　$A_3 \rightarrow B_1$ 破圈调运图

第三节　节约里程法

一、节约里程法的基本规定

利用节约里程法确定配送线路的主要思路是：根据配送中心的运输能力及其到客户的距离和各客户之间的相对距离来制订使总的配送车辆吨千米数达到或接近最小的配送方案。

为方便介绍，我们假设：

（1）配送的是同一种或相类似的货物；

（2）各客户的位置及需求量已知；

（3）配送中心有足够的运输能力。

节约里程法制订的配送方案除了使总的配送吨千米最小外，还满足以下条件：

（1）能满足所有客户的订货需求；

（2）不使任何一辆车超载；

（3）每辆车每天的总运行时间或行驶里程不超过规定的上限；

（4）方案能满足所有客户的到货时间要求。

二、节约里程法的基本思想

如图 10－10 所示，设 P_0 为配送中心，分别向客户 P_i 和 P_j 送货。P_0 到 P_i 和 P_j 的距离分别为 d_{0i} 和 d_{0j}，两个客户 P_i 和 P_j 之间的距离为 d_{ij}，送货方案只有两种即配送中心 P_0 向客户 P_i、P_j 分别送货和配送中心 P_0 向客户 P_i、P_j 同时送货，如图 10－10（a）和图 10－10（b）所示。比较两种配送方案：

方案（a）的配送路线为 $P_0 \rightarrow P_i \rightarrow P_0 \rightarrow P_j \rightarrow P_0$，配送距离 $d_a = 2(d_{0i} + d_{0j})$。

方案（b）的配送路线 $P_0 \rightarrow P_i \rightarrow P_j \rightarrow P_0$，配送距离 $d_b = d_{0i} + d_{0j} + d_{ij}$。

显然，d_a 不等于 d_b，我们用 S_{ij} 表示里程节约量，即方案（b）比方案（a）节约的配送里程（距离）为：

$$S_{ij} = d_{0i} + d_{0j} - d_{ij}$$

根据里程节约法的基本思想，如果一个配送中心 P_0 分别向 n 个客户 P_j（$j=1, 2, \cdots, n$）配送货物，在汽车载重能力允许的前提下，每辆汽车的配送线路经过的客户个数越多，里程节约量越大，配送线路就越合理。

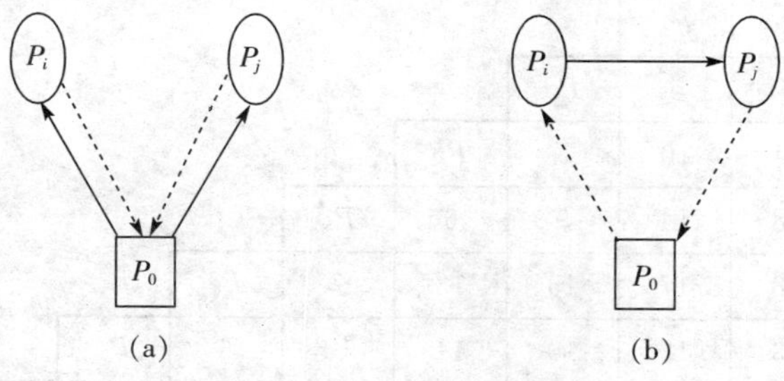

图 10－10 两种配送方案的比较

按照 $S_{ij} = d_{0i} + d_{0j} - d_{ij}$ 来计算，求解过程复杂且工作量庞大，实际主要通过计算机辅助计算。下面介绍两种较简单的手算方法。

三、节约里程法的基本手算方法

（一）手算图解法

例：某一配送中心 P_0 向 10 个客户 P_j（$j=1, 2, \cdots, 10$）配送货物，其配送网络如图 10－11 所示。图 10－11 中括号内的数字表示客户的需求量（t），线段上的数字表示两节点之间的距离（km）。配送中心有 2t 和 4t 两种车辆可供使用，试制定最优的配送方案。

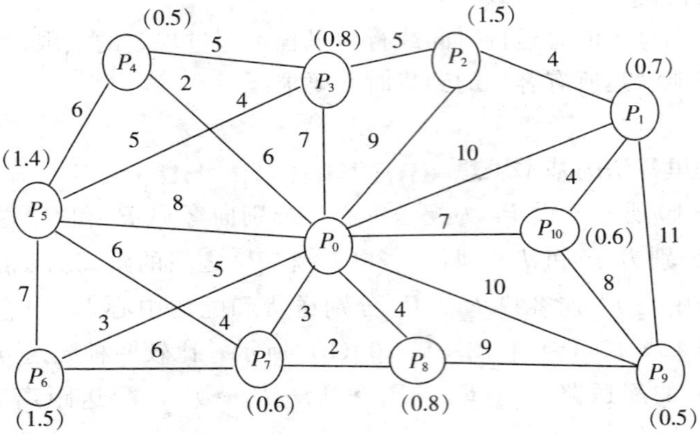

图 10－11　配送网络图

解： 第一步：计算最短距离。

根据已知条件，计算配送中心与客户以及客户之间的最短距离，结果见表 10－6。

表 10－6　最短距离 d_{ij}（单位：km）

q	P_0										
0.7	10	P_1									
1.5	9	4	P_2								
0.8	7	9	5	P_3							
0.5	8	14	10	5	P_4						
1.4	8	18	14	9	6	P_5					
1.5	8	18	17	15	13	7	P_6				
0.6	3	13	12	10	11	10	6	P_7			
0.8	4	14	13	11	12	12	8	2	P_8		
0.5	10	11	15	17	18	18	17	11	9	P_9	
0.6	7	4	8	13	15	15	15	10	11	8	P_{10}

第二步：计算节约里程：$S_{ij}=d_{0i}+d_{0j}-d_{ij}$，结果见表 10－7。

表 10－7　节约里程表（单位：km）

P_1									
15	P_2								
8	11	P_3							
4	7	10	P_4						
0	3	6	10	P_5					
0	0	0	3	9	P_6				
0	0	0	0	1	5	P_7			
0	0	0	0	0	4	5	P_8		
9	4	0	0	0	1	2	5	P_9	
13	8	1	0	0	0	0	0	9	P_{10}

第三步：将节约里程 S_{ij} 按从大到小的顺序排列分类，结果见表 10－8。

表 10－8　线路按节约里程大小分类表

序号	线路	节约里程（km）	序号	路线	节约里程（km）
1	P_1P_2	15	13	P_6P_7	5
2	P_1P_{10}	13	14	P_7P_8	5
3	P_2P_3	11	15	P_8P_9	5
4	P_3P_4	10	16	P_1P_4	4
5	P_4P_5	10	17	P_2P_9	4
6	P_1P_9	9	18	P_6P_8	4
7	P_5P_6	9	19	P_2P_5	3
8	P_9P_{10}	9	20	P_4P_6	3
9	P_1P_3	8	21	P_7P_9	2
10	P_2P_{10}	8	22	P_3P_{10}	1
11	P_2P_4	7	23	P_5P_7	1
12	P_3P_5	6	24	P_6P_9	1

第四步：确定配送线路。根据表 10－8，按节约里程大小顺序，组成线路图。

1. *初始方案*

对每一客户分别单独派车送货，结果如图 10－12 所示。

初始方案：配送线路 10 条

配送距离：$S_0 = 2\sum_{i=1}^{10} d_{0j} = 2 \times 74 = 148\text{km}$

配送车辆：2t×10

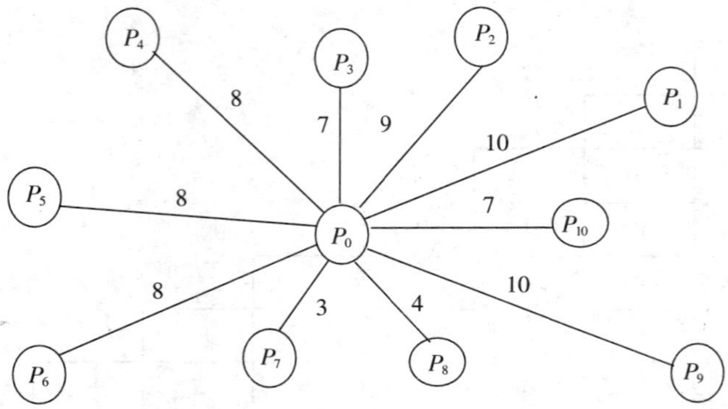

图 10－12　初始方案

2. 修正方案 1

按节约里程 S_{ij} 由大到小的顺序，连接 P_1 和 P_2、P_1 和 P_{10}、P_2 和 P_3，得修正方案 1，如图 10－13 所示。

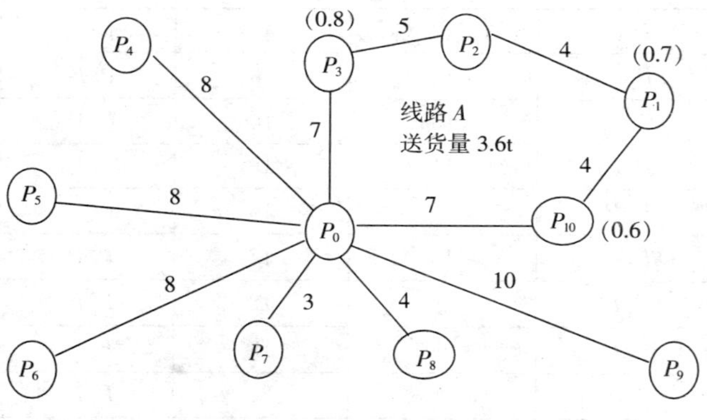

图 10－13　修正方案 1

修正方案 1 的结果：

配送线路：7 条

配送距离：$S_1=S_0-S_{1,2}-S_{1,10}-S_{2,3}=148-15-13-11=109\text{km}$

装车量：$q_A=q_3+q_2+q_1+q_{10}=0.8+1.5+0.7+0.6=3.6\text{t}$

配送车辆：2t×6＋4t×1

3. 修正方案 2

在剩余的 S_{ij} 中，最大的是 $S_{3,4}=10$ 和 $S_{4,5}=10$，此时 P_4 和 P_5 都有可能并入线路 A 中，但考虑到车辆的载重量及线路均衡问题，连接 P_4 和 P_5 形成一个新的线路 B，得修正方案 2，如图 10－14 所示。

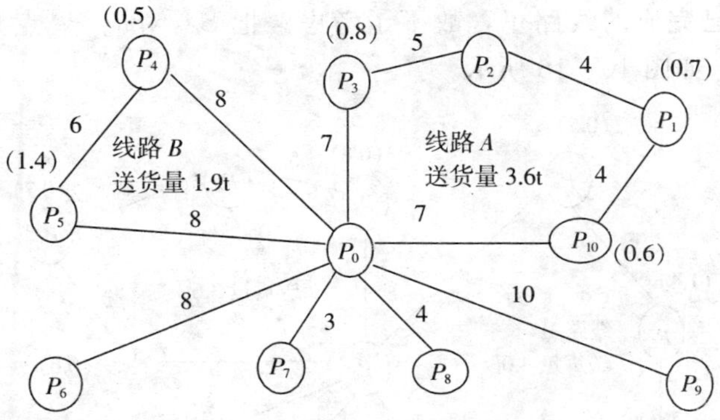

图 10-14 修正方案 2

配送线路：6 条

配送距离：$S_2=S_1-S_{4,5}=109-10=99$km

装载量：$q_B=q_4+q_5=0.5+1.4=1.9$t

配送车辆：2t×5+4t×1

4. 修正方案 3

接下来最大的 S_{ij} 是 $S_{1,9}$ 和 $S_{5,6}$，由于此时 P_1 已属于线路 A，若将 P_9 并入线路 A，车辆会超载，故只将 P_6 点并入线路 B，得修正方案 3，如图 10-15 所示。

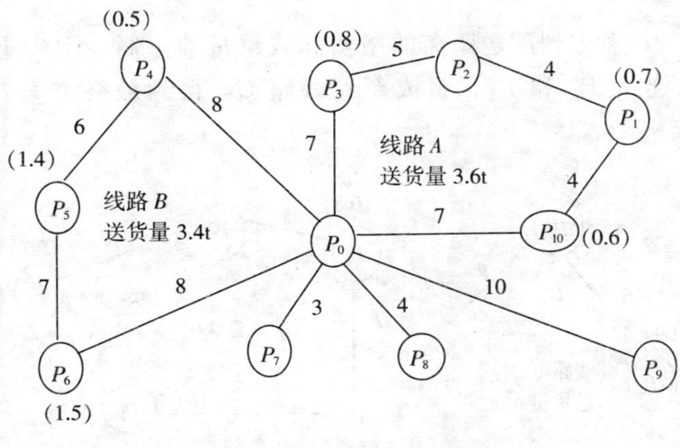

图 10-15 修正方案 3

配送线路：5 条

配送距离：$S_3=S_2-S_{5,6}=99-9=90$km

装载量：$q'_B=q_B+q_6=1.9+1.5=3.4$t

配送车辆：2t×3+4t×2

5. 修正方案 4

再继续按 S_{ij} 由大到小排出 $S_{9,10}$、$S_{1,3}$、$S_{2,10}$、$S_{2,4}$、$S_{3,5}$，由于与其相应的客

户均已包含在已完成的线路里，故不予考虑。把 $S_{6,7}$ 对应 P_7 点并入线路 B 中，得修正方案 4，如图 10－16 所示。

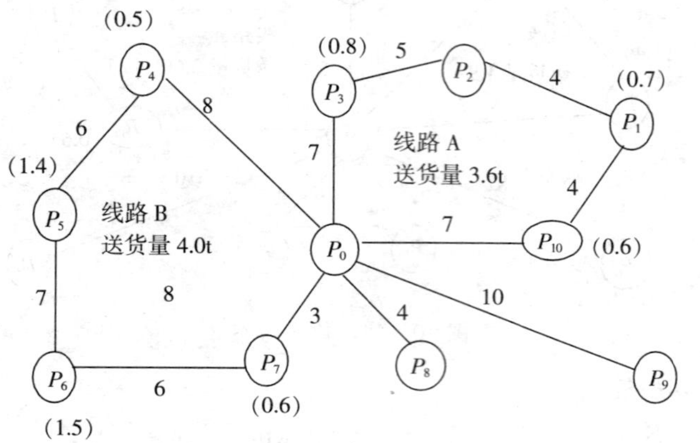

图 10－16　修正方案 4

配送线路：4 条

配送距离：$S_4=S_3-S_{6,7}=90-5=85\text{km}$

装车量：$q''_B=q'_B+q_7=3.4+0.6=4.0\text{t}$

配送车辆：2t×2＋4t×2

6. 最终方案

剩下的 $S_{7,8}$，考虑到配送距离的平衡和载重量的限制，不将 P_8 点并入到线路 B 中，而是连接 P_8 和 P_9，组成新的线路 C，得到最终方案，如图 10－17 所示。

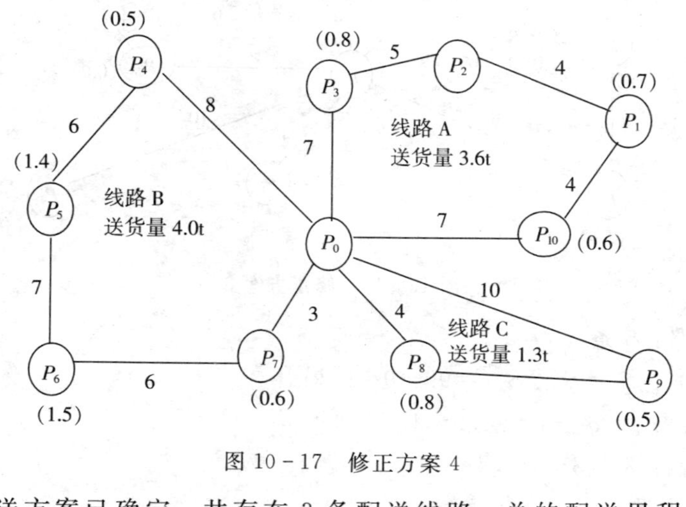

图 10－17　修正方案 4

这样配送方案已确定：共存在 3 条配送线路，总的配送里程（距离）为 80km，需要的配送车辆为 2t 车 1 辆、4t 车 2 辆。3 条配送线路分别为：

第一条配送线路 A：$P_0 \to P_3 \to P_2 \to P_1 \to P_{10} \to P_0$ 使用一辆 4t 车。

第二条配送线路 B：$P_0 \to P_4 \to P_5 \to P_6 \to P_7 \to P_0$ 使用一辆 4t 车。

第三条配送线路 C：$P_0 \to P_8 \to P_9 \to P_0$ 使用一辆 2t 车。

（二）表上连接法

例：假设有 8 个客户（标号分别是 1、2、3、4、5、6、7、8），各个客户的货运量是 G_i 吨，这些客户由配送中心（标号为 0）发出载货量为 8 吨的车辆完成配送任务。具体数字见表10 -9，问如何安排车辆的行驶路线，使得总运输费用最少？

解：

第一步：

依 $S_{(i,j)} = P_{0i} + P_{0j} - P_{ij}$ 计算节约里程，填入里程表的括号（）中，见表 10 -10。

如：连接客户 5 和 7，有 $S_{(5,7)} = P_{05} + P_{07} - P_{57} = 200 + 160 - 90 = 270$。

表 10 - 9 客户需求量、配送中心与客户以及客户之间的距离（单位：km）

需求量	中心（0）								
2	40	客户 1							
1.5	60	65	客户 2						
4.5	75	40	75	客户 3					
3	90	100	50	100	客户 4				
1.5	200	50	100	50	100	客户 5			
4	100	75	75	90	75	70	客户 6		
2.5	160	110	75	90	75	90	70	客户 7	
3	80	100	75	150	100	75	100	100	客户 8

表 10 - 10 节约里程表（单位：km）

需求量	中心(0)								
2	40	客户 1							
1.5	60	65(35)	客户 2						
4.5	75	40(75)	75(60)	客户 3					
3	90	100(30)	50(50)	100(65)	客户 4				
1.5	200	50(190)	100(160)	50(225)	100(190)	客户 5			
4	100	75(65)	75(85)	90(85)	75(115)	70(230)	客户 6		
2.5	160	110(90)	75(145)	90(145)	75(175)	90(270)	70(190)	客户 7	
3	80	100(20)	75(65)	150(5)	100(70)	75(205)	100(80)	100(140)	客户 8

第二步：

按节约里程大小排序，得节约里程排序表，见表 10－11。

表 10－11 节约里程排序表（单位：km）

序号	1	2	3	4	5	6	7	8	9	10	11	12	13	14
(i, j)	5—7	5—6	3—5	5—8	4—5	1—5	6—7	4—7	2—5	2—7	3—7	7—8	4—6	1—7
$S_{(i,j)}$	270	230	225	215	190	190	190	175	160	145	145	140	115	90
序号	15	16	17	18	19	20	21	22	23	24	25	26	27	28
(i, j)	2—6	3—6	6—8	1—3	4—8	1—6	2—8	3—4	2—3	2—4	1—2	1—4	1—8	3—8
$S_{(i,j)}$	85	85	80	75	70	65	65	65	60	50	35	30	20	5

第三步：

按节约里程大小，根据车辆载重量约束连接客户，见表 10－12。

表 10－12 客户连接表

序号	1	2	3	4	5	6	7	8	9	10	11	12	13	14
i, j	5—7	5—6	3—5	5—8	4—5	1—5	6—7	4—7	2—5	2—7	3—7	7—8	4—6	1—7
连接	5—7	5—7—6	不	不	不	不	不	不	不	不	不	不	不	不
$\sum G_i$	4	8												
$S_{(i,j)}$	270	230	225	215	190	190	190	175	160	145	145	140	115	90
序号	15	16	17	18	19	20	21	22	23	24	25	26	27	28
i, j	2—6	3—6	6—8	1—3	4—8	1—6	2—8	3—4	2—3	2—4	1—2	1—4	1—8	3—8
连接	不	不	不	1—3	4—8	不	不	不	1—3—2	不	不	不	不	不
				1—3	4—8		4—8—2	不	不	不	不	不	不	不
$\sum G_i$				6.5	6		7.5		8					
$S_{(i,j)}$	85	85	80	75	70	65	65	65	60	50	35	30	20	5

第四步：

根据表 10－12 得最后线路安排。

方案一：0—6—5—7—0；0—3—1—0；0—2—8—4—0；

$$\Delta S_1 = 75 + 70 + 65 = 210$$

方案二：0—6—5—7—0；0—3—1—2—0；0—8—4—0；

$$\Delta S_2 = 75 + 70 + 60 = 205$$

因 $\Delta S_1 > \Delta S_2$，所以选择方案一。

习题十

（1）配送路线优化的基本步骤有哪些？

（2）确定配送线路的常用方法有哪些？

（3）节约里程法的基本规定有哪些？其基本思想是什么？

（4）某配送中心拟用载重量为5吨的载货汽车，配送运输3种货物，第1种货物集装单元化后重量为1.5吨/件，第2种货物集装单元化后重量为2吨/件，第3种货物集装单元化后重量为3吨/件，试用动态规划法优化这3种货物最优配载方案。

（5）图1为某地区的交通运输道路示意图。其中：V_1为配送中心位置，V_8为要货客户位置，现V_8客户向配送中心提出了5吨订货要求，并且要越快越好。配送中心物流计划人员已作出用一台5吨东风卡车配送的计划安排，但要以最快的速度将货物送达，就必须确定最短的配送路线，而该计划人员不知如何确定。请你帮该物流计划人员优化出最佳的送货路线。已知车辆的平均行驶速度为50千米/小时，如早晨6点发车，货物什么时间可以送达客户？

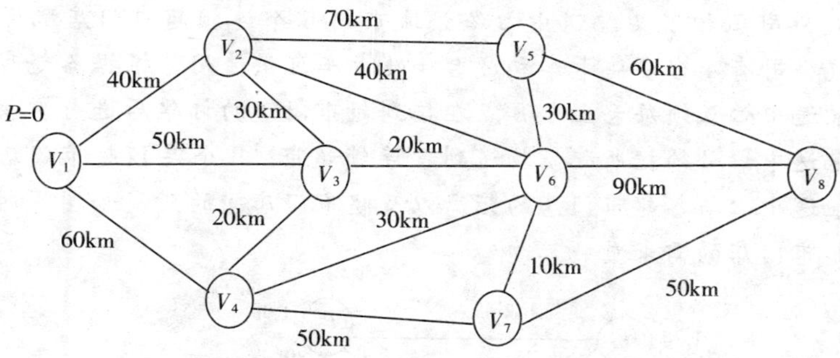

图1

（6）图2为一张高速公路网络示意图，其中：A是起点，J是终点，B、C、D、E、G、H、I是网络上的节点，节点与节点之间以线路连接，线路上的数字表明了两个节点之间的距离。求从起点A到终点J之间的最短运输路线。

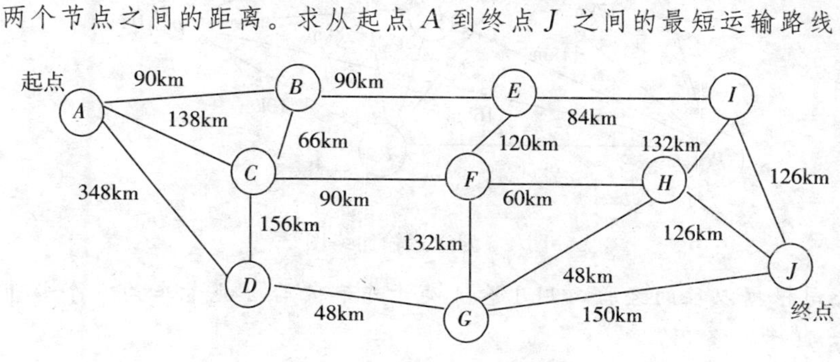

图2

(7) 一辆送货车从配送中心所在地 V_1 给 V_6、V_7 两地客户实现共同配送，已知车辆自身成本消耗为 0.2 元/km。各站点间的距离（单位：km）如图 3 所示。在 V_6、V_7 两地的线路间有一收费站，每次每台车辆通过均收费 15 元。

求：①用标号法求出送货车的最优送货路线。

②此次送货，车辆总的花费是多少？

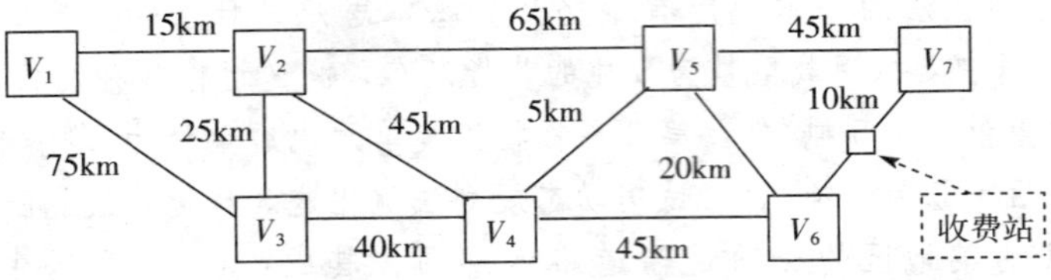

图 3

案例导读　某配送中心连锁超市门店配送方案

某物流公司承担了某配送中心给该城市内 5 个连锁超市门店配送的运输业务。该物流公司有 4 台 2 吨卡车和 2 台 4 吨卡车可供使用，根据各超市门店的订货要求，配送中心必须每天上午 8 点在接到超市门店的订单后进行货物组配，下午 6 点前配送中心必须把所配货物送到各连锁超市。5 个连锁超市门店的配送路线网络、配送中心与各超市门店的距离以及超市门店间的距离如图 4 所示，现已知某天各超市门店的需求量。

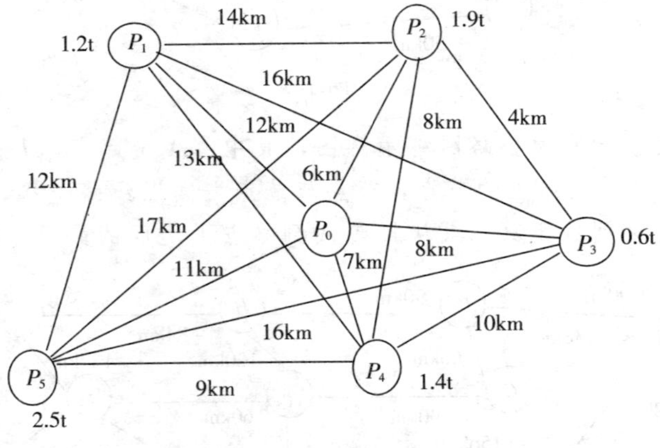

图 4　配送运输网络图

该公司根据以往的经验，用 1 台 4 吨卡车和 4 台 2 吨卡车为 5 个超市门店配货，一台 4t 卡车备用。

案例思考

(1) 你认为该配送方案科学吗？

(2) 请用节约里程法为该物流公司制订最优的输送路线方案，并计算配送方案各配送回路的配送总距离及总任务。

(3) 如果物流公司 2 吨卡车的单位运输成本为 0.2 元/吨千米，4 吨卡车的单位运输总成本为 0.1 元/吨千米，而运输服务价格则为 1 元/吨千米，试计算 1 天开展配送运输的总成本和所实现的总利润是多少？

(4) 与单独送货方案相比，采用最优的配送方案可以节约多少运输成本？比例是多少？

主要参考文献

[1] 邢凯旋．货物学．上海：上海交通大学出版社，2009.

[2] 霍红．货物学基础．北京：中国物资出版社，2006.

[3] 张宏，陆梦．商品养护．北京：中国物资出版社，2008.

[4] 韩岗．如何进行仓储物料管理．北京：北京交通大学出版社，2004.

[5] 李念．仓储与配送管理．大连：东北财经大学出版社，2004.

[6] 真虹，张婕姝．物流企业仓储管理与实务．北京：中国物资出版社，2003.

[7] 王倍彬，胡维忠．现代仓储管理．北京：人民交通出版社，2005.

[8] 赵涛．仓储经营管理理论、案例、制度、实务．北京：北京工业大学出版社，2004.

[9] 李万秋．仓储管理．北京：高等教育出版社，2005.

[10] 蒋祖星，孟初阳．物流设施与设备．北京：机械工业出版社，2004.

[11]（美）鲍勃·多纳斯，乔·麦泽，等．物流与库存管理手册．王宗喜，张亚兵，等译．北京：电子工业出版社，2003.

[12]（英）唐纳德·沃尔特斯．库存控制与管理．李习文，李斌，译．2 版．北京：机械工业出版社，2005.

[13] 孙宏岭．高效率配送中心的设计与经营．北京：中国物资出版社，2002.

[14] 赵家俊，等．现代物流配送管理．北京：北京大学出版社，2004.

[15] 刘俐．现代仓储运作与管理．北京：北京大学出版社，2004.

[16] 王之泰．现代物流．北京：中国物资出版社，1995.

[17] 汝宜红，等．配送中心规划．北京：北京交通大学出版社，2002.

[18] 郑玲．配送中心管理与运作．北京：机械工业出版社，2006.

[19] 秦明森．物流作业优化方法．北京：中国物资出版社，2003.

[20] 孙学琴，等．物流中心运作管理．北京：机械工业出版社，2004.

[21] 曹前锋．物流管理案例与实训．北京：机械工业出版社，2004.

[22] 宋杨．运输与配送管理．大连：大连理工大学出版社，2006.

[23] 王崇鲁．如何进行运输与配送管理．北京：北京大学出版社，2003.

[24] 刘连辉．配送实务．北京：中国物资出版社：2008.

[25] 李军，郭耀煌．物流配送车辆优化调度理论与方法．北京：中国物资出版社，2001.

[26] 鲁晓春，林正章．物流管理案例与实训．北京：清华大学出版社，2005.

[27] 王明智．物流管理案例与实训．北京：机械工业出版社，2003.

[28] 张洪革，李忠国．物流仓储与配送管理．北京：中国劳动社会保障出版社，2006.

[29] 周万森．仓储配送管理．北京：北京大学出版社，2005.

[30] 李雪松．现代物流仓储与配送．北京：中国水利水电出版社，2007.

[31] 黄静．仓储管理实务．大连：大连理工大学出版社，2007.

[32] http：//www. chinawuliu. com. cn.

[33] http：//www. un56. com.

[34] http：//www. modern56. com.

[35] http：//kc _ psgl. caii. edu. cn/caii/sites/kc _ psgl/index. jsp.

[36] http：//jpkc. sdjtzyxy. com/ec2006/C3/kcms－1. htm.

[37] http：//jpk. lncc. edu. cn/jpk06/ccyps/mtzy/1－1. htm.

[38] http：//www3. tjtc. edu. cn/cping2006/JPKC/index _ 03 _ documents. asp.

[39] http：//www. gdmec. com/jingpin/wlps/network. asp.

